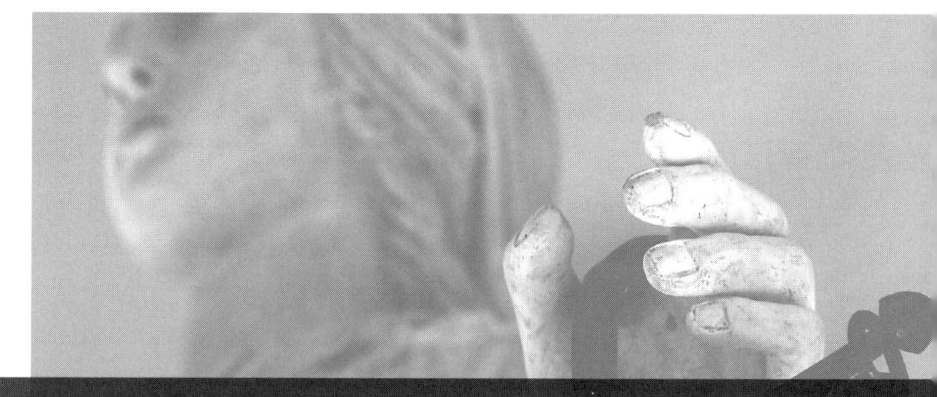

システム思考と刑事法学

21世紀刑法学の視座

松村 格

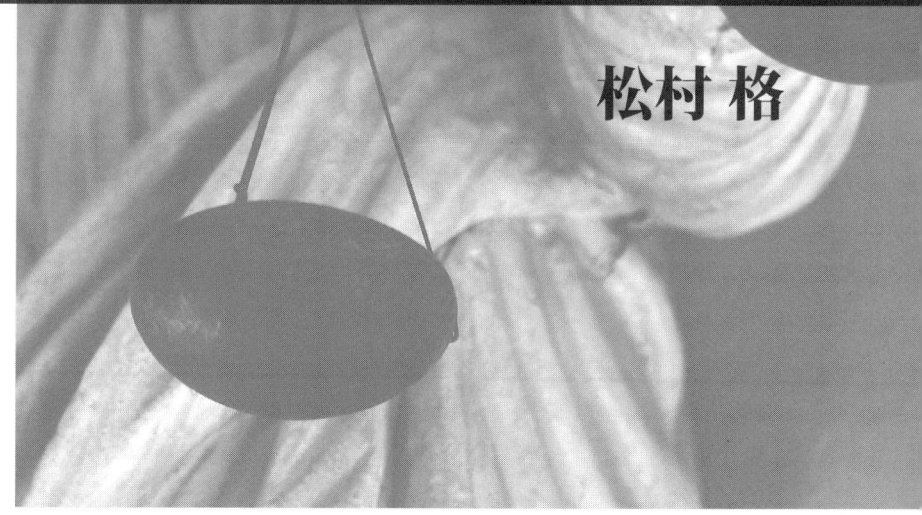

八千代出版

はしがき

　本書は、1991年に出版した私の博士学位請求論文『刑法学方法論の研究—存在論からシステム論へ—』の続編のつもりである。この請求論文により、翌年の1992年に出身校の中央大学から学位を授与されたが、この請求論文の序文で、「刑法学へのシステム論の導入……の試みは、まだ途半ばにあり、……自己満足に終わってはならず、……研究を続けなければならない。この書は、そのための『区切り』であり、更にワンステップするための跳躍台にすぎない。新しい第一歩は、この書の後に始まる……」と述べた。そこで、ささやかながらもシステム論に基づく刑事法学のあり方を検討し続けてきたが、その後、なかなか筆が進まず焦燥感に駆られていたので、続編にしては遅きに逸した感もありお恥ずかしい次第であるが、早く次の第二歩を踏み出すためにも若干溜まった論文をまとめて一冊の書とし、批判の目にさらすことにした。

　前掲書の序文に記したように、目的的行為論に興味をもっていた私の研究活動は、故ヴェルツェル教授の著作研究からスタートした。指導教授の故下村康正先生から、目的的行為論を研究するなら、その主唱者であるヴェルツェル教授の著作を徹底的に研究するようにと指導されたからである。先生のご指導に今は感謝するばかりである。しかし、当時、下村先生は、主として解釈論の研究を要求されたにもかかわらず、私は、むしろ目的的行為論を支えるヴェルツェル教授の法哲学的基盤に関心を奪われ、先生のご叱責にも従わずに解釈論から離れてしまい、心苦しい思いであった。

　処女論文「『事物の本性』と目的的行為論の基礎」を目にされた故平野龍一先生からは、葉書にて、「ヴェルツェルは、何といっても戦後の廃墟に咲いた徒花にすぎませんので、早く『ヴェルツェル離れ』されることを期待します」との忠告を受けた。しかし、私の心は、すでにヴェルツェル教授の法哲学的見解に傾倒してしまっていたので、とても彼からは離れられなかった。

私は、下村先生の助言にも逆らい、平野先生の忠告にも従わずに、ヴェルツェル教授の刑法学を支える方法論の究明を続けることにした。ヴェルツェル教授の理解者である福田平先生、金沢文雄先生、ホセ・ヨンパルト先生の激励もあったことが心の支えであった。感謝の限りである。見解の相違は別にして、私の研究態度に理解を示し、何かと心配りをしてくださった齊藤誠二先生にもお礼を申し上げたい。もちろん、ヴェルツェル教授の方法論と対極にある故エンギッシュ教授や故アルトゥール・カウフマン教授等の方法論の比較検討を等閑にはしなかった。ところが、ヴェルツェル教授は、自分の目的的行為論は実はサイバネティクス的行為論だと明言して２年後にこの世を去ってしまった。私は、サイバネティクス的システム理論にこそヴェルツェル教授の刑法学方法論の根拠があると考え、システム理論そのものを探究し始めた。こうして、前掲書の学位論文に辿り着いたのである。
　考えてみれば、このような考えの私を、忌み嫌うことなく研究所に迎え受けてくれたアルトゥール・カウフマン教授の心の広さには心底感謝している。私は、ミュンヘン大学「法哲学と法情報学研究所」所長であったカウフマン教授の了解を得て、システム理論に造詣の深いローター・フィリップス教授に教示を仰ぐべく留学した。ドイツ人の心の広さに感激するが、他方、フィリップス教授から、カウフマン教授主催の「木曜ゼミナール」で、「サイバネティクスと数学と禅仏教と刑法について」発表せよという心の広すぎる要請には、残念ながら驚嘆するだけで終わってしまった。今なら少しはと思うが、当時は困惑するだけであった。
　私は、思いもかけずに、下村先生から前掲書で「学位請求しなさい」「大丈夫です」と言われ、飛び上がるように喜んだ。更に、この学位請求論文を進呈した平野先生からは、「スケールの大きさといい、論述の明快さといい、まことに前人未踏の業績と思います」という予想外の評価をいただき、平野先生からはいつも厳しい論文批判をいただいていただけに、この賛辞には、お世辞半分以上としても、今も感謝している。だからこそ、更に、システム思考による刑法学の研究を続けなければならないと心した次第である。

学位論文で駆使したシステム論は、第1サイバネティクスから第3サイバネティクスおよび一般的システム論が中心であった。しかし、その後、故ニクラス・ルーマン教授流の社会的システム理論が世界を蹂躙し、それに影響を与えた生物学者のマトゥラナ氏と故ヴァレラ氏、更に、ゲルハルト・ロート氏、ヘイル氏、トイプナー氏等の主張するオウトポイエシス理論（オートポイエーシスと表記する方が多いが、本書ではオウトポイエシスと表記した。ドイツ語のアウトポイエセである。）が社会科学の領域における話題の中心になった。他方、経営学的組織論や認知科学も大いに注目を集めていた。したがって、私も、その後の研究では、これらの理論を学習しなければならず、これらの理論に基づく刑法学の研究をすることになった。

　本書に収録された研究論文は、学位論文と同様に、執筆順に配置されてはいない。最初に、第1章では、主観と客観を分離する二元的方法論に対して、人間をも万有の一端であり「物－心」的なシステムであると把握するシステム論は、一元論的な統一科学ないし統一哲学であり、21世紀の諸問題を解決する最良の方法論と考える旨を主張し、第2章と第3章では、刑法における意思の自由という重要問題をシステム理論的に検討し、第4章では、意思の具体的な問題である故意・過失について、システム理論、オウトポイエシス理論、認知科学などから解析した。そして、第5章と第6章において、行為論をオウトポイエシス理論と認知科学を基に分析し、刑法的行為の諸要素を検討した。結局、犯罪の主体も犯罪組織もシステムであるという観点から、第7章では共謀共同正犯を、第8章では組織と犯罪について検討し、第9章で企業法人の犯罪主体性をシステム理論的に基礎づけた。第10章は、継続研究する予定であったドイツ環境刑法の研究の予備的研究であったものであり、その後の研究が続かずに終わったものであるが、第11章に関連すると思い収録することにした。そして、第11章において、組織犯罪と環境犯罪のグローバル化とボーダレス化の問題を解決するためには、いかにシステム思考が不可避的に必要であるかを強調した。以上のように、執筆順に関係なく、本書の趣旨を理解していただくために各論文を配置することにした。執

筆年と執筆場所については、本書の「あとがき」を参照されたい。

　本書に流れる思想は、人もシステム、宇宙もシステム、地球も植物・動物・鉱物から成るシステム、政治も経済も文化もシステム、だから、法もシステムということである。あらゆるシステムは、相互作用関係によって自己システムの定常性（安定性）を保全し再生産している。刑法もまたシステムである。総則と各則から成るシステムであり、各条文は構成要件と法的効果から成るシステムであり、構成要件は各種の諸要素から成るシステムである。故に、構成要件である犯罪主体「…した者」もシステムだと言いたい。したがって、「者」を単独の自然人に限定解釈する必然性は何もないと考える。犯罪主体は、自然人単独でもあれば、自然人の複数人でもあれば、自然人の集団でもあり、自然人による組織すなわち法人でもあり得るわけである。企業が主体的に犯罪を実現している現代において、共犯や集団犯において、犯罪主体を自然人にのみ還元する思考は、前世紀的思考であると思う。犯罪主体と責任主体を混同している。責任はあくまで個人責任が原則である。個々人の責任は、犯罪システム内部における作業分担的役割によって決まる。しかし、犯罪主体は個人に限らない。システム思考によれば、かかる理解は当然のことであるにもかかわらず、社会科学の分野で、刑法学の世界だけが、かかる思考を受容しない事由は一体何なのであろうか。刑法の世界でもシステム理論に対する賛同の有無は別にして、批判的であれ、少くともシステム理論に対する言及が望まれてならない（Vgl. Klaus Lüderssen, „Systemtheorie" und Wirtschaftsstrafrecht, in: Martin Böse/Detler Sternberg-Lieben〔Hg.〕, Grundlagen des Straf- und Strafverfahrensrechts. Festschrift für Knut Amelung zum 70. Geburtstag, Berlin, 2009, S. 67ff.）。システム理論によれば、可変性こそがシステムの定常性（自己保全・生き残り）の要件である。ヴェルツェル教授もまた自己訂正の可能性を強調した。刑法学もまた然りである。

　私は、刑法学の世界におけるシステム思考の必要性を是が非でも理解していただきたく本書を公にすることにした。学問の世界には、このような人間がいてもよいと思うと同時に、いなければならないと思う。すべからく自然

人たる人間中心の思考方法は、地球上のあらゆる諸問題の解決には何も役立たないと思う。すべての創造主は、正にこの宇宙そのものだと思うからである。

　最後に、本書の刊行に対して理解と協力をいただいた八千代出版株式会社の大野俊郎氏と多大な労力を提供していただいた編集部の岩谷美紀氏に感謝の意を表したい。

目　次

はしがき　i

第1章　「法の理論と哲学におけるディヒョトミー化」について……1
　第1節　はじめに　1
　第2節　著者の主張の概略　2
　第3節　補　足　8
　第4節　論　評　11

第2章　刑法にとって自由意思論は無用か……25
　第1節　はじめに　25
　第2節　意思の自由について　27
　第3節　刑罰と自由意思　30
　第4節　責任と自由意思　34
　第5節　まとめ　40

第3章　刑法と自由意思……53
　第1節　はじめに　53
　第2節　自由意思と決定論　56
　第3節　判例の状況　58
　第4節　学説の状況　59
　第5節　結　び　61

第4章　認知科学と故意・過失論……69
　第1節　はじめに　69
　第2節　認知と情動　71
　第3節　オウトポイエシスとその疑問点　73
　第4節　認知的な故意・過失　80
　第5節　おわりに　86

第5章　刑法（学）のための行為概念
　　　　―システム理論的構想の素描―……………………………95

- 第1節　はじめに　95
- 第2節　考察の前提　97
  - 第1項　諸概念の使用について　97
  - 第2項　行為概念の重要性　98
  - 第3項　個人とシステム　99
- 第3節　システム行為の特性　101
  - 第1項　因　果　性　101
  - 第2項　志　向　性　102
  - 第3項　社　会　性　103
  - 第4項　人　格　性　104
  - 第5項　小　　　括　105
- 第4節　具体的問題　106
  - 第1項　不作為の行為性　106
  - 第2項　消極的行為概念への批判　107
  - 第3項　法人の行為　109
- 第5節　結　　び　110

第6章　認知科学と刑法的行為論
　　　　―アウトポイエティッシュなシステム理論を顧慮して―……123

- 第1節　はじめに　123
- 第2節　認知と情動　125
- 第3節　オウトポイエシス（アウトポイエセ）　127
  - 第1項　概　念　内　容　127
  - 第2項　自己準拠・自己保全・自己生産と認知システム　131
- 第4節　認知的行為　133
  - 第1項　認知的行為の思考必要性　133
  - 第2項　価値、目標、情報、規範、期待と認知　135
  - 第3項　行為答責性　137
- 第5節　おわりに　139

第7章　共謀共同正犯 ………………………………………………149

- 第1節　問題の提起　149

第2節　判例の動向　151
　第3節　学　　説　153
　第4節　検　　討　156
　第5節　新しい展望　158

第8章　組織と犯罪
―システム理論と経営組織論からのアプローチ―……………165

　第1節　はじめに　165
　第2節　組織のシステム理論的分析　167
　　第1項　システム理論の応用　167
　　第2項　一般的システム理論と組織　168
　　第3項　オウトポイエシスと組織　170
　第3節　企業組織と犯罪組織　172
　　第1項　合法的組織と非合法的組織　172
　　第2項　企業組織　174
　第4節　企業組織と犯罪組織の原理と構造・機能　176
　　第1項　管理機能　176
　　第2項　人的経済　177
　　第3項　ロジスティクス　178
　　第4項　実行行為（調達・製造・販売）　179
　　第5項　資金調達　181
　　第6項　資金洗浄　182
　第5節　おわりに　183

第9章　企業法人の犯罪主体性……………………………………193

　第1節　はじめに　193
　第2節　企業法人の行為能力　194
　　第1項　法人の行為能力　194
　　第2項　帰属モデル批判　195
　　第3項　法人独自の直接的行為能力　197
　第3節　諸国の現状　199
　　第1項　イギリス　199
　　第2項　アメリカ　201
　　第3項　フランス　204
　第4節　おわりに　207

第10章　ドイツ環境刑法の概観……………………………215
- 第1節　は じ め に　215
- 第2節　環境法原理と環境刑法　216
- 第3節　ドイツ環境刑法の特徴　218
- 第4節　環境概念と汚染概念　221
- 第5節　保護目的と保護法益　223
- 第6節　侵害犯か危険犯か　226
- 第7節　ドイツ環境刑法条文　228

第11章　21世紀刑法学の視座
―システム思考の必要性―……………………………241
- 第1節　は じ め に　241
- 第2節　組 織 犯 罪　243
  - 第1項　組織犯罪の概念　243
  - 第2項　歴史的背景　244
  - 第3項　組織犯罪の要素　245
  - 第4項　西欧の組織犯罪　246
- 第3節　環 境 犯 罪　247
  - 第1項　環 境 概 念　247
  - 第2項　環 境 汚 染　248
  - 第3項　法 的 規 制　249
- 第4節　対応のグローバル化とボーダレス化　251
- 第5節　答責性のグローバル化とボーダレス化　253
- 第6節　お わ り に　254

あ と が き　260

人 名 索 引　262

事 項 索 引　265

第1章

「法の理論と哲学における ディヒョトミー化」について

第1節　はじめに

　本稿は、ホセ・ヨンパルトが1993年にドイツの季刊誌 "Schriften zur Rechtstheorie" の158巻にドイツ語で寄稿し出版した「法の理論と哲学におけるディヒョトミー化」(Dichotomisierung in der Theorie und Philosophie des Rechts) と題する254頁に及ぶ書物の中の第7章「法システムとシステム思考：ディヒョトミー化の随伴者としてのシステム化」(Rechtssystem und Systemdenken: Systematisierung als Begleiterin der Dichotomiesierung, S. 232-244) についての書評である。

　この章で著者は、まず第1に、ディヒョトミー化とシステム化の両者が法哲学にとって不可欠な随伴者であることを述べ、第2に、システマがファンタスマというものを無視できないと言い、第3に、このシステム化が前提とするシステムの概念が古典的なシステム論や現代的なシステム論でいうところのシステム概念とは異なることを説き、システム論に批判的な態度を表明しながら、現代的なシステム論にもディヒョトミーが必要であることを力説している。そこで本稿では、まずそれらの著者の主張の概略を述べて、その後に私なりの見解を基にして、著者に対する若干の批判をしてみたいと思う。なお、著者の主張の概略を述べるに際しては、システム論に関する限りで、第1章第14節の論述も補充的に利用したい。

第2節　著者の主張の概略

1　法哲学の領域における新しい発見とかそれに相応しい学問的な進歩は、ディヒョトミー的なプロセスの成果であった。このディヒョトミー化は、法哲学の不可欠な随伴者であったし、将来的にもそうである。そして、どのようなディヒョトミーも、それ自体は、区別（Unterscheidung）と分離（Trennung）である。この新しい区別か分離を発見したりもたらしたりすることができなかった者は、伝統化された学説をただ順送りに伝えるか批判したかにすぎず、科学的な進歩には貢献しなかった人である。もっとも、区別するディヒョトミーの効果と分離するディヒョトミーの効果とは完全に異なっている。

ところで、このディヒョトミーの「分割すること」（Auseinandersetzen）に常についてまわるのが、伝統的なシステムからも現代的なシステムからも区別される「合成すること」（Zusammensetzen）であって、それをわれわれは「システマ」（Systema）と称する。哲学には、それとなく共同作用してきたもうひとつの随伴者があったが、それがシステム化であって、どのようなシステム化もどのような法システムも「合成すること」つまりシステマを前提としており、その逆はない。システマそれ自体は、あらゆる周知された諸要素の伝統的なシステム化を暗示しないし、ましてや現代的なシステム論を暗示するわけでもない。システマは、ディヒョトミーによって予め発見された2つの要素を「合成すること」として理解されるが、しかし、システム化のように多くの諸要素を「整序すること」としては理解されない。

更に、システマは、「全体」もしくは「統一」をも要求しない。システマは、ひとつの原現象であって、それ自体いかなる下部統一もサブシステムをも持たないし、システマは何ら部分システムでもないし、再生産され得ないし、オウトポイエシスについても何も知らない。ディヒョトミーそれ自体が「2分すること」もしくは「分－割すること」であるにすぎないように、それに応じたシステマは、まだ反映されない「合成」でしかない。

システマの原現象にあっては、まだシステム化が欠けているし、システマは、有機体と物心的人間の全体性もしくは統一化が考えられる「統合」と交換され得ない。つまり、システマは、その都度のディヒョトミーに対をなすものとしてのみ、すなわち単なる「関係づけること」として理解されるのであって、それ自体は、全体性をもくろむ「統合論」と交換されたり「統合法学」と同一視され得ない。われわれの認識能力は、「合成すること」や「分割すること」という活動の力によってのみ活動的になるから、どのようなディヒョトミーの場合でも、多かれ少なかれ潜在的なシステマが現存する。

　例えば、トマス・アクィナスは、われわれの理性が実際にどのように機能しているかということを解明しようとしたが、このことは、ディヒョトミーとシステマの両形式においてのみ可能であった。更にカントにとっても、われわれの意味が由来する諸対象は、一部はそれ自身から表象に作用し、一部はわれわれの悟性活動を「それを比較し、それを結びつけ、もしくは分離する」ように活動させるから、カントによっても、「分離と合成」（compositio et divisio）は、無条件に必要であった。しかもカントは、「悟性がその概念によってその場合に考えている全てのことを隔離し、したがって、経験的な直観としては何も残っていないことによって意味性を孤立化すること」を試みている。つまり、カントは、この「分離」あるいは概念的な「孤立化」のおかげで、認識をア・プリオリに発見することに成功したのである。それ故に、理性の「合成」ないしは「分割」は、恣意的なものではなくて、現実の世界でそれ相応の根拠を有するのである。

　他方カントは、あるシステムにおける意味連関もまた必要であることを喚起しており、概念的なディヒョトミーによって獲得される純粋性は、システマが助けとなるので、この意味で、ディヒョトミーとシステマとは、法哲学の不可避的な随伴者であるばかりでなく、そもそもが、われわれの全思考の随伴者なのである。したがって、偉大な「ディヒョトミスト」は、同時に偉大な「システマティカー」でもあったし、逆も然りである。

　もちろんシステマは、システム化を必要とするし、システム思考を必要と

するが、しかし、システム化は、先行するディヒョトミーを前提とし、法システムは、自然の分離化なくしては可能ではない。法システムが規範的には閉鎖的で認知的には開放的であるかどうかということは、それ以外の概念的なディヒョトミーの助けによってのみ言明され得るから、法哲学は、一方の手にいつもディヒョトミーの剣をもち、他方の手にはしかしシステムという治療の軟膏をもっている。

こうして、われわれの認識能力が「合成すること」と「分割すること」という活動の力によって初めて活動的になることができるということは、疑う余地もない。ディヒョトミーにシステマが従い、システマにディヒョトミーが従うのである。両者は、両者を必要とし、補充し合い、別々に離れては生きられない。システマは、ディヒョトミーの相関概念であるかもしくは対をなすものである。それ故に、ディヒョトミー化によって発見された諸要素は、概括的に概観されねばならないし、ひとつの秩序づけられた全体へともたらされねばならない。

2 ところで、われわれは抽象的に思考することができるが、多かれ少なかれ隠されているファンタスマに目を向けなければ決して思考できない。この意味でわれわれの理性は、意味性から分離されるとなると機能できない。われわれは、抽象的な諸概念や抽象的な諸理念を知覚することができるが、しかし、かの偉大な観念論者たるプラトンでさえもが、彼の理念の世界を理解させることに成功したのは、洞窟の喩話の助けによったからであって、大いなるファンタジーなくしては成功しなかったであろう。

つまり、われわれが今日完全に抽象的な諸概念を表現できると思っているすべての用語というものは、もともとは、意味性や物心的な経験の世界だけと直接に関わりをもった言葉だったのである。例えば、「平等」の思想は、あらゆる人間にとって完全に抽象的な概念である。しかし、すでに古代ローマ人にとってこの抽象的な概念は、aequitas もしくは aequus (equality, equal) という表現で知られていて、本来は、aeq もしくは ek すなわち「水」(aqua) を意味する言葉から由来しており、しかも、「水」といっても「河の

水」、「海や大洋の水」のような大量の「水」であって、そこでは山も谷も見いだされずに、唯すべてが「同じ」である「水」なのである。「平等」という抽象的な概念の特色も、意味性によって知覚可能な所与性のおかげなのである。

こうして、理性の分離と合成に際しては、意味性を無視できないのであって、その意味でファンタスマをも注視しなければならない。

3 伝統的なシステムは、ディヒョトミー化によって認識され理論家によって統一されることになる諸要素の整序されたシステム化を意図している。この伝統的なシステムは、これなくしては科学もないほどに科学自身と同じくらいに古いものである。例えばプラトンは、われわれに知られている最初のシステム論者であるが、この伝統的なシステムは、「全体というひとつの観念にしたがって分節された認識の多様性」として理解されるから、ギリシャ人もこのシステムを「何らかの全体を形成し、その個々の部分がそれらの結びつきの中で何らかの秩序を示す」ような「ひとつの前提」とみなしていた。そして、沢山の知識と沢山の認識を秩序づけてその諸関係を洞察するためにも、システマティークが手助けとなり、このシステマティークの成果が、システムである。もちろん、このシステムによってすべての知識が把握されるわけではなくて、中世にはすでに今日言うところの「部分システム」と称されるものがあって、知識のある一部をある特定の観点下でシステム化することが試みられた。

システムないしシステマティークに関しては、中世では全く違った言葉が用いられた。例えば、ars, methodus, ordo, syntagma, corpus, comoendium, summa などである。「システム」という言葉が最初に用いられたのは、1600年に出版されたバルト・ケッカーマンの「systema logicae tribus adornatum」と題する書物の表題においてであった。しかし、ここでは論理だけがシステム化されているにすぎない。

もちろん、伝統的なシステムが過去の問題として消滅したわけではない。この種のシステムの特徴は、すでに獲得された認識を「秩序づけること」で

ある。その意味では、そのように仕事をする人は、まさにシステマティカーであって、すべての重要なシステムは、その考案者の名前がついている。プラトン主義、アリストテレス主義、トマス主義、スコートゥス主義、カント主義、ヘーゲル主義、マルクス主義等がそれである。そして、それらのシステムがいずれも一般的に是認されていないとしたら、それは、プラトンなりトマスなりそれらの人々が現実を正しく把握していなかったからであり、認識しシステム化する主体すなわち理論家が間違っていたからである。自然科学的な意味でのシステムは、古来「理論」としてではなく、単に意味によって知覚される「現実」として理解された。この意味でのシステムという言葉は、例えば、ガリレオ・ガリレイの作品のタイトル (Dialogo sopra i due massimi sistema del mondo) に表されているが、その内容は、天文学そのものと同じぐらいに古く、すでに「コスモス」というギリシャ時代の概念にある程度はっきりと認められる。この「コスモス」は、単に万有としてのみならず、特定の全体性によって「秩序づけられた万有」として理解されたのである。この種の自然科学的なシステムにあっては、すでに実在する秩序を見いだして表現するということが、単に問題であって、万有についてのさまざまな「認識」を秩序づけることが問題なのではない。現代的なシステムは、それ自体がすでにシステムなので、もはや何らのシステム化をも必要としない。したがって、理論家は、問題となっているシステムがどのように機能するかということだけを解明すればよい。そこで、日本では、伝統的なシステムを「体系」と表現し、現代的なシステム論のシステムを「システム」と表現して区別している。そして、この現代的なシステム論の発生原因は、発展し続けてきたディヒョトミー化の中には垣間見ることができず、唯、現代的科学の影響の中に垣間見られるだけで、その方法もそこに見いだされる。ところで、伝統的なシステム論も現代的なシステム論も、全体を求める点では共通であるが、その前提条件としてその思考のアプローチは同じではないし、全体を形成するその都度の諸要素もまた両者では異なっているし、両者の場合に、全体を求めることはひとつの全体へとする多様性に還元されないので

あって、むしろ、ディヒョトミー化によってだけでは納まりのつかないほどの研究精神の欲求が重要である。

　伝統的な意味でのシステムも現代的なシステム思考も、先行するディヒョトミー化もしくは後続するディヒョトミー化によって条件づけられているという共通点をもっている。もちろん、全体性と秩序は、両者にとって本質的ではあるが、同じ様式におけるものではない。伝統的なシステムにあっては、主体すなわち人間が自分の認識を秩序づけるべく尽力するが、現代的なシステムにあっては、これに対して、作業が機能するシステム自体から処理される。それでも、両者のシステム構想は、根本的なディヒョトミーを全体とするのである。伝統的なシステムの場合には、認識ないしはシステム化する主体とシステム化された認識の諸対象との二分法を、現代的なシステムの場合には、機能するシステムと環境との二分法を前提とする。この理由から、伝統的なシステムは、歴史の経過において人々の名前をもらい、システム思考は、これに対して、かかる名づけを断念しなければならないし断念することができるのである。システム論と称される所以である。

　したがって、伝統的なシステムの場合に何がひとつの統一にされるかは、ある特定の理論家の異なった認識にすぎない。さまざまなしかもしばしば矛盾する見解がそう簡単に統一され得ないし、簡単にメタ・システムにもされ得ない。それらは、更に学問的な議論を助長する。そして、このことは、現代的なシステム論にも妥当するのである。

　システム化とシステム思考の長所を指摘する必要はないと思われるが、前者はある特定の視覚の下で行なわれ、後者はひとつのシステム思考にすぎないから、諸要素は少なからず否定されたり、過小評価されたり、過大評価されたりする危険がいつもある。システムは、最終決着をつけるようである。伝統的なシステムの欠点は、周知のことである。伝統的なシステムは、学問的に実証され得ない特定の世界観的な前提条件を有しているということである。独自の世界観は、議論の相手方が押しつけられることの許されない極めて人的な問題である。このことは、しかし、同じようにして法律的なシステ

ム論の中でわかってくる問題にとっても言えることである。

第3節　補　　足

　以上が、第7章（232頁-242頁）に述べられている内容の概略であるが、他の箇所にも（66頁-71頁）「現代的なシステム思考におけるディヒョトミー化の機能」（Funktion der Dichotomisierung in modernen Systemdenken）と題する箇所があるので、第7章の論評にとりかかる前に、この箇所の要約をしておきたい。

　1　今日、現代的なシステム思考を否認することは、この新しい思考のアプローチが伝統的なそして古典的な法思考の妨げと感じられるとしても、決してできない。現代的なシステム論の専門用語を理解することは、外国語をマスターするぐらいに難しいかもしれない。しかし、最も重要なことは、もしシステム論の世界で勝手を知るようになりたければ、トータル的に思考を一新することである。この思考の一新がうまくいけば、新たに発見されたシステム論の世界ですべてのことが前後して機能していることを喜び体験するだろう。なぜならば、矛盾のある解決されていない問題は、システムに統合されるのみならず、システム同様世界のエッセンスに属するからである。
　古典的なシステム思考においては、矛盾の発見と問題の発見は、システムのトータル的な崩壊を意味した。この意味で、従来のすべてのシステムは、保証され得なかった。現代的なシステム思考は、しかし、少しもこのような危険を恐れる必要はない。法システムは、「機能する」ことができるために、少しも教義学や哲学や存在論や形而上学を必要としない。システム思考は、矛盾を克服するために独自のメカニズムを所有しているので、矛盾と無知を恐れる必要はないし、学習する能力もある（学習は無知を前提とするからである）。古典的なシステム思考において自己破壊を意味したことが、まさに、現代的なシステム思考において学習とダイナミックを保証することである。残ることは、いつも機能するシステムである。このシステムがすべてを供給する。

2　現代的なシステム思考においてもどれほどディヒョトミー化が重要で不可欠であるかということが、示されねばならない。新しい思考のアプローチの新しさは、従来にはまだ顧慮されていなかったしテーマにされていなかった新しいディヒョトミーの発見と是認に存する。

　システム思考の最も重要な前提は、システムと環境の区別（ディヒョトミーと言う）である。しかも、分化（Differenzierung）（ディヒョトミー化と言う）なくしてはいかなるシステムもあり得ない。システム論は、システムという名称を使用するにもかかわらず、ひとつの理論なのである。この思考のアプローチをもってしても、実在の世界と理論の世界は、唯一のシステムにおいて把握されない。つまり、それ相応に分化される（ディヒョトミー化される）沢山の種類のシステムが存在するのである。例えば、政治システム、経済システム、社会システム、法システム、人格システムなどである。幸いルーマンからは、彼の言語使用が少しも明白でないにもかかわらず、ディヒョトミーは分離として理解されない。

　われわれの時代ではもはや古典的となってしまった存在と当為、真理と法、（認知性と規範性）のディヒョトミーは、単に「進化論的な成果」として格付けされるが、しかし、このことは、新しく発見されたあらゆるディヒョトミーから主張されてもいる。例えば、複雑性と偶然性は、選別プロセスの不可欠な前提である。しかし、偶然性は、その上、「期待」と「期待の期待」が更に区別されるように、「単純な偶然性」と「二重の偶然性」とに更に二分される。

3　システム内在的な分化（ディヒョトミー化）は、システムの生命であって、だから、一致した態度と逸脱した態度との区別は、システムの環境に対する境界を少しも強調しない。例えば、法システムは、認知的には閉ざされていなくて、規範的にのみ閉ざされている。つまり、「自己準拠的なオウトポイエシス的なシステム」が問題なのである。したがって、ディヒョトミー化の主役は、人間が理論から締め出されないときでも、人間ではなくてシステムなのである。

新しいディヒョトミーが告示されたならば、多くの古いディヒョトミーは、それ以上生き延びないか、あるいは、視覚が変えられることによって簡単にその意味を失うかもしれない。しかし、分化と現実の世界において見いだされるところのものの何ひとつとして失われていかない。システム論においても真理は終始保持されている。ただ、重要なのは、その場合に「機能」だけである。正義のみならず、目的−手段、原因−作用、主体−客体等やその他の概念もまた、ルーマンの「進化論」においては、古典的な理論（すなわち非−システム思考理論）におけるようには少しも理解されない。

　このことは、もっともなことであって、なぜかといえば、すべての理論が、意識的もしくは無意識的にある特定の世界観を前提としていて、あらゆる理論の具体的な内容に決定的に影響を及ぼすある特定の思考アプローチに由来しているからである。しかも、思考アプローチもまた、理論家の専門教育と彼独自の経験の成果だからである。もちろん、純粋な経験は、ある特定の思考アプローチがひとつのそして唯一可能で同時にすべての人間にとって拘束的な思考アプローチであるということを、証明する能力はない。このことは、無制限に現代的なシステム論にも言えることである。中世の神学を経て、ホッブス、ルソー、カント、ヘーゲル、マルクス、エンゲルス、ロールス、ハベルマスと、それぞれの世界観が表明されてきたが、結局、再び異なった思考アプローチを有し、新しい世界観が独自のものとして備わった—つまりシステムという眼鏡を通したものの見方である—現代的なシステム論が宣告されたのである。

　4　繰り返して言えば、どのような新しい理論も、ある新しい思考アプローチを前提とするのである。そして、どんな人も自由に選択することができる。このわれわれの選択を容易にしてくれるアプローチ思考のメタ理論というものは決して存在しない。この点では、人間だけが最終決着をつけるのであって、理論ではない。もちろん、さまざまな思考アプローチとそれによって構築された理論とを、ある特定の思考アプローチと一致することなく、区別をし批判的に吟味することは可能である。しかし、通常ひとは、特定の理論を

支持して、他を間違っているとみなすものであるが、この姿勢は、現代的なシステム論にも典型的である。

しかし、確かなことは、現代的なシステム思考においてもディヒョトミーが不可欠な役割を果たしているということである。なぜなら、ディヒョトミーなくしてはシステムは容易に機能することができないからである。

第4節　論　評

1　著者ヨンパルトによれば、法哲学を支えるものとして、ディヒョトミーとシステマの両者を必要とし、この両者は相互依存の関係にある。そして、ディヒョトミーは、「区別」、「分離」、「二分化」、「分割」、「孤立化」のことであり、システマは、「合成」であって、「全体」とか「統一」とか「統合」の意味を含んではいない。「全体」ないし「統一」は、古典的なシステム論以降のシステム概念であり、「整序すること」の意味であるし、「統合」は、現代的なシステム論で求められるシステムの機能である。

2　ところで、アンドレアス・メッツナーによれば[1]、「システマ」は、古代ギリシャの言語使用においては、「合成されたもの」(das Zusammengesetzte)「形成物」(das Gebilde) の意味であるが、この場合は、多くの部分から合成されたひとつの形成物という基本的な意味のほかに、秩序づけられたものや組織化されたものというモメントも付け加わっていたと言う。このことは、「システマ」が自然の客体を表示するのみならず、人工物の表示にも使用されたことを暗示している。つまり、この表現は、「コスモス」の調和のとれた世界秩序の性格づけに役立ったのみならず、文学に関しても、音楽的なトーンシステムに関しても応用されたし、プラトンからは3つのドーリス人国家の同盟にも応用された。つまりシステム概念は、すでに古代において、今日でも特徴とする二重の意義をもっていたのである。それは、現実のシステムが組織化されているということと、現実の認識に役立つ思考上のシステムないしは合成された言明である。

もちろん、「システム」という専門用語そのものが当時の哲学において用いられていたわけではないけれども、今日でも通用しているような組織化された理論の意味の構成要素が、すでに当時あてがわれていたのである。この用語は、音楽上の作曲理論の内部での特殊な使用においてラテン語に移された後に、この概念は、ヨーロッパの文化史や精神史のラテン語の言語使用において隠れた効能を発揮していった。やがて、世界構造（systema mundi）の解釈のための天文学的な使用を越えて、このことは、信仰信条のシステムとして特殊に宗教的－スコラ哲学的な使用に達した。この意味で、この概念は、中世をも切り抜けて、それに基づいて17世紀には、原理に従ってなされるある理論の諸命題の収束整序（Zusammenordnung）の内概念になった。その後18世紀には、この概念は、一般的な言語使用へと推移した。つまり、哲学者の整序された理論としてのシステム（「哲学的なシステム」）と知識の百科全書的な構成（システマティーク）としてのシステムが考えられた。

　3　したがって、システマの概念が、ヨンパルトの言うように、「組織化される」とか「整序される」ということと全く無縁であったとは思われない。最初のシステム論者は、ヨンパルトが言うように、パイネによればケッカーマンのようであるが、最も徹底した最初の理論家はヨハン・ハインリヒ・ランベルトであると言われている[2]。1782年の彼の著書「論理的、哲学的論文」（Logische und philosophische Abhandlungen）によれば、システムとは、「多種多様なものを、それから成るひとつの自らの内に閉ざされた全体へと合体したもので、その全体の中で、個々のものが全体との関係においても他の部分との関係においても、自分の充分に特定された場所をも特定可能な場所をも占めるのである」[3]。ランベルトは、3種のシステムを考えた。①悟性の力によってのみその結びつきを保持するシステム、すなわち思考に関するシステムで、哲学的なシステムと個々の学問ないしは理論のシステム、②意思の力によってその結びつきを保持するシステム、例えば、契約システム、国家、社会、そして③メカニックな力によってその結びつきを保持するシステム、例えば、太陽システムとか惑星システムである[4]。シュタインによれば、

ランベルトは今日でもなお若干の拘束力をもつシステム概念の解釈に達していたという。それは、①メカニズムの意味におけるシステム、②有機体の意味におけるシステム、③配列（Anordnung）のシステマティーク（Systematik）、④言明のシステムとしてのシステムである(5)。

そして、メッツナーは、結局のところ、①理論的ないし分析的システム（学問的言明のシステム）、②現実的・客観的なシステム（メカニックな、有機体的な、社会的なシステム）、③システマティーク（自然的・人為的な整序システム）の３種のシステム概念が区別されるという(6)。

4 こうして古典的なシステム概念が確立していったと思われるが、周知のごとく、古典的なシステム論は、システム内部の秩序だけを問題にして外界との相互作用を軽視したのでダイナミックなシステムの態度を説明することができなかった(7)。現代的な機能的システム論は、システム－環境論といっても過言ではないからである(8)。しかしながら、古代のシステマが「合成」の意味であるならば、その前提として合成される以前の分離がなければならないから、システムはディヒョトミーを前提とするといえるし、古典的なシステム論が「整序」とか「秩序づけ」を問題とする以上、整序される前提としての分離された要素がなくてはならないのであるから、古典的なシステムがディヒョトミーを前提とすることになるという点では、ヨンパルトが言うとおりであろう。

5 現代的なシステム論にとってディヒョトミーは、いかなる意味をもっているのであろうか。ヨンパルトは、ディヒョトミーは現代的なシステム論の発生原因ではないと言いながらも、他方では、現代的なシステムは機能だけを問題にするが、この機能もディヒョトミー化がなくては不可能だという。この理由として、ヨンパルトは、第１に、現代的なシステム論も古典的なシステム論と同様に「全体」を求めるという点では共通であるから、「全体」にする前提としてディヒョトミー化された諸要素が必要であるし、第２に、現代的システム論のシステムは、まさしくシステム「分化」を問題にするのであるが、この「分化」こそが「ディヒョトミー化」と同義語だからだと言

う。

　しかし、一見して矛盾するようなこの２つの理由の矛盾なき合理性の説明がない。確かに、現代的なシステムは、分化を繰り返している(9)。社会システムの複雑性を把握することによってこの複雑性を縮減すべくシステムは分化を繰り返してシステムの安定性を確保しようとする(10)。ルーマンによれば、システムは①同一統一体の構成による分化すなわち分節化、②位階序列の差異に基づく分化すなわち階層化、③機能的分化へと進展し、複雑化するので、機能的分化を通して安定性を求めようとする(11)。ヨンパルトは、この「分化」の一例として現代的システム論が「システム」と「環境」という二分化を前提としていることをあげて、ディヒョトミー化がなされていると主張する。そして、このディヒョトミー化の主体はシステムそのものであって、古典的なシステム論がシステム化する主体とその対象に二分化する場合、その主体はあくまで人間であって、両者の主体が相違するのだと言う。

　6　しかし、現代的システム論は、人間をもシステムとみなし、有機体をも人工機械とは違った機械とみなすから(12)、主体はシステムで統一されているのであって、伝統的システム論にかかる思考がなかっただけである。したがって、伝統的システム論のシステム化の主体が人間であるからその理論にはその人の名前がつくが、現代的システム論のディヒョトミー化の主体はシステムだからすべてシステム論という名称しかないというヨンパルトの言明は、適切ではない。現代的システム論であっても、①全体と部分の関係、比較を問題とし、全体は部分の総和以上のものとするシステム論、②システムの諸要素の相互交換、相互依存、システムの均衡（ホメオスタシス）を問題にするシステム論、③システムと環境の関係、相互作用、境界を問題とするシステム論、④自己組織化、自己準拠的システムの理論、という展開をしてきているから(13)、単に「システム論」という名称でひとまとめにはできない。パーソンズのシステム論か、ルーマンのシステム論か、オウトポイエシスにしても、マトゥラナの理論かトイプナーの理論かロートの理論かによってその内容が違うから(14)、やはり、人の名前は現代的システム論にも随伴者で

ある。

ところで、現代的なシステムは、確かに分化を重ねていくことは否定できない。自然のシステムの宇宙でさえ分化と差異によって惑星システム、地球システム、人類システム、国家システムが生成し、安定してくる[15]。もしこの分化を別名ディヒョトミーと命名するならば、現代的システムはディヒョトミーなくしてはあり得ない。しかし、現代的システムは、統合の作用も有している[16]。あるいは、諸要素ないしは部分システムを相互的に関係づける作用を有していて、「システム論はシステムと環境の分化の統一から出発する」と言われる[17]。したがって、ディヒョトミーは、単なる二分化に終始するわけではない。この点は、ヨンパルトの主張には疑問を感じる。パイネも、システム形成の成果はもっぱら要素の二分化であり、ディヒョトミーこそはシステム形成の成果であると言っているが、しかし、この二分化それ自体が2つの関係するひとつのシステムを形成するのだと言明している。例えば、法システムを公法と私法の2つのシステムに二分することは、2つの関係し合うひとつのシステムを形成するにすぎない[18]。

7 このように考えれば、存在と当為のディヒョトミーを、もはや古典化した当然の法哲学の成果のごとくみなすヨンパルトの主張も疑問である。この点で、法の思考を規範的な側面に局限する在来の法思考が、存在と当為のディヒョトミーによって正当化しようとすることに異議を唱えるクラヴィーツの規範的－現実主義的考察方法が注目に値する。彼は、存在と当為のディヒョトミーを想定することは、実際の人間の態度様式に対する法規範の諸関係を無視することを正当化できないし、法理論的な観点では、存在と当為との間の峻厳な区別は意味がないと言う[19]。この点、純粋法学が、存在と当為の二元論すなわち存在を当為からカテゴリアルに分離し、存在から当為を演繹不可能にしたことは誤りであって、ケルゼン自身、存在と当為の新カント的ディヒョトミーは厳格な形式でカント哲学に何の根拠も見いださないことを指摘していると言う。クラヴィーツの立場からすると、存在と当為の二元論は、決して法の世界におけるア・プリオリな構造ではない[20]。そこで、

いま少しクラヴィーツの見解(21)を拝聴しようと思う。

8　彼によれば、「規範に規定された態度」つまり当為とされた態度と「事実上の態度」つまり規範を充足する存在の態度とを区別しなければならないという考えは無思慮に受け入れられないのであって、法生成のあらゆるシステム固有の操作を自己準拠的に基礎づける必要要件つまり法システムないしはその部分システムに関して操作を貫徹して正当化する必要要件を顧慮すれば、存在と当為の二元論の社会的な機能は、この分化によって法と非法とを同一視したり区別したりする手助けをすることに役立つが、現代社会の国家的に組織された法システムがその営みを自己生産的な法の上に基礎づけるようになってしまっている現在では、存在と当為の二元論も、重要性を失い、その本来的な機能をかなり喪失しなければならなかった。ところが、純粋法学的な発想によれば、思考を規範的側面に局限するので、当為の態度と存在の態度が区別され、しかも、存在と当為の二元論がシステム内在的なものであって、その二元論の機能は、純粋にシステム内在的な当為と存在のディヒョトミー化の中に現存する。

つまり、純粋法学からすると、旧来の二元論が存在と当為のディヒョトミーとして現われ、法的な存在当為秩序を存在の領域と当為の領域とに二分することになって現われてくる。しかし、純粋法学にとっても、伝統的な・旧来的な存在論ないしは脱存在論の意味における存在そのものとか当為そのものというものは重要ではないはずである。にもかかわらず、法から当為とされた態度と事実として存在する態度との間に実際に現存する相互交換的な社会的関係のより深い奥義を極めた分析が問題にされていない。こうした過ちは、存在と当為の旧来的な二元論との関係の下ですべての社会秩序を存在秩序と当為秩序とにディヒョトミー化することに通じるし、法の真理の瑕疵ある二等分化に通ずるのみならず、方法論的観点においても理論的観点においても絶対化された法規範主義に通ずることとなり、法ないし法システムが法規範ないし法規範的関係の中で尽くされてしまう。しかし、法規範と法の現実とはそれほど極端に分離してはいない。

むしろ、存在と当為は、現行法との関係では、規範的-現実主義的な考察方法からする架橋を必要とするのであって、それによって法ないし法システムの概念が、法的な規範の複合と人間の態度とを有効に関係づけてくれるのである。確かに法技術的にみれば、規範的な決定プレミッセと事実的な決定プレミッセとは区別されるけれども、それは、カテゴリー的ディヒョトミーの意味で区別されるのではなくて、やがて法に規定されるであろう「有り得る／現実の社会的態度」の二成分のシェーマ化の意味で区別されるにすぎないのである。しかし、存在と当為の二元論が、法思考における規範的-現実主義的な考察方法からすれば、厳格な二元化とディヒョトミー化という結論にはならず、せいぜい法による「有り得る／現実的な社会的態度」の二成分的なシェーマ化という結論になるのだとしても、このことは、従来の純粋法学的な立場を無批判に堅持したり、法の現実ないしは法の社会的現実を正統に評価する法理論的な問題視点によらない限り、少なくとも法思考の局部的な歪みとイデオロギー化を取り成すことになる。

かかる主張は、ヴェルツェルやカウフマンにもその片りんが垣間見られる。ヴェルツェルもまた、法実証主義やそれと共通の基礎たる経験的実在性を非現実的妥当形式たる意味と価値で補充するにすぎない新カント主義を排斥した。彼にとって新カント主義は、自然主義・実証主義の補充理論にすぎない。かかる主義によれば、法概念は、人間という認識主体の価値表象によって恣意的に構成される危険がある。しかし、ヴェルツェルによれば、「存在」は、概念的に初めて整序され形成されるような無秩序な資料では決してないのであって、初めから秩序と形態を自らの内に有しているのである。こうして価値内在的存在を認めることによって、存在と当為の峻厳な二元論を排斥した[22]。カウフマンもまた、実証主義を排斥した。彼によれば、法規範は、法の理念の中に完結しているわけでもないし、法決定も法規範の中に完全に包摂されているわけではない。法の現実性は、その尺度と秩序を自らの内に担っている具体的な生活関係から得られるのである。法は、規範と具体的な生活関係が相応するところ、つまり、当為と存在が相応するところで生じる

のであって、法はまさしく「存在」と「当為」の「相応」であり、関係統一体である。そして、当為と存在の相応化には媒介者が必要であって、それは、存在の中の当為であり、意味であり、この意味こそが事物の本性と称せられるから、事物の本性とは、存在と当為が遍洽する場所であり、現実と価値が結びつく方法的場所である。こうしてカウフマンもまた、当為と存在の厳しい二元化を排斥したのである[23]。

9 ところで、ルーマンによれば、法は、社会的展開によって共に決定され、同時に社会的展開を共に決定することができるので、法の変化を方向づける背後問題は、決して法内在的に具体的に示されるのではなくて、社会に関係してのみ具体的に示されるのであって、それ故に、社会の理論の中でその指導を得るのである[24]。クラヴィーツによれば、法システムは、その都度特殊化された機能をもった社会的にすでに秩序づけられた現実性の中で、人間の体験と行動の社会的システムとして実在するものであって、この社会的システムこそが常にその環境と自分自身に関係づけられているのである。なぜなら、この社会システムは、この自己接触に基づきシステム固有の秩序構造の部分との相互作用に準拠して初めてその環境に反応することができるからである。こうして法システムは、自己準拠的システムとして作動するのである[25]。法は、社会によって決定されるのみならず、自己の側の社会を決定するのである[26]。法は、一面では社会的諸関係によって条件づけられているけれども、他面では法自身が社会的発展の原動力になっているのである[27]。しかも、安定した統一性のある社会システムの法規範というものは、このシステムの目標を特定する価値から演繹されている[28]。パーソンズによれば、法システムは、規範の構造をなしているが、この規範は、価値から演繹され、価値によってその正当性を付与されるのである。この価値は、「望ましい型の社会の構想」であり、望ましい社会的システムの構想であって、他方、望ましい型の人格の構想でもあるから、社会的客体即ち人間的個もしくは集団の自己評価も構想されている[29]。そして、規範はいつもシステム関係的であって、規範はこの関係性において把握されねばならない[30]。

かくして、社会システムの目標に相応する社会的な価値から（法）規範が演繹され、この法（規範）システムは、社会システムを制御する部分システムとしてわれわれの生活事態・社会的実在の世界へと作用を及ぼし、反対に、社会的実在は、時には（法）規範の変更を促す作用を帰納的に及ぼし、更には、巨視的にみれば、存在の世界は、社会システムの望ましい構想・目標・価値の変更へと帰納的なフィードバック作用を及ぼすのである。したがって、社会システムの発展と展開をみると、法は、目標・価値－規範－社会的実在・存在－目標・価値というような回路システムの中で現象するものとして捉える必要があるから、法は、まさしく回路システムである[31]。法システムは、社会システムの制御システムであると同時に、社会システムから相互作用を受けるシステムである。したがって、存在と当為は、法システムないし法規範の中でディヒョトミー化されるのではなくて、むしろ、存在と当為は、法システムの中で相応し、相互作用し、統合されるのである。

10　最後に、ヨンパルトは、現代的なシステム特に法システムが機能し得るためには、教義学や哲学や存在論や形而上学を少しも必要としないと言うが、そうであろうか。私は、かつてサイバネティクスの科学性と哲学ということについて若干論述したことがあるので、ここではむしろ、伊藤の見解を拠り所にシステム論の哲学性を主張したい。彼によれば[32]、一般的に、科学は部分に関心を向けるのに対して、哲学は全体に関心を向けるが、部分を理解するためには、全体との関連で理解しなければならず、しかもこの全体は、部分間の相互関連によって創発してくるものであって、全体と部分とは相互浸透する相互補完的なもので、こうした全体と部分の定義こそが、システム定義へと結びついてくるのである。

　伊藤によれば[33]、現代的なシステム論は、①システム科学（例えば、システム分析、ゲーム理論、組織論、政策科学、オペレーションズ・リサーチ、システム・ダイナミックス）、②システム工学（例えば、サイバネティクス、コンピュータ科学、情報科学、オートマトン論）、③システム哲学（認識論、存在論、価値論、倫理道徳論、意味論、自由論）を内包しており、諸々の科学と哲学のひとつの現代的統一す

なわち「システム論的統一」を果たしたのである。しかも、この統一は、古典的な全体論的思弁的統一と近代的ニュートン的原子論的統一を超越している点で極めて重大な歴史的挑戦であると言う。システム哲学は、自然システムと認識システムの不変性と構造的同型性に注目し、その基本的な認識モデルをシステム－サイバネティクス・モデルで提示することができる。このシステム哲学は、一元論的・統一的・総合的哲学を志向していて、形而上学的にみるならば、多とひとつが相互に関係し合い、相互に存在し合い、しかも相互に存在し合いながら統一されて、ダイナミックに多がひとつになり、ひとつが多になっていくプロセスとみる立場をとるのである。伊藤によれば[34]、こうした一元論的な哲学こそが健康な哲学であり、従来の二元論的な哲学は、分裂病的な哲学であって、一元論的な思考方法こそが、本来哲学がとるべき道である。なぜならば、今日われわれ人間がかかえている問題、例えば、自然破壊とか公害とか汚染といった問題は、従来の哲学的方法であった二元論的思考によるものだと言える。つまり、人間と自然、主体と客体、身と心、物と事、価値と実在、当為と存在といった二分割化すなわちディヒョトミー化による禍なのである。もちろん、一元論的な捉え方が、全体主義を意味するわけではない。システムは、諸要素の単なる総和ではないし、超要素的な全体でもないからである。部分と部分の間のみならず部分と全体との間の相互作用、相互存在、統合化が問題とされるからである。伝統的な哲学は、世界を物体と関係にディヒョトミー化し、更に物体を生物体と無生物体に二分割し、人間による自然の支配と人間からの被支配のディヒョトミー化を正統化してしまった。システム論的には、人間も「物－心」的なシステムであるから、人間も万有の一端として位置づけられ[34a]、人間システムにも自然システムの特性が実在するから、かかる思考からは自然破壊の道は出てこない。人間自身が、物理システムと認識システムの統一体だからである。かかる思考は、現代的なシステム論をディヒョトミー化によって基礎づけようとするヨンパルトの思考からはとうてい出てこない。現代的なシステム論は、分化のプロセスだけではない。統合のプロセスでもある。部分と全体との間もし

くはシステムと環境との間における相互依存と相互作用と統合の関係こそが最も重要なシステムの特徴なのである。まさに新しい哲学とは、伊藤が言うように[35]、システム哲学のことであり、それは、相互作用、相互依存、相互自立、相互進化を組み入れ、プロセスと創造と相互進化と共存と全体性を重視する哲学である。

【注】
(1) Andreas Metzner, Probrem Sozio-ökologischer Systemtheorie. Natur und Gesellschaft in der Soziologie Luhmanns, Opladen 1993, S. 31f.
(2) Vgl. Franz-Joseph Peine, Das Recht als System, Berlin 1983, S. 33f.; Bartholomäus Keckermann, Systema Logicae tribus libris adornatum, Hanover 1600; Johan Heinlich Lambert, Logische und philosophische Abhadlungen, 2Bd., Berlin/Dessau, 1782 und Berlin/Leipzig 1787 (Hg. v. Johann Bernoulli), und A. Diemer (Hg.), System und Krassifikation in Wissenschaft und Dokumentationen, Meisenheim am Gla, 1968；なお、システム概念の変遷について、松村格『刑法学方法論の研究—存在論からシステム論へ—』八千代出版 1991 年、284 頁以下。
(3) Alois v. der Stein, Der Systembegriff in seiner geschichtlichen Entwicklung, in: A. Diemer (Hg.), a. a. O. S. 19.
(4) Vgl. A. Metzner, a. a. O. S. 32.
(5) Vgl. A. v. d. Stein, a. a. O. S. 19f.
(6) A. Metzner, a. a. O. S. 33f.
(7) 松村・前掲書、287 頁以下。
(8) Vgl. Niklas Luhmann, Soziologische Aufklärung zur Theorie sozialer Systeme, Bd. 1, 4Aufl., Opladen 1974, S. 39.／土方訳『ニクラス・ルーマン論文集 1・法と社会システム—社会学的啓蒙—』神泉社 1983 年、36 頁。
(9) ニクラス・ルーマン著／沢谷・関口・長谷川訳『公式組織の機能とその派生的問題』上巻、新泉社 1992 年、102 頁以下、特に 106 頁参照；N. Luhmann, Soziolgische Aufklärung, S. 123ff.／土方訳 150 頁以下。
(10) N. Luhmann, a. a. O. S. 116f.／土方訳・前掲書、133 頁以下。複雑性については、エドガール・モラン著／古田・中村訳『複雑性とはなにか』国文社 1993 年。
(11) 土方監修『システム理論のパラダイム転換—N. ルーマン日本講演集—』御茶の水書房 1983 年、23 頁以下。
(12) Heinz Michael Mirow, Kybernetik. Grundlage einer allgemeinen Theorie

der Organisation, Wiesbaden 1969, S. 99. 青井・綿貫・大橋『集団・組織・リーダーシップ／今日の社会心理学』培風館 1982 年、167 頁。エドガール・モラン著／古田・中村訳、前掲書、44 頁。
(13)　新田俊三『社会システム論』日本評論社 1991 年、21 頁以下。現代的システム論の流れについては、村田晴夫『情報とシステムの哲学―現代批判の視点―』文眞堂 1990 年、75 頁以下が参考になる。
(14)　マトゥラナとルーマン、ロート、トイプナー、ヘイルのオウトポイエシス論の見解の比較としては、Werner Kirsch, Kommunikatives Handeln, Autopoiese, Rationalität. Sondierungen zu einer evolutionären Führungslehre, München 1992, S. 185ff. に詳しいので参照に値する。
(15)　松井孝典「いま何が問われているのか―宇宙の歴史に学ぶ」朝日新聞 1994 年 3 月 20 日参照。
(16)　N. Luhmann, Soziale Systeme. Grundriß einer allgemeinen Theorie, Frankfurt am Main 1984, S. 289.
(17)　Herbert Fucks, Systemtheorie, in: K. Bleicher (Hg.), Organisation als System, Wiesbaden 1972, S. 48; H-J Flechtner, Grundbegriff der Kybenetik, Stuttgart 5Aufl., 1970, S. 353.
(18)　F-J Peine, a. a. O. S. 46.
(19)　Werner Krawietz, Recht als Regelsystem, Wiesbaden 1984, S. 44, 45.
(20)　W. Krawietz, a. a. O. S. 125, 126.
(21)　W. Krawietz, a. a. O. S. 126-133.
(22)　Hans Welzel, Naturalismus und Wertphilosophie im Strafrecht, in: ders, Abhandlungen zum Strafrecht und zur Rechtsphilosophie, Berlin/New York 1935, S. 70ff., 93ff., 97-102, 103, 104.
(23)　Arthur Kaufmann, Die ontologische Struktur des Rechts, in: Hg. von ihm, Die ontologische Begründung des Rechts, Darmstadt 1965, S. 478f.; ders, Analogie und „Natur der Sache". Zugleich ein Beitrag zur Lehre von Typus, in: ders, Rechtsphilosophie im Wandel, Frankfurt am Main 1972, S. 283, 286ff., 308.
(24)　N. Luhmann, Rechtssoziologie. 2, Reinbeck 1972, S. 295, 297.
(25)　W. Krawietz, a. a. O. S. 110, 111.
(26)　Reinhold Zippelius, Gesellschaft und Recht. Grundbegriff der Rechts- und Staatssoziologie, München 1980, S. 72.
(27)　Eugen Ehrlich, Grundlegung der Soziologie des Rechts, München 3Aufl., 1967, S. 164.
(28)　Reinhard Damm, Systemtheorie und Recht. Zur Normentheorie Talcot Parsons, Berlin 1976, S. 54.

(29) Talcott Parsons, Societies. Evolutionary and Comparative Perspectives, Engewood Cliffs, New Jersey 1966, S. 18.；ders, Social Structure and Personality, London 1970, S. 195, 163, 237f.; ders, Durkheim's Contribution to the theory of Integration of Social System, in: Kurt H. Wolf (Hg.), Emil Durkheim, 1858-1917, A Collection of Essay, with Translations and a Bibliography, Colombus (Ohio), Reprint, New York 1960, S. 124.
(30) Otta Weinberger, Studien zur Normenlogik und Rechtsinformatik, Berlin 1974, S. 215.
(31) 法と実在とシステムについて、松村・前掲書、170頁以下参照。
(32) 松村・前掲書、155頁以下。伊藤重行『システム哲学序説』勁草書房1992年、2頁以下。
(33) 伊藤・前掲書、16頁。
(34) 伊藤・前掲書、41頁以下、57、58、59、61頁以下、87頁、121頁以下、127頁。
(34a) この点は、すでに小生の処女論文で言及した。松村・前掲書、25頁。
(35) 伊藤・前掲書、はしがき参照。

第2章

刑法にとって自由意思論は無用か

第1節　はじめに

　1　新派（近代派）刑法学が、前期古典派の刑法学に対抗して出現し、やがて後期古典派の刑法学の台頭を促したことは周知の事実であるが、その考え方が、刑罰論のみならず責任論に関しても古典派に多大の影響を与え、変革を求めている昨今の現状をみるにつけ、その意義の大きさを痛感せざるを得ない[1]。そして、両派の見解の最大の争点のひとつに、人間に意思の自由を認めるか否かという問題があったことも周知のことである。ところが、ここ20年来、責任を予防的・展望的に、刑罰を目的刑論的に、個人的他行為決意の可能性を平均人他行為決意の可能性へと捉えなおす傾向が古典派理論の中からみられ、自由意思論が棚上げにされてもよいとする見解が増してきた。

　2　かねてから自由意思論については、絶対的自由意思論（非決定論）もハードな決定論も否定され、自由意思の内容をどのように把握するかが問題とされ、そもそも人間に自由意思が存在するか否かという自由意思有無論よりも、刑法は自由意思を前提とするかしないかという自由意思要否論にむしろ論争の主眼が移されてきた。この要否論は、刑罰目的をどのように考えるか、もしくは刑罰に対する責任をどう捉えるかといった問題に左右されている現状であるから、自由意思肯定－自由意思必要－道義的責任－非難－応報刑という関係か、それとも自由意思否定－自由意思不要－社会的責任－予防－処分ないし目的刑という関係かという単純な旧来の二者択一的図式は崩壊

してしまっている(2)。

3　したがって、刑法にとって自由意思が必要か否かの論争は、責任刑か処分刑か、責任は非難か予防かという問題に依拠しており、つまるところ責任刑法か処分刑法かに係わり、責任原理（Schuldprinzip）を維持するか、それとも比例性の原則（Verhältnismäßigkeitsgrundsatz）もしくは行為比例性説（Tatproportionalitätstheorie）によって代替するか(3)、もし維持するとすればどのような形で維持するのか、つまり、刑罰の正当化根拠としてか、科刑の前提条件としてか、刑罰の制約原理ないしは量刑の基準としてか、幅の理論（Spielraumtheorie）は維持するか、更には、行為無価値論に立脚して規範誠実に力点をおくか、結果無価値論に立脚して法益保護と公共の保全に重点をおくかという問題に還元されていると言えよう(4)。つまり自由意思論は、責任論や刑罰論へと演繹的に影響を及ぼす時代から、刑罰目的や責任論から帰納的にその要否が論じられる時代へと移ってしまっている感じがする。この動向が果たして正しいのかどうか、やはり演繹的に自由意思の有無の存在論的・認識論的問題から議論を出発させていくべきかどうかということもひとつの大きな問題である。かかる推移と現状を踏まえながら、責任と刑罰と自由意思の係わりを検討したいと思う。そして、こうした現状を生み出す大きな影響力を与えたのが、近代派の刑事政策的な考え方であることを念頭におきながら論述を進めたいと思う。例えば、ロクシンの責任（Schuld）に代わる答責性（Verantwortlichkeit）論も、新派刑法学の覇者たりしフランツ・フォン・リストの答責性概念に端を発しているとも言われているからである(5)。

4　私は、かつて、「意思の自由と刑事法学―問題点の指摘とその解決の試み（正・続）―」と題する論文を発表し(6)、自由意思の概念分析と決定論の内容分析をした上で、システム論的に自由と必然の統合を試み、「システム論と自由意思―ヨンパルト論文『刑法と自由意思』への釈明―」と題する小論文においてその補充的論述をした(7)。更に、最近「刑法と自由意思」と題して、自由意思有無論と自由意思要否論との主張の組み合わせを整理して責任刑法か処分刑法かという立場への関連性を概観してみた(8)。したがって、

本稿では、これらの論述と重複しないように心がけて検討してみたいと思う。そこで、本稿では、自由意思の有無論の中身を簡単に概観し、次に自由意思論が刑法学のどの場面で問題になるかという見解の相違を整理し、自由意思要否論を責任論と刑罰論にからめて検討した上で、最後に私見の展開を試みたいと思う。そして、自由意思こそが、責任と予防を相応させる一大契機であり接点であることを主張したいと思う。なお、自由意思論、責任論、刑罰論に関しては、すでにあまりにも多くの優れた研究論文が公表されていて、そのすべてを網羅することができなかったので、すでに発表した私の論文では引用できなかった文献だけをできるだけ利用することに努めた。その点のご了解を得てお詫びに代えさせていただきたいと思う。

第2節　　意思の自由について

1　意思の自由とは、「意欲の自由」のことである。つまり、必然的因果性に支配されない意思の作用である。意欲する主体が、所与の諸事情の下で意欲したように意欲せねばならなかったかどうか、あるいは、「他のことも意欲し得た」（Anders-Wollen-Können）かどうかが自由意思の問題である[9]。換言すれば、内部的自律もしくは内部的自由の問題である[10]。行為を決定づけるのは人間であるから、その人間が行為を決意するに際して、その意思決定が必然的になされていないで自由になされていることが意思の自由である。したがって、意思の自由というよりは、決意の自由といった方が的確かもしれない[11]。この意味では、意思の自由は、強制からの自由、つまり外部的な行為の自由からは区別されねばならない。強制されても自由意思は奪われるわけではない。行為の自由は、外部的自律の問題である[12]。

2　人間の意思は、絶対無制約な自由ではない。人間の意思も何らかの原因によって形成される。ただ、意思が必然的に自然法則や物理法則に支配されないだけであって、ヨンパルトによれば自由なる因果性を有してはいる[13]。仮に、自由なる因果性を否定すれば、刑罰による主体的な自己変革も改善も

したがって社会復帰もあり得なくなる。人間は、素質や環境によって左右されるし、結局は、衝動によって条件づけられる。だから、むしろ衝動をコントロールし、意味内容や意味の諸関係もしくは価値や規範に従って自己決定をなす能力に自由意思の真髄をみるべきである[14]。レービンダーが言うように、「われわれの意思は、生起するものすべてがなんらかの原因を有していなければならないということで自由なのである」とさえいえよう[15]。したがって、無条件的な自由を認める非決定論は、排斥されねばならず、かかる非決定論を基礎にした責任刑法も絶対的応報刑も容認することはできない。かかる自由は、そもそも意思決定者自身を含めてすべてを偶然性の手に委ねるから、マウラッハ／チプフの言葉を借りれば、「責任を否定する恣意」にすぎない[16]。

3 他方、人間は、自己実現をするに際しては、意味関係や価値に向けられた精神的自由の活動の中でそうするのであるから、人間の意思がことごとく因果法則によって必然的に決定づけられているわけでもない[17]。人間は、因果法則を利用してそれに則して外的事象をコントロールしたり、自己の態度を制御するのである。したがって、宿命論やハードな決定論は否定されねばならない。かかる決定論に立脚する限り、犯罪者は犯罪へと決定されたままであるから、刑罰の特別予防的効果を期待することもできず、イェシェックが言うとおり「最悪の刑事政策」となろう[18]。結局、現在の自由意思論は、相対的自由意思論かソフトな決定論かの論争に帰着するが、もし両者が内発的な意欲の自由つまり必然的因果性に支配されない内心の自由を認めるならば、両者にはもはや名称の違いしか残らないことになる。いずれにせよ、非決定論か決定論かの対立論争は意味がなくなっている[19]。しかし、いずれの立場も、経験科学的にも存在論的にも証明不可能だからといって、自由意思の有無についての各論者の形而上学的な態度決定は必要であろう。その限りでのみ、認識論的な不可知論や懐疑主義が意味をもつことができる。もっとも、証明不可能である以上、自由意思有無論にあまり固執することは刑法学には得策ではないので、おのずから議論は、刑法にとっての自由意思要否

論に移ることになる。そして、この要否論にこそ、責任論や刑罰論を中心とした刑法学が係わりをもつことになる。しかも、有無についての存在論的・認識論的もしくは人類学的な議論ではなくて、要否論では、規範関係的な自由意思論にならざるを得ないので、刑法規範をどのように捉えるかという根本問題も回避できない[20]。

　もっとも、不可知論者が、自由意思の証明不可能性を根拠にして、直ちに自由意思を「国家が必要とするフィクション」(staatsnotwendige Fiktion) だとして、非難としての責任を維持するために、自由意思必要論を単純に容認することも安易すぎる感じがする[21]。いずれにせよ、ヨンパルトが言うように、①自由意思必要論者の中にも、(a)自由意思肯定論者、(b)自由意思否定論者、(c)不可知論者や懐疑主義者がいるだろうし、②自由意思不要論者の中にも、(a)自由意思肯定論者、(b)自由意思否定論者、(c)不可知論者や懐疑主義者がいてもよいわけだから[22]、それぞれの立場の論者が規範と責任と刑罰をどのように考えているかを検討する必要がある[23]。

4　もっとも、自由意思が、どのような刑法の具体的・個別的問題に係わるかについては意見が分かれる。ドレーヤーによれば、①過失犯、②結果的加重犯、③不真正不作為犯、④禁止の錯誤、⑤期待可能性、⑥中止未遂、⑦責任阻却の緊急非難、⑧過剰防衛、⑨責任能力で問題になると言う[24]。しかし、ロクシンによれば、④⑥などの責任阻却事由は、他行為の可能性が排除されていることによるのではなくて、行為者に規範の遵守を期待することができないからであって、その場合、刑罰は、一般予防的にも特別予防的にも必要がないという刑事政策的考慮が働いてるからだと言う[25]。

　中止未遂については、日本刑法43条但書は、「自己の意思により」とし、ドイツ刑法24条1項は、「自由意思により」(freiwillig) と規定して任意性を要求しているから、刑法は自由意思を前提（必要）としていると言える。ところが、ここでもロクシンは、刑事政策的な予防観点から不可罰になるのだと言う[26]。しかし、ドイツ刑法が中止未遂を不処罰としているのに対して、日本刑法は減免規定であるから、見解が相違してもかまわないであろう。

責任能力についても、日本刑法39条とドイツ刑法20条が、生物学的要素と心理学的要素の両方を勘案しているという見解が現在支配的見解であるとすれば、心理学的要素は自由意思を中核とするから、バウマン／ウェーバーによれば、この規定には、「意思の不自由の典型的事例」が捕捉されているのであって、「責任能力に際しては、行為者が意思の自由を有していたかどうかという問題が投げかけられ」ている(27)。しかも、根本的に、「誰かが内部的に自律的であるかどうかの問題は、その者に帰責能力があることを前提にしており」、「意思の自由の問題は、帰責能力という言葉によって二義を許さずに表現され得る」から、「この帰責能力の意味における意思の自由の問題こそが、ずっと以前からいわゆる『人は他にもなし得たろう』という命題の正しい理解の問題である」とトゥーゲンハットは言う(28)。しかし、責任能力についても、ドイツ刑法20条の「その他重大な精神的変質性」(schweren anderen seelischen Abartigkeit) の判断には、平均人との比較による程度と評価の問題であるから、責任能力の有無については、自由意思を前提とする責任原理によるのではなくて、予防の必要性という刑事政策的配慮から判断されるのだというシュトラーテンヴェルトの見解がある(29)。
　こうして、責任は非難か予防かという問題が問われざるを得なくなるのである。

第3節　刑罰と自由意思

　1　刑罰がそれ自体に意味と正当性の根拠を担い、度を超した国家の強制措置を保護し、責任の前提として形而上学的な対象を想定し、刑罰を法破壊の形而上学的に必然的な効果としての応報とみなす絶対的応報刑論は、結局のところ可罰性の前提条件をうやむやにさせてしまうから、容認することができない(30)。責任と応報の概念を自由意思の上に築きあげるということは、実定法システムを構成する規範的な所与性と概念的な結びつきの外部で形而上学的・宗教的・人類学的根拠によって、存在の領域で責任非難とそこから

生起する応報的制裁を正当化するために、存在論的前提条件を模索することを意味する(31)。こうした試みは、例えば、ヴェーグナーによってなされた(32)。しかし、無制約な自由意思を説く非決定論は許容できないし、かかる自由意思を存在論的に証明できないのであるから、これを前提とする絶対的応報刑論は拒絶せざるを得ない。

2 しかしながら、決定論を根拠にして、犯罪者の社会的危険性だけを責任の接点とする処分一元論も妥当ではない。そもそも実定刑法の趣旨に反する。現行の日本刑法も改正刑法草案もドイツ刑法も一元的な処分刑法ではない。しかし、逆に、刑法の接点は、責任だけでもないのであって、行為者の社会的危険性も接点であるから、その点を無視することもできない(33)。しかも、刑罰は、国民の応報感情を代弁する機能も果たしている。したがって、応報刑としての責任刑を完全に放棄することもできない。その上、もし刑罰の威嚇と遂行が、法仲間の行為選択に動機づけ作用を及ぼさないとすれば、信頼に満ちた人間の態度の根拠は刑法以外の別のものに求められることになるし、犯罪克服の制度としての刑罰はもはや必要でなくなるし、その上、威嚇は効果をもたず、刑罰遂行は意味なき残虐なものとなるのみならず、刑罰威嚇は決定づける使命と力をもたず、法則によって行為者の態度を決定させる契機を行為者がもたなかったら、行為者を有責にして処罰する可能性すら欠けよう(34)。したがって、刑罰が一般的に社会を防衛し、他方、犯罪者を改善する予防機能をもっていることも否定できない。ここに、相対的応報刑論ないしは抑止刑論が主張される所以がある(35)。

もっとも、刑罰の決定効果は、行為者がうっかりとしかも結果の予見なく行為する場合には説明できないとか、正義を実現する応報刑が同時に相対的応報刑論の立場から望まれる効果を有するという考え方は支持できないし、予防作用を顧慮した正義と合目的性のかかる連関は、根本的にあり得ないという批判もある(36)。しかし、前者の批判に対しては、刑罰威嚇の効果といっても、改善の法則と行為者の主体性（主体的自己変革）の相互作用によるものであるから、自己制御の不成就の一形態であるうっかりミスの場合には、当

然に刑罰側からだけの因子で改善効果が現われるとは言えない場合があるし、後者の批判に対しては、そもそも刑罰それ自体に正当化根拠を認める絶対的応報刑論を否定する限り、かかる批判は空しいと言えよう。むしろ、本来相反する正義（非難）と合目的性（予防）を相応させることこそが試みられねばならない。小林が言うように、「応報と功利性というふたつの観念は事実として並存するかたちで社会に認められている」からである[37]。

　3　ところで、相対的応報刑論を認めるとしても、ヤコブスのように積極的一般予防だけでうまくいくだろうか。彼の考え方はこうである。法は、特殊な重要性と安全性によって特色づけられた、しかも同等に一般化された規範的な態度の期待の構成物であり、法規範は反事実的に安定化された態度期待であるとするニクラス・ルーマンの見解を基礎にして、この期待が裏切られると葛藤が生じて犯罪となると言う。態度を通じて規範に反する抵抗が規範違反であり、規範の否定であるが、この否定は、態度を方向づける雛型としての規範が問題にされる限度で社会的葛藤に作用する。その場合、刑罰は、この葛藤における反動として理解され、規範破壊に対して行為者を犠牲にして遂行される規範の否定に対する抵抗である。したがって、刑罰の使命は、法益侵害の回避にあるのではなくて、規範効力の確保にある。つまり、方向づけの雛型としての規範を保持することにある。刑罰の使命は、それ故に、秩序の存続に係わっている。結局、刑罰は、社会的交互作用が行われる水準に基づいて作用すべき使命があり、かかる交互作用の諸条件を保護すべきが故に、予防的使命を有するのである。かくして、刑罰の名宛人は、潜在的行為者たる若干の人間ではなくて、かかる社会的交互作用によって折り合いをつけ、各人が何を期待し得るかを知らなければならないすべての人間である。そうなると、刑罰は、規範信頼・法的忠誠心の習熟ということになる。こうしてヤコブスは、フォイエルバハ以来展開してきた消極的一般予防論に対して、積極的一般予防論を説くのである[38]。そして、意思の自由の概念は、何ら社会的次元を有しないと言い、社会的秩序の安全ということに限ってみれば、責任に関して、行為者が規範的決定において現に個人的に遂行可能な

態度選択をしたかどうかは重要ではないという(39)。

4 これに対してシューマンは、責任の量の代わりに刑罰が「信頼の保持に必要なもの」を予告するというヤコブスの考え方は、社会科学的に根拠がなく、システム論は、内容ある責任論にとって何らの拠り所も示さないし、ヤコブスの理論は、別段刑法からの理由づけに適しているというわけではなくて、刑罰を必要としないあらゆる形式の法からの理由づけにも一般的に妥当する、と批判する(40)。カーローは、ヤコブスの場合法の主体が交換関係的に効力をもつ期待の構造に係わり合いを有する根拠が全く未解決のままなので、行為する個人が実在性を有さず、主体の概念が機能的概念になってしまっていると言う(41)。更にシューマンは、ヤコブスの積極的一般予防の理論は、認識的平面にあるままで、規範破壊者についての国民の感情的・情緒的興奮からの処理は重要ではなくなっているが、刑罰の理由づけには、従来から、システム論的に欠如している集団的な感情への逆の結びつきも必要だから、ヤコブスの思考モデルの射程距離は、個々の刑法規範の効力に制限されていると言う(42)。

5 いずれにせよ、刑罰の使命は規範信頼の保持だけで法益侵害の回避を顧慮しなくてもよい、というわけではあるまい(43)。法益保護は、刑法の一大使命だからである。刑法が法益保護を使命とし、刑罰が単なる応報ではなくて特別予防と一般予防の機能を有するならば、刑罰はまさにこの特別予防と一般予防を通じて、社会システムの機能障害的事象である不法行為を防止することによって法益侵害を食い止める作用をしなくてはなるまい(44)。もっとも、大谷のいうように、逆に法益保護だけを刑罰の正当化根拠とすると、刑罰と処分の区別の理由がなくなり、法益保護のために個人の人格が利用されかねないから、刑罰規制のための保障機能として行為者の責任がどうしても最小限必要となる(45)。

第 4 節　　責任と自由意思

1　責任は、非難であろうかそれとも予防であろうか、はたまた両者を統一すべきであろうか、果たして統一できるであろうか。それと共に、責任原理は維持されるべきか、維持されるとすればどのような形で維持されてしかるべきか。そして、それぞれの問題に自由意思はどのように係わるのか。確かなことは、絶対的自由を認めない現状からは絶対的応報刑を否定するのであるから、絶対的責任刑とそれを基礎づける積極的責任主義は支持できない(46)。だからといって、シューネマンが言うように、責任応報刑の放棄は、責任思想自体の放棄を必然的に意味するわけでもない(47)。責任は、刑罰の前提根拠ではあっても、量刑上、刑罰は特別予防的にみて責任を下回ってもよいとされねばならないからである。

　更に、仮に責任が非難であるとしても、道義的非難である必要はない。かつてメッガーは、刑法上の責任を意思の自由をめぐる論争と切り離して、「倫理的意味における責任ではなくて法律的意味における責任である」と言った(48)。バウマンも、「責任判断は社会的−刑法的判断であって、道義的判断ではない」と言う(49)。刑法上の非難は、特殊な刑法規範の侵害であるから、刑法的責任がなくても道義的責任がある場合もあるし、刑法上の合規範的態度が必ずしも道義的であるとは言えず、不道徳的でもあり得る。行政刑法に対する過失的違反のように、道義的責任が確証されない場合でも刑法上の責任はあり得る。確信犯人は、道義的公準の欠如の故に非難されるのではなくて、刑法上の規範システムの侵害の故に非難されるのである(50)。ましてや、道義的責任の唯一の基準を自己の良心に求める絶対的刑罰論からすると、確信犯人は、道義的確信から行為しているのであるから、道義的責任を感じないだろうし、したがって処罰できないこととなる。逆に、社会で高く評価される行為をしても、自己の良心に反して行為すれば、処罰されるという矛盾を来たしてしまう(51)。刑法上の責任は、法的・規範的責任である。この点で、

内藤や堀内は、責任非難の対象たる違法行為を法益の侵害もしくは危胎化とする結果無価値論から法的責任論を主張する[52]。

2 責任を非難だとすると、道義的非難であれ、刑法的非難であれ、共通して言えることは、道徳規範や刑法規範という「規範」の要請すなわち義務に名宛人が従うことが「できる」(Können) という問題と、したがって合規範的に態度をとる「べきである」(Sollen) という問題が係わってくる[53]。ここに自由意思が問題となる。カウフマンのように義務の根拠を道義的価値に求めることの是非は別として、義務は責任の根拠であるし、その意味では、法における責任原理も、倫理における責任原理も、その内容は同じであるし、法は、倫理の最小限度とすれば、刑法上の責任非難は倫理的非難の断片の部分もあるだろう[54]。この義務づける価値が、ヴェルツェルがいう存在（生活事態）に内在する価値であり[55]、カウフマンが言うように当為と存在の相応の中に客観的に見い出されるものであるならば[56]、あるいは、価値－当為－規範－法－法律－存在－価値－……という不断の回路システムの中で問題にする価値ならば[57]、義務づける価値は、道義的責任にも法的責任にも根拠となり得るだろう。こうした価値のいずれを刑法規範の規定化に取り込むかは、立法者とそれを支える国民の選択の問題である。「当為」の前提が「可能性」だとすれば、そして、「可能性」が自由のひとつの指標だとすれば、自由（可能性）と義務と当為と責任は、同一の平面に存することになる[58]。

3 ところが、かねてから、具体的な行為者が具体的な行為時点で「他に行為し得た」かどうか（他行為の可能性）、正確に言えば、「他行為のための決意ができた」かどうか、つまり「他行為決意の可能性」（自由意思）は、証明できないとの批判が提唱せられ、これを理由に、決定論者は処分刑法もしくは目的刑論を説き、不可知論者は自由意思フィクション論を主張し、あるいは責任＝予防論に傾き、自由意思論者の多くは「平均人可能性説」を唱えるようになった。

他の決意の個人的可能性の是非問題は、自由意思有無論に係わる。刑法上はむしろ自由意思要否論が問題だとすれば、他の決意の可能性について、哲

学的・人類学的論証ではなくて、規範的解明が必要となる。バラッタが言うように、実定法システムの価値論的図式内における構造の分析と実定法システムから読み取れる人間像を付与することが重要であるから、自由意思は、平均人の態度を示す規範的図式として理解される必要がある(59)。したがって、行為者個人に対する責任非難も、同じ状態の事例を伴うわれわれの経験からすれば、他人が行為者の立場で行為者に欠けた意思力を緊張させたならば具体的諸事情の下で他に行為したであろうという意味において、行為者が自分のおかれている状況の中で他に行為し得たであろう、と非難されるのである(60)。なぜなら、行為者を含む通常の規範的平均人にあっては、異常事情だけが責任非難を阻却し、誰もが行為遂行に必要な意思力を取得し得るからである。かかることは、行為者をも責任ある法仲間として扱う法秩序が行為者に対して示す規範的要請である(61)。異常な例外的事情を除けば、行為者も平均人の1人であり、法は、かかる平均人を名宛人としているのであって、かかる平均人に可能なことを当為として規範的に要請している（義務づけている）のである。もちろん、可能性の判断に際しては、カウフマンが言うように、無規定な平均人ではなくて、特定された平均人、つまり「行為者の種類と特性をもつ人間」を想定する方がよいであろう(62)。平均人可能性説を採用したからといって、決定論に陥るわけではない(63)。

4　ならば、個人的他行為決意の可能性が証明できないことを理由に、責任＝予防論は正当化されるだろうか(64)。更に、責任原理を放棄して、比例性の原則で代替できるだろうか(65)。周知のごとくロクシンは、責任が刑事政策的に刑罰目的論から基礎づけられることを説き、従来の責任要件を一般予防的な刑罰要求のカテゴリーによって補充し、答責性（Verantwortlichkeit）という概念で包括した(66)。シューネマンは、ロクシンのこの一般予防的刑罰要求による責任の「補充」を、予防的刑罰要求が初めて国家の刑罰請求権を誘発するからとの理由で、全面的に正しいと言う(67)。ヤコブスは、既述のごとく、責任のカテゴリーを断念して、積極的一般予防による刑罰要求によって置き換えた(68)。アッヘンバハも同様にして、制裁の正義は、規範的

な方向づけの意味における正しく理解された一般予防の内在的限界によって確保されると説いた[69]。

5 しかしながら、一般予防だけによって無条件に責任を代替できるであろうか。シューネマンでさえ、この完全な代替は、刑罰の価値合理的な主張可能性（Vertretbarkeit）を基礎づけないとの理由から誤っていると言う[70]。ならば一般予防は、刑罰の根拠づけと刑罰の量定の双方にとって決定的な接点たり得るのだろうか。責任で問題になるのは、行為者に人的非難がなされ得るかどうか、もしくはどの程度なされ得るかということであり、一般予防で問題になるのは、法的信頼を一般的に保持するために行為を理由に行為者に対する制裁が必要であるかどうか、あるいはどの程度必要であるかということであるから、責任と一般予防は異なった平面にあるはずである。したがって、責任は、一般予防の要求によって内容に関して一義的に規定されないであろう[71]。

6 更に、堀内が言うように、一般予防・特別予防を含めて、相対的応報刑論ないし抑止刑論の立場から、責任を非難と結びつけずに予防と解し、個人的他行為決意の可能性を否定することによって責任を規範的に把握せず、事実的に捉えながら責任主義を排斥して均衡の原則ないし比例性の原則だけを頼りにすることは妥当であろうか[72]。なるほどシューネマンは、「現代の予防刑法にふさわしいのは行為比例性説だけだ」と言う[73]。しかし、積極的一般予防論を主張するヤコブスでさえ、比例性の原則には反対する。彼によれば、責任にあっては帰責の段階が問題であるが、比例性は決して帰責を供与しないし、責任判断なくしては、そもそもいかなる主体が比例的に処罰されるのか確定しない。比例性は、そもそも違法行為が規範効力を侵害するかどうか、そしてどの程度侵害するかについて告げることができないから、比例性は、帰責問題の解決にとってはあまりにも形式的すぎるのである[74]。

これに対しては、規範的信頼とか規範的効力の保持にではなくて、法益保護と社会復帰に予防目的を求める結果無価値論からすれば、非難の要素を失った責任は刑罰を限定する契機をも失うから、比例性の原則に頼らざるを得ず、

この原則が予防の必要性を規制する原理となるという堀内の見解に見られるような反論が考えられよう[75]。しかし、カウフマンが言うように、比例性の原則そのものは、純粋に形式的な原理であって、ひとつの存在者の他者に対する「つりあい」「関係」「比率」にすぎず、いかなる存在者が問題なのかについては何も語らないし、刑罰の上限が何で量られるのか疑問となる[76]。

7　ハフトが言うように、「責任は、非難可能性である」という定義は確かに的確ではないし、ひとつのドグマかもしれない。非難可能なのは責任の帰結にすぎず、責任そのものではないからである[77]。アッヘンバハによれば、その点、答責性という術語も的確ではない。刑罰を根拠づける責任では、単に答責性を確認することではなくて、むしろ答責性を行為者個人に帰属させ、行為者を答責的にすることが問題だからである[78]。なればこそ、責任は非難を生み出し、刑罰の前提になるという演繹思考と、刑罰は行為者の社会復帰という特別予防ならびに規範システムの定常性の維持および法益保護という一般予防を目的としているが故に、その限度で責任を展望的・予防的に捉えなおすという帰納的思考が相応することが望ましい[79]。

その意味で、責任と予防の統一が図られるべきであるし、責任原理も維持されるべきであろう。責任を予防目的だけから捉える思考は、刑罰を無用とする処分刑法に至ってしまうし、逆に大谷が言うように、厳格責任の方が効果的だという方向へ至ってしまうかもしれない[80]。実質的内容と基準を伴わない予防＝責任を、どのように、何を基準として量定していくのであろうか。宮沢もそれを疑う[81]。責任原理は、決して単一な意味に終わらない。カウフマンも言うように、責任は構成要件、違法性と同様に、刑罰を根拠づける「刑罰創設機能」を有しているし、刑罰を限界づけ上限を画する「刑罰規制機能」をも有する実質的な犯罪メルクマールである[82]。その上、刑罰の量定のための根拠となるという意味で「刑罰量定機能」を有するから、その意味で責任原理は重要性を有する。比例性の原則は、この第3の責任原理にだけ係わるにすぎない。元来、カント的応報観念から出発して平均的正義を実現するとされた比例性の原則は、消極的責任主義の中に包摂されてこそ

意義があるにもかかわらず(83)、責任主義を放棄してひとり歩きさせて果たして予防目的と調和できるであろうか。ドイツ刑法46条1項前段は、「犯人の責任は、刑罰の量定のための根拠である」と規定して、刑罰量定機能としての責任原理だけが顧慮されているように解せるが、その前提に、刑罰創設と刑罰規制の責任原理がなければならないだろう。日本の改正刑法草案48条1項の「刑は、犯人の責任に応じて量定しなければならない」という規定も、その意味で解釈されてしかるべきであろう。

8 以上のように考えれば、責任原理は、刑罰が責任を越えてはならないが、特別予防上責任を下回ることは許している。大谷が言うように、改善に必要な刑罰の量は、責任の量に応じた刑罰の量と同じとは限らないからである(84)。しかし、責任と刑罰が比例することも要求している。特別予防上過重な刑罰を科すことを責任原理は制約している。もし、責任＝予防論を是とした場合でも、単に消極的な威嚇・予防の観点から高い刑を科すことを規制するには、やはり責任原理に基づくしかない。ロクシンの統合予防論もその意味での責任を全く排斥するわけではない。一般予防を、威嚇予防とか個別規範に関係する積極的一般予防という狭い意味での概念で理解するならば、ノイマンも言うように、責任無能力者もはたまた非行為者も、更には行為者の親族まで処罰しなければならなくなる(85)。他方、一般予防上からも刑罰を科す必要がないと思われるとき、それを正当化する意義を比例性の原則はもち得るのだろうか。それとも、犯罪に見合う量だけの刑罰を科すべきだとでも言うのだろうか。しかし、その場合の根拠となる相応基準は一体何なのだろうか。シューネマンは、保安処分も責任原理に代わる正当化原理を必要とするが、それは比例性の原則からは構成されないという(86)。真鍋が言うように責任を予防として捉えるならば、おそらく処罰の比例性の基準は、法益保護と行為者の危険性であろう。しかし、それでも犯罪行為の重さを量る基準は何なのか。真鍋は言う。過失致死は窃盗よりも再犯の危険性は少ないが、被害法益は逆に大きいし、初犯に対しても一般予防的観点からのみ重く処罰することが許されるだろうかと。公共の保全からすれば、自動車による

過失致死の方が故意殺人よりもよほど社会有害的現象だが、故意殺人よりも重く処罰できないのはやはり責任主義によるからだと[87]。

　責任と予防を統一して、その限りで責任原理を維持するとして、自由意思はどのように問題とされるのだろうか。ハフトやイェシェックが言うように、責任原理の前提は人間の自由意思であり、責任原理は人間の決意の自由を前提とするとか、責任原則は人間の決意の自由を論理的に前提としていると言い切るか[88]、あるいは、ナウケが言うように、責任原理は、自由意思の教義に基づくわけではないと否定するか[89]、それとも、シューネマンが言うように、人間の自由意思は単なる生物学的・物理学的な事実ではなくて、現実の社会的再構成の一部であり、社会的現象のひとつとして疑い得ないと見るか、いずれを是とすべきであろうか[90]。

第5節　　ま　と　め

　1　人間の行為の原因は、人間自身にあって他にはない[91]。人間は、自分の行為が自分のものであり、自分に自分の行為や業績や作品が帰責されることに価値をおいている。人間は、自分の行為がオリジナル性を有しているようにみなされることを望んでいる[92]。

　カウフマンが言うように、人間は世界に対して開かれており、世界の中にありながら世界を所有する。しかも、自分を客観化する能力を所持している。この能力に人間の精神性と自由が根ざしている。人間は自分自身の支配者でもある。人間の本質実現は、自然因果的な必然性によるのでもなければ恣意によるものでもなくて、意味関係や価値に向けられた精神的自由の活動の中でなされる。そして、人間は自由であるが故にこそ失敗もする。自己決定の能力は、誤る可能性をはらんでいる。したがって、人間は自分と自分の作品を、それがあり得るところのものにすることに関して、危険と責任を担っている。決意の自由は、栄誉であるだけでなくて重荷でもあるのだ。人間は実存する現状を過去や未来へと超越する立場にあり、計画し期待し回想するこ

とができる。人間は自己存在の自由から活動的になる場合に、真に人間として行為しているのである[93]。

 2 人間は誰もが、自分の行為の前提として自由を確認することから出発し、他人からも自由な行動を期待している。したがって、共同体におけるあらゆる人間の責任は、他のあらゆる人間にとっても自明のこととして妥当する[94]。その意味では、自由の証明はできなくても、する必要もないかもしれない[95]。自由意思の有無についての科学的証明の如何の問題と責任があるかどうかという問題は、必ずしも同一次元の問題ではないからである[96]。それでも自由は、社会生活の中で認められている。シューネマンは、自由意思がわれわれの社会的コミュニケーションの基本的構造の中に設定されていると言う[97]。なぜならわれわれは、精神的に健全な成人から、何を為すべきであるかということを洞察し、その洞察にしたがって行為する能力を期待しているからである。この前提の下で初めて人間は人間として相互に生活することができる。それ故に、規範に反して行為する者に非難することができるのである[98]。法的規範は、人間が規範の名宛人たり得るし規範によって動機づけられ得る、という前提でのみ意味があるからである[99]。

 3 刑法規範も、行為者や被害者を含む平均人を名宛人としていて、彼らが規範的要請に応答できることを前提にしている。あらゆる規範は自由を前提としている。かといって刑事責任が倫理的・道義的責任でなければならないというわけではない[100]。この刑法規範システムの構成員であるわれわれは、刑法規範のシステムの定常性を実現すべき制御者でもある。規範システムの定常性をめざすことによって、規範的秩序が維持され、システムの撹乱要因である法益を侵害する社会有害的な不法行為を回避するのである[101]。規範は、行為決意者において、特定の具体的な予見可能な態度を喚起する要因である。ビーラーによれば、規範は決意の公準として名宛人に向けられ、決意者の態度に影響を及ぼし得る要請を担っているのである。この規範の受容と具体化こそが、規範システムの構成に役立つ。しかし、決意者は、規範の受容と具体化に際しては自由である。いかなる規範を選択し、いかなる内容を意味付

与的に態度命令に転用するかは決意者に委ねられている。規範の意義を当然だとみなすか、規範から逸脱するかどうかも決意者次第である。したがって、規範的秩序は、多くの主体的に受容され具体化される規範の統合によって生起する。規範システムから演繹可能な事実の決定は、他の人間から「法的に信頼し得る」とか「正当である」とか「理性的だ」とみなされ得るのである[102]。

4 こうして規範システムの構成員は、相互に合規範的な態度決定をするように期待し合っているから、期待を裏切れば非難が生起するのである。制裁を呼ぶのである。社会システムの構成員は、誰もが何らかの役割を負っている。役割遂行は期待の対象である。役割義務を怠れば非難が出る。刑法規範システムの定常性の実現は、システム構成員全員の役割義務である。この義務を怠る不法行為をすれば、非難が生起するのである。したがって、刑事責任は非難を要素とする。しかも、法的・規範的非難であり、堀内が言うように、平均人との比較による「社会的非難」である[103]。それは、平均人のひとりとしての行為者の決意の自由が前提としてある。規範の定常性は、規範的秩序の維持であり、規範的信頼と規範的効力の維持であり、法益侵害的不法の回避であるから、非難を前提とする刑罰は、そのための特別予防と一般予防でなければならない。大谷も、刑罰は社会秩序の維持・発展のためにこそ必要であって、応報・法の確証・予防・刑罰効果は、すべてこの社会秩序の維持・発展という刑罰の究極目的に統合されると言う[104]。ノイマンもまた、法秩序への信頼の定常化すなわち法信頼の定常化ないしは社会の定常性の確立という刑事政策的な広い意味で予防概念を理解するとき、一般予防的に必要なことの決定に正義の考量を関係づけることが可能であり必然的であると言う[105]。その限りにおいて責任は、過去の事実に対する非難と規範システム定常性回復のための展望的契機を有することになる。

5 刑事責任は、社会システムの組織原理として維持されるべきであり[106]、決意の自由はシステム構成員に所与としてある事実である。責任原理は刑罰を根拠づけ、限界づけ、規制し、量刑の基礎となり、刑罰が行為・責任・危

険性と比例性を保つために必要な実質的原理である。シューネマンも、刑罰の予防的法益保護機能を認めながらも、刑罰の付加的に作用する正当化機能と制約機能（Limitationsfunktion）としての責任原理を維持するし、予防目的は刑罰の必要性を基礎づけ、責任原理は刑罰の許容性を限界づけ、責任が刑罰の追加的な正当化根拠として保持されねばならないと言う[107]。

したがって、刑罰を根拠づけ限界づけるのは責任であり、刑罰の必要性と量定を基礎づけるのは予防であると言えよう。特別予防上責任を越える刑罰を科したり処分をしてはならず、一般予防的観点だけからみて責任を無視した不当な処罰も許されまい。刑罰は、一般的な犯罪抑止のために非難をある程度体現せねばならず、それが引いては国民の応報感情を満足させ、同時に規範の信頼・誠実・効力の維持という規範の定常性を確保しなければならず、他方、必要に応じて特別予防的に行為者の再社会化に役立つ必要がある。この点で、教育刑論や改善刑論も無視できない。この社会復帰をめざす将来の態度に係わる犯罪教育学にとっても自由意思は必要である[108]。将来の態度が価値と規範によって決定される自由、あるいは、価値や規範に則して自己制御できる自由が必要だからである。

こうしてみると、自由意思こそが非難と予防を相応させる一大契機であると言えよう[109]。自由の証明可能性の如何は別にしても、刑事責任と刑罰は自由を必要とし、自由を媒介にして相応すると言える。自由は過去に対する非難を根拠づけ、将来の予防を保証し、将来の行為者の改善を導くのである[110]。そして、規範システムの定常性という目標から考えてみるとき、行為無価値論か結果無価値論かという不法の実質問題の二者択一に制約されずに、責任刑法が維持されてしかるべきと思われる。もちろん、この責任刑法は、自由意思を媒介にして予防刑法と相応するものである点で、旧来の絶対的責任主義とは相容れない。近代派の思考と古典派の思考は、むしろ自由概念を媒介にして相応し得るのであって、決して自由意思論を棚上げにすることによって接近できるものではない。かくして私は、責任と刑罰に関して自由意思論を棚上げにしようとする最近の支配的傾向に対して敢えて異議を唱

えたいと思う。

【注】
(1) この点で、予防刑法への傾斜について、Bernd Schünemann, Die Funktion des Schuldprinzips im Präventionsstrafrecht, in: ders (Hg.), Grundfragen des modernen Strafrechtssystems. Berlin/New York 1984, S. 153ff. この論文には、川口・葛原の共訳がある（中山・浅田監訳『現代刑法体系の基本問題』成文堂 1990 年所収）。
(2) 大谷実『人格責任論の研究』慶応通信 1972 年、7 頁参照。
(3) 比例性の原則について、Günter Ellscheid/Winfried Hassemer, Strafe ohne Vorwurf. Bemerkungen zum Grund strafrechtlicher Haftung, in: Civitas-Jahrbuch für Sozialwissenschaft, Bd. 9, 1970, S. 27ff., bes. 43ff.

行為比例性説について、B. Schünemann, Theorie der Strafzumessung, in: A. Eser/K. Cornils (Hg.), Neuere Tendenzen der Kriminalpolitik. Beitrage zu einem deutschen-skandinavischen Strafrechtskolloquium. Freiburg 1987, S. 224ff.
(4) B. Schünemann, Die Funktion des Schuldprinzips, S. 156ff. は、責任原理の発現強度を 3 段階に大きく分ける。ders, Theorie der Strafzumessung. S. 213, vgl. 225. によれば、責任応報刑法から予防刑法へ、刑罰を根拠づける責任原則から刑罰を限界づける責任原則への転換は必然的であって、それによって「幅の理論」が代替されると言う。

堀内捷三「責任論の課題」芝原・堀内・町野・西田編『刑法理論の現代的展開―総論Ⅰ』日本評論社 1988 年、173 頁は、刑法の任務を法益保護とすれば、責任と予防についての議論は違法論の帰結だと言う。
(5) B. Schünemann, Die Funktion des Schuldprinzips, S. 170. Anm. 33; Hans Achenbach, Individuelle Zurechung, Verantwortlichkeit, Schuld, in: B. Schünemann (Hg.), a. a. O. S. 138 und Anm. 8. アッヘンバハによれば、この概念は、ヘルムート・マイヤーにも由来すると言う。なお、この論文には、浅田和茂の翻訳がある。中山・浅田監訳・前掲注 (1) の書。

なお、答責性に関する色々な角度からの研究論文集として、Ernst-Joachim Lampe (Hg.), Verantwortlichkeit und Recht. Jahrbuch für Rechtssoziologie und Rechtstheorie, Bd. 14, Opladen 1989.
(6)(7) いずれも、松村格『刑法学方法論の研究―存在論からシステム論へ―』八千代出版 1991 年に所収。
(8) 阿部・板倉・内田・香川・川端・曽根編『刑法基本講座・第 1 巻』法学書院 1992 年。この論文は、本書の第 3 章に収録済みである。

(9) Vgl. Hermann Roeder, Willensfreiheit und Strafrecht. Versuch einer gesellschaftsphilosophischen Grundlegung, 1932, S. 4. ; Ulrich Ziegert, Vorsatz, Schuld und Vorverschulden, Berlin 1987, S. 93.
(10) Ernst Tugendhat, Der Begriff der Willensfreiheit, in: Theorie der Subjektivität. Hg. v. K. Cramer/H. F. Fulda/R-P Horstmann/U. Pothast, Frankfurt am Main 1990, S. 375.
(11) Vgl. Arthur Kaufmann, Das Schuldprinzip. Eine strafrechtlich-rechtsphilosophische Untersuchung, 2Aufl. Heiderberg 1976, S. 224.
（これには、甲斐克則の訳本『責任原理』九州大学出版会 2000 年がある）；ホセ・ヨンパルト「刑法と自由意志」『法の理論Ⅰ』成文堂 1981 年、216 頁参照。
(12) Vgl. E. Tugendhat, a. a. O. S. 374, 385. なお、内部的自律と外部的自律について、Michael Baurmann, Zweckrationalität und Strafrecht. Argumente für ein tatbezogenes Maßnahmerecht, Opladen 1987, S. 71ff. 行為の自由と意思の自由の区別については、S. 136f. なお、「自由な」と「強制的」の違いは、「非因果的」と「因果的」の違いではないと言う（S. 139)。
(13) ヨンパルト・前掲書 283 頁以下参照。
(14) Vgl. Hans-Heinrich Jescheck, Lehrbuch des Strafrecht, Allg. Teil 4Aufl. Berlin 1988, S. 369; Maurach/Zipf, Strafrecht, Allg. Teil, Teilband 1, 6Aufl. Heiderberg 1983, S. 455. ; Manfred Rehbinder, Einführung in die Rechtswissenschaft, 6Aufl. Berlin/New York 1988, S. 63; Art. Kaufmann, a. a. O. S. 101.
(15) M. Rehbinder, a. a. O. S. 65.
(16) Maurach/Zipf, a. a. O. S. 455; M. Baurmanna, a. a. O. S. 75. によれば、自由意思の構想は非決定論的公理を前提としない。
(17) Art. Kaufmann, a. a. O. S. 101; Baurmann, a. a. O. S. 76. は、行為の原因を知ることは宿命論への歩みではなくて、自律的自己決定へと至ることを意味するし、人の変化、将来の展開の変化の可能性を開くと言う。
(18) H-H Jescheck, a. a. O. S. 370.
(19) 相対的自由意思論について、団藤重光「刑法における自由意思の問題」尾高朝雄教授追悼論文集『自由の法理』有斐閣 1963 年、205 頁以下。ソフトな決定論については、平野龍一「意思の自由と刑事責任」前掲尾高追悼論文集 245 頁以下参照。なお、大谷「刑事責任論の重要問題」法教 73 号 20 頁は、もしソフトな決定論が自由意思を認めないとなると、実質的責任論者ないし抑止刑論者は正当な応報を肯定・主張できないはずだと批判する。
　Rainer Lippold, Reine Rechtslehre und Strafrechtsdoktrin. Zur Theorienstruktur in der Rechtswissenschaft am Beispiel der Allgemeinen Strafrechtslehre. Wien/NewYork 1989, S. 217f. によれば、人間の意思も自然と同様に因

果性の原理によって支配されていて、法則によって決定づけられているから決定論が正しいが、人間の認識能力には限界があって、蓋然性しか言明できない場合があり、その場合に非決定論的法則を立てることができ、その限りで、非決定論と決定論が概念的に同置されると言う。団藤『刑法綱要総論』（第3版）創文社 1990年、35頁注（4）によれば、ソフトな決定論が人間の主体性を認めれば、相対的自由意思論とソフトな決定論とは完全に一致すると言う。

(20) Vgl. Allessandro Baratta, Ideologie und in der strafrechtsphilosophischen Lehre von der Willensfreiheit, in: ders, Philosophie und Strafrecht. Köln/Berlin/Bonn/München 1985, S. 268, 272. は、規範主義を説くが、私はそれには従わない；木村亀二『刑法総論』（増補版）有斐閣 1959年、57頁、63頁参照。

(21) Eduard Kohlrausch, Sollen und Können als Grundlage strafrechtlicher Zurechnung, in: Festgabe für K. Güterbock, Berlin 1910, S. 26.；なお、日本でもフィクション論を主張する者に、佐伯千仭『三訂刑法講義（総論）』有斐閣 1978年、229頁、中義勝「刑事責任と自由意思論」刑法雑誌14巻3＝4号 423頁以下、植松正『全訂刑法概論Ⅰ総論』勁草書房 1972年、168頁以下。

森村進「責任論における『自由意志』問題」上原・長尾編『自由と規範―法哲学の現代的展開―』東京大学出版会 1985年、46頁は、刑法の判断対象は人の経験的な動静だから、もしそれが因果的に決定されているとしたら、「公準」とか「擬制」といってみても、ごまかしにすぎないと言う。

(22) ヨンパルト・前掲書214頁参照。

(23) この点については、注（8）の拙稿で簡単に要約した。

(24) Eduard Dreher, Die Willensfreiheit. Ein zentrales Problem mit vielen Seiten, München 1987, S. 23ff.；過失については、カウフマンも決定の自由が問題だと言う（Art. Kaufmann, a. a. O. S. 223, 224.）。

(25)(26) Claus Roxin, Kriminalpolitik und Strafrechtssystem. Berlin/New York 1Aufl. 1970, 2Aufl. 1973, S. 33ff.

(27) Baumann/Weber, Strafrecht, Allg. Teil, 9Aufl. Bielefeld 1985, S. 376. この点で例えば、佐伯・前掲書237頁は、責任能力は意思の自由を中心とする概念だと言い、大谷『刑事責任の基礎』成文堂 1968年、93頁、141頁は、責任能力と自由意思は必然的関係にないとして、心理学的構成方法を排斥する。

(28) E. Tugendhat, a. a. O. S. 373, 374, 376.

(29) Günter Stratenwerth, Die Zukunft des strafrechtlichen Schuldprinzips, in: Juristische Studiengesellschaft Karlsruhe Schriftenreihe Heft 134, Heiderberg/Kahrsruhe 1977, S. 17, 43.

(30) Vgl. Fritjof Haft, Strafrecht, Allg. Teil, 3Aufl. München 1987, S. 119.; Klaus Michaelowa, Der Begriff der strafrechtswidrigen Handlung. Zugleich ein kritischer Versuch zur Systematik des Schuldstrafrechts, Berlin 1968, S.

96.
(31)　A. Baratta, a. a. O. S. 272.
(32)　Arthur Wegner, Strafrecht. Allg. Teil, Göttingen 1951, S. 79.
(33)　Vgl. F. Haft, a. a. O. S. 121.
(34)　Maurach/Zipf, a. a. O. S. 453, 455.
(35)　大谷（19）文献18頁によれば、通説の相対的応報刑論は、応報刑と一般予防と特別予防との単純な足算的併合説であって、結局、応報の範囲内で目的刑を考えるから、絶対的応報刑主義に陥っているし、そもそも責任の量に応じた刑の量と改善に必要な刑の量は一致しないから、統一はできないと言う。
　　抑止刑と自由意思について、所一彦「抑止刑と自由意思」平野龍一先生古稀祝賀論文集（下巻）、有斐閣 1991年。
　　なお、（絶対的、相対的）応報刑、抑止刑、目的刑、一般予防、特別予防の概念整理と関係および責任主義の係わりについて、澤登俊雄「現代における刑罰の本質と機能」石原・佐々木・西原・松尾編『現代刑罰法大系1』日本評論社 1984年、35頁参照。
(36)　K. Michaelowa, a. a. O. S. 98.
(37)　小林公「刑罰・責任・言語」長尾・田中編『現代法哲学3・実定法の基礎理論』東京大学出版会 1983年、99頁。
(38)　Günther Jakobs, Strafrecht, Allg. Teil, Berlin/New York 1983, S. 3ff.
アッヘンバハは、この点、消極的一般予防は行為者の見せしめであり、不正な刑罰目的を形成することになるが、積極的一般予防が責任原理の実質的内容を包含していると言い、特別予防は、刑罰の任務ではあるが、刑罰を根拠づける第一次的機能ではないし、特別予防から個人的帰責の個別問題を推論できないと言う。H. Achenbach, a. a. O. S. 141ff., 144, 146f.
(39)　G. Jakobs, a. a. O. S. 397.
(40)　Karl F. Schumann, Positive Generalprävention. Ergebnisse und Chancen der Forschung, Heiderberg 1989, S. 9.
(41)　Michael Kahlo, Das Problem des Rechtwidrigkeitszusammenhanges bei den unechten untelassungsdelikten. Eine strafrechtlich-rechtsphilosophische Untersuchung zur Kausalität menschlichen Handelns und deren strafrechtlichem Begriff, Berlin 1990, S. 205.　なお、ヤコブスのシステム論的帰責論について、S. 192ff. 参照。その批判について、S. 204ff.、自由について、S. 269ff. 参照。
(42)　K. F. Schumann, a. a. O. S. 9.
(43)　B. Schünemann, a. a. O. S. 186. は、ヤコブスの責任構想が規範主義的な誤った推論に基づいていると批判する。
(44)　B. Schünemann, Theorie der Strafzumessung, S. 217. によれば、刑罰は法益保護に奉仕するが故に、刑罰を法益侵害の再生産への手段として投入するこ

とは機能障害的である。
(45) 大谷『人格責任論の研究』13頁参照。この点、大谷は、行為者の人格・性格にまで責任主義を徹底させるべきだと言っていたが（19頁）、後にこの見解を捨てたと言明している（前掲、法教22頁）。シューネマン（a. a. O. S. 191f.）も、「行為者人格の精細」は責任原理だけが考慮しているが、量刑上は人格の精細を知ろうとすることは、不平等・不合理に導くから、排斥すべきだと言う。

　この点、人格の内容は経験科学上明白でないから、人格相当性を重く処罰することは妥当でないし、人格の心理層と生理層も科学的に明らかでないし、犯罪的動機の強い性格を重く処罰することは危険性に向けられた理論であるし、非難を展望的に捉える限り従来の非難と概念内容が異なるとして、人格責任論や性格論的責任論に対する批判がある。内藤謙「責任論の基本問題」法教66号39頁以下。中山研一「刑事責任と意思の自由」『現代刑法学の課題』日本評論社1965年、183頁以下。浅田和茂『刑事責任能力の研究』上巻、成文堂1983年、6頁以下参照。

(46) K. Michaelowa, a. a. O. S. 98, 99.
(47) B. Schünemann, Die Funktion des Schuldprinzips, S. 195.
(48) Edmund Mezger, Strafrecht, 3Aufl. Berlin/München 1949, S. 251.
(49) Baumann/Weber, a. a. O. S. 364.
(50) Baumann/Weber, a. a. O. S. 364, 365.
(51) K. Michaelowa, a. a. O. S. 102ff.
(52) 内藤謙『刑法講義総論（上）』有斐閣1983年、112頁以下。この点、堀内・前掲書180頁も、行為無価値論からすれば倫理的・道義的責任であり、結果無価値論からすれば法的責任論だと言う。しかし、行為無価値論か結果無価値論かに係わりなく規範をどのように捉えるかによって道義的責任か法的責任かが決まるだろう。
(53) Baumann/Weber, a. a. O. S. 365f.
(54) Art. Kaufmann, a. a. O. S. 128.
(55) Vgl. Hans Welzel, Naturrecht und Rechtspositivismus, in: Werner Maihofer (Hg.), Naturrecht oder Rechtspositivismus, Darmstadt 1966, S. 337.; ders, Naturrecht und materiale Gerechtigkeit, 4Aufl. Göttingen 1962, S. 242ff.
(56) Art. Kaufmann, Analogie und „Natur der Sache", Zugleich ein Beitrag zur Lehre von Typus, 1965, S. 13ff., 35.
(57) 松村・前掲書175頁参照。
(58) Art. Kaufmann, Das Schuldprinzip. S. 118; M. Rehbinder, a. a. O. S. 61.
(59) A. Baratta, a. a. O. S. 268, 270. この点、アッヘンバハも、刑罰への個人的帰責にあっては、他行為可能性は個人的に確認されるものでなくて、社会か

ら正当だと感じられる態度の期待を手がかりにして帰属されるものだ（可能性の社会的帰属—gesellschaftliche Zuschreibung von Können）と言う（a. a. O. S. 149ff.）。
(60)　H-H Jescheck, a. a. O. S. 369; U. Ziegert, a. a. O. S. 94.
(61)　H-H Jescheck, a. a. O. S. 370; M. Baurmann, a. a. O. S. 141. によれば、人的相互間における行為において動機づけ可能なときに帰責能力があると言う。
(62)　Art. Kaufmann, a. a. O. S. 229.
(63)　H-H Jescheck, a. a. O. S. 369, Anm. 18. この点、アッヘンバハは、予防的に解された答責性のカテゴリーは、決定論者も非決定論者も不可知論者も受け入れられるものだと言うが、その場合、問題は、可能性の社会的な帰属であって責任ではなく、個人的帰責の枠内における答責性と責任の分離は不要だと言う（a. a. O. S. 149ff.）。
(64)　ちなみに、堀内・前掲書194頁は、責任（答責性）の判断に際して予防目的を考慮することと他行為可能性を認めることは矛盾しないと言う。シューネマン（a. a. O. S. 177）は、一般予防的刑罰要求による責任の補充が個人的回避可能性の証明を前提にするということは妥当でないと言う。
(65)　比例性の原則に対する批判として、Art. Kaufmann, Schuldprinzip und Verhältnismäßigkeitsgrundsatz, 1976, in: ders, Strafrecht zwischen Gestern und Morgen. Ausgewählte Aufsätze und Vorträge, Köln/Berlin/Bonn/München 1983, S. 69ff., bes. S. 73ff.
(66)　C. Roxin, Kriminalpolitik und Strafrechtssystem, 2Aufl. 1973, S. 33ff. und ders, »Schuld« und »Verantwortlichkeit« als strafrechtliche Systemkategorien, in: Grundlagen der gesamten Strafrechtswissenschaft, Festschrift für Heinrich Henkel, 1974, S. 171ff.
(67)　B. Schünemann, a. a. O. S. 169ff., 187. なお、シューネマンは、答責性という体系上の段階は責任と予防の統一として構成され得るが、この２つの要素は単一の基本原則に還元され得ないと言う（a. a. O. S. 179）。
(68)　G. Jakobs, a. a. O. S. 392ff.
(69)　H. Achenbach, a. a. O. S. 150.
(70)　B. Schünemann, a. a. O. S. 170f.
(71)　Vgl. H-H Jescheck, a. a. O. S. 194.
(72)　堀内・前掲書19頁以下。
(73)　B. Schünemann, Theorie der Strafzumessung, S. 225.
(74)　G. Jakobs, a. a. O. S. 386.
(75)　堀内・前掲書180、193、196、199頁参照。
(76)　Art. Kaufmann, a. a. O. S. 74ff.
(77)　Vgl. F. Haft, a. a. O. S. 113.；堀内・前掲書192頁参照。

(78)　H. Achenbach, a. a. O. S. 138.
(79)　この点、アッヘンバハ（a. a. O. S. 141.）は、功利主義の立場から、刑罰は予防的必要性つまり刑罰の社会的目的においてのみ正当化されると言う。
(80)　大谷『刑事責任論の展望』成文堂 1983 年参照。
(81)　宮沢浩一「責任主義」中山・西原・藤木・宮沢編『現代刑法講座・第2巻』成文堂 193 頁参照。
(82)　Art. Kaufmann, a. a. O. S. 74.
(83)　井上正治「現代における刑罰思想」平野龍一編『岩波講座現代法Ⅱ・現代法と刑罰』岩波書店 1965 年、19 頁以下参照。堀内・前掲書 196 頁参照。
(84)　大谷・前掲、法教 19 頁。
(85)　Vgl. Ulfrid Neumann, Zurechnung und Vorverschulden. Vorstudien zu einem dialogischen Modell strafrechtlicher Zurechnung. Berlin 1985, S. 271.
(86)　B. Schünemann, Funktion des Schuldprinzips. S. 174, Anm. 39.
(87)　真鍋毅『現代刑事責任論序説』法律文化社 1983 年、100 頁以下。
(88)　F. Haft, a. a. O. S. 115; H-H Jescheck, a. a. O. S. 366.
(89)　Wolfgang Naucke, Strafrecht. Eine Einführung, 5Aufl. Frankfurt am Main 1987, S. 231.
(90)　B. Schünemann, a. a. O. S. 163, 167. シューネマンは、刑法において意思の自由を放棄することは、ナイーブで無力に振る舞うことであり、人間の意思不自由から出発する刑法の一貫した実践は不可能であると言う（165f.）。
(91)　E. Tugendhat, a. a. O. S. 373.
(92)　M. Rehbinder, a. a. O. S. 63.
(93)　Art. Kaufmann, Das Schuldprinzip, S. 100f., 117.
(94)　H-H Jescheck, a. a. O. S. 370.
(95)　M. Rehbinder, a. a. O. S. 66.
(96)　大谷「刑事責任論の集要問題」法教 73 号 21 頁。
(97)　B. Schünemann, a. a. O. S. 166.
(98)　M. Rehbinder, a. a. O. S. 66.
(99)　Maurach/Zipf, a. a. O. S. 456.
(100)　大谷・前掲書 20 頁。
(101)　この点につき、松村・前掲書第 4 章参照。
(102)　Michael Bihler, Rechtsgefühl, System und Wertung. Ein Beitrag zur Psychologie der Rechtsgewinnung, München 1979, S. 65ff., bes. S. 68, 69.
(103)　堀内・前掲書 186 頁。
(104)　大谷・前掲書 19 頁。シューネマンも、刑罰の程度は、予防的観点からすると、法益侵害の重大性、犯罪的エネルギーの強度、行為によって社会的平和秩序を脅かす大きさ、刑罰による改善の可能性という予後の判断、などによっ

てなされると言う（a. a. O. S. 189ff.）。そして、刑罰の必要性は、統合的一般的予防と威嚇的一般予防の結合からか、もしくは保安的一般予防からか、いずれかの要求から演繹されると言う（Theorie der Strafzumessung, S. 225.）。
(105)　U. Neumann, a. a. O. S. 170, 272.
(106)　W. Naucke, a. a. O. S. 229.
(107)　B. Schünemann, a. a. O. S. 175f. 187f.: ders. Theorie der Strafzumessung, S. 225.
(108)　A. Baratta, a. a. O. S. 280.
(109)　責任と予防の単なる結合説は、結局応報説でしかないとの批判がある。大谷・前掲書18頁以下。B. Schünemann, a. a. O. S. 154, Anm. 4.
(110)　堀内・前掲書186頁以下によれば、他行為可能性を一般的可能性と解することによって、非難と予防、応報刑論と抑止刑論、ソフトな決定論と相対的非決定論の対立を解消できるという。なお、U. Ziegert, a. a. O. S. 93. は、意思形成の択一性は、それが責任の本質を規定しない場合でも責任の根拠であり、このコンセンサスは、予防的見解にまで及んでいると言う。

第3章

刑法と自由意思

第1節　はじめに

　1　意思の自由が刑法上で問題になるのは、刑法が果たして自由意思を前提とするか（自由意思必要論）、しないか（自由意思不要論）という点にあり、このことは、特に刑事責任と刑罰に関係する[1]。その上、この論争には、それ以前にそもそも人間の意思は自由であるのか（自由意思肯定論＝いわゆる非決定論）、それとも不自由なのか（自由意思否定論＝いわゆる決定論）という古代以来問われてきた形而上学的な問題が未解決のまま残っている。

　ちなみに、古典学派（旧派）は、自由意思肯定論から道義的責任と応報刑を主張し、近代学派（新派）は、自由意思否定論から社会的責任（性格責任）と目的刑（教育刑・改善刑）を唱えた。もっとも、自由意思否定論から応報刑を説いた第3の学派（メルケル学派）もいるので[2]、問題はそう簡単に図式化できない。特に昨今では、自由の概念や決定論の定義、さらには責任と刑罰の捉え方が学派に係わりなく錯綜してきているので自由意思の肯定論と否定論が自由意思要否論に必ずしも比例的に結びついてはいない。むしろ現在は、自由意思の有無の問題に係わりなく、各論者の刑法観、責任観、刑罰観から逆に自由意思の要否が論じられているといってもよい[3]。とりわけ、責任刑法か処分刑法か、あるいは非難としての責任か予防目的としての責任かといった論争に自由意思の要否論が左右されている。

　一般的に言えば、規範と責任と刑罰について、刑法と道徳を結びつけてそれら自体に正当性を見いだそうとする規範論的・義務論的立場をとれば自由

意思必要論になるし、何らかの将来的成果をもって刑法と責任と刑罰の正当化を図ろうとする目的論的・功利主義的立場によれば自由意思不要論となろう(4)。古典学派は前者の立場であり、近代学派は後者の立場であった。いわゆる「やわらかな決定論」と共に機能主義的刑法を主張する学派も後者に類似している(5)。

2　現在、刑法上の責任の本質については、それを義務違反性に求め、責任の内容を過去の行為事実を生み出した意思形成に対する非難もしくは非難可能性であるとする規範的責任論が有力説である。この考え方によれば、刑法上の規範的要請すなわち義務に適って意思決定できる行為者が敢えて義務違反的な不法行為のための意思決定をした点に非難をなし得るとされるから、合義務規範的にも反義務規範的にもいずれにも意思決定できる自由性（選択の自由）が前提になっている。道義的責任論は、こうした立場の典型的な理論であった。これに対しては、従来から実証学派に端を発する社会的責任論が対立していて、それによれば、犯罪者は犯罪を行なうように決定づけられていて適法行為のための意思決定をする自由などなかったのだとみなされるから、行為者を非難できず、したがって責任とは、特別に犯罪者の犯罪的危険性（特に性格）を将来に向けて除去することだとされた。

つまり、規範的責任論に立てば自由意思必要論に、社会的責任論に立てば自由意思不要論になる。もちろん、自由意思の要否は、責任論の相違のみならず、そもそも刑法が価値から演繹された当為の準則としての規範なのか、それとも国家権力による単なる強制としての命令・禁止にすぎないか、ということによっても左右されるし、刑罰が応報刑なのか目的刑・改善刑なのかによっても左右される(6)。改善刑ならば、改善される法則性（必然的因果性）を容認せねばならず、そうなると自由意思を肯定できなくなりはしないかと考えられるからである。そして、現在の規範的責任論者も、古い道義的責任論者とは違って、刑罰は応報刑のみならず改善刑でもあることを認めている。しかも、最近では、責任を刑事政策的観点から捉えなおして、「非難なき（責任なき）刑罰」を主張する論者もいて、自由意思の要否が不問に付されつつ

ある[7]。

3 更に、自由意思必要論をとるにせよ、過去の行為時点で当該行為者が適法行為の意思決定をもできたはずだということを果たして証明できるのかという問題がある。これに関して、規範的責任論の中核とされる適法行為の期待可能性の判断基準について、規範的責任論者の多くは、当該行為者を基準にしないで平均人標準説を採用しているが、これに対しては、当該行為者の行為時点での具体的な他行為の可能性が不問に付されているから、他行為の可能性を否定する決定論と結びつくのではないかという批判が、同じ規範的責任論者からも出されている[8]。このように、自由意思要否論には、幾多の問題点が潜んでいる。

4 もっとも、それ以前にそもそも人間に自由意思が備わっているか否かという自由意思の有無を問う存在論的問題と同時に、その有無を知り得るのかという認識論的問題がある。その点、自由意思の有無に関しては、従来から、肯定論・否定論の他に、自由意思の有無は知り得ないとする不可知論、仮に知り得るとしても有無を断定できないとする懐疑主義が主張されてきた[9]。

しかし、ここで経験科学的に証明できない自由意思の有無そのものについての形而上学的論究はしない[10]。刑法にとっての要否論だけを垣間見ることとする[11]。もっとも、自由意思否定論に立ちながら刑法上は自由意思必要論を主張することもできるから、自由意思の有無について無関心のままではいられない。つまり、①自由意思必要論者の中にも、(a)自由意思肯定論者、(b)自由意思否定論者、(c)不可知論者や懐疑主義者がいるし、②自由意思不要論者にも、(a)自由意思肯定論者、(b)自由意思否定論者、(c)不可知論者や懐疑主義者がいてもおかしくはない[12]。

以上の6とおりの見解を概観する前に、議論の混乱を避けるために、自由意思論と決定論の概念内容の統一を図っておきたい。

第 2 節　　自由意思と決定論

1　意思の自由とは、内発的な意欲つまり必然的因果性に支配されない意思の作用をいう[13]。行為を決定するのは人間であるから、その人間が行為を決定するに際してその意思決定が必然的になされていないで自由になされていることである[14]。したがって、外部的な行為の自由とは区別されねばならない[15]。強制からの自由は、意思の自由のことではない[16]。強制されていても自由意思は奪われるわけではない。責任論の中核である適法行為の期待可能性で問題にされる「他行為の可能性」(Anders-Handeln-Können) は、行為の自由の問題である。自由意思に関しては、「他行為の可能性」に先立つ、そのための「他の決意の可能性」が問題である[17]。

因果性に必然的に支配されない意思ではあっても、自由なる因果性を有してはいるのであるから、自由と因果性は対立しない[18]。因果性とは、「この世のいかなる事象も何らかの原因を有する」という意味である[19]。自然界や経験界の事象は、自然法則や物理法則にしたがって必然的に経過するが、人間の意思は何らかの原因で形成されはしても自然事象と同じではないというのが自由意思論の言うところである。

したがって、人間の意思は、必然的作用ではないが、無原因でもないのであるから、カントの説いた「原因の絶対的自発性」もしくは「初発原因」の概念を根拠とする絶対無制約な自由を認める「いわゆる非決定論」を採用することはできない[20]。かかる非決定論は、すべてを偶然性の手に委ねるから、意思そのものを否定することになるし、意思決定者自身が自分の原因ではなくなるから責任を問うこともできない[21]。人間の意思は、素質とか環境といった何らかの原因や動機によって形成されることは今日否定できないから[22]、それを認める相対的自由意思論こそが本来の自由意思論と言える[23]。「相対的」という形容詞は、「絶対的」自由意思論を否定するために付されたにすぎない。したがって、素質や環境によって意思決定が左右されるからといっ

て、人間の意思が不自由であるとみなす決定論も間違っている[24]。そして、一度意思が外部に発露されて行為となれば、それは法則にしたがって必然的因果性を伴う事象となるが、自由意思論は、このことも否定するわけではない[25]。

2 他方、人間は、自然の因果法則を利用して外的事象をコントロールしたり、自己の行為を制御するのであるから、人間の意思がことごとく因果法則によって必然的に決定づけられていると考えることも妥当ではない。したがって、人間の意思がすべて運命づけられているとする宿命論や人間の意思が自然の因果法則とか物理法則によって必然的にあるいは無条件的・一義的に決定づけられているとするハードな（硬い）決定論は誤りである[26]。人間の創造力や「新生の法則」(Das Gesetz des Novums)、「再生の法則」(Das Gesetz der Wiederkehr) を否定するからである。これに対して、決定論とは何によって決定されているかが問題であるとして、外部的強制を受けずに人格によって決定されているときが自由であるとするソフトな（柔らかな）決定論が主張されているが、この考え方が内発的な意思を認めない限り自由意思否定論となるから、今日、決定論とはソフトな決定論のことだとも言える[27]。

したがって、自由意思肯定論＝いわゆる非決定論か、自由意思否定論＝ハードな決定論かという捉え方も妥当ではないし、その意味での非決定論対決定論という図式の論争や二者択一論議は無意味である[28]。

3 なお、「自由」の概念に代えて、「可能性」、「能力」、「主体性」、「自主性」、「自律性」、「偶然性」、「不確定性」、「自発性」、「随意」などという概念がよく用いられる[29]。しかし、「可能性」と「能力」は、自由の標識とはなり得ても自由と同義ではないし、「偶然性」と「不確定性」は、認識論的に必然性を証明できないだけの意味しか有していない。その余の概念も一定の条件つきで初めて自由を表わすものと言える。さらに、自由を証明するとして「予言破り」が引き合いに出される[30]。しかし、予言を破ることを見越して予言した場合には、「予言破り」そのものが必然的に生じたことになるから、かえって自由意思を否定してしまう[31]。

他方、決定論の指標として、「予測（可能性）」、「予言」、「確率」が引き合いに出されるが、前二者は的中しない場合もあるし、後者は認識論的に不確定なものが残るから、いずれも自由意思否定を意味しない。ところで、決定論には、他に歴史的決定論、弁証法的決定論、目的決定論、意味ないし価値による決定論、認識論的決定論と称されるものが主張されているが[32]、いずれも、必然的因果性によって支配されない内発的な意思を否定していれば、理由づけはどうであれ決定論であるし、人間の行為に原因と結果の間の法則性を是認しても、内発的な意思を肯定するのであれば決定論ではなくて自由意思論になってしまう[33]。

第3節　　判例の状況

　1　責任と刑罰に関して刑法が自由意思を前提にするか否かについては、日本の刑法典は何も正面から規定していない。日本国憲法は、人権尊重主義の立場から自由を保障する各様の人権保障規定を設けているが、いずれも国家権力という外部的強制からの自由を保障しているにすぎない[34]。
　もっとも、刑法39条の責任能力に関する規定が、解釈上、精神病などの生物学的要素と共に行為時の弁別能力や制御能力という心理学的要素をも勘案している、というのが現在の支配的見解であり、それが改正刑法草案16条1項に具体化されたとすれば、刑法典は、39条で自由意思を前提にしていると言える[35]。心理学的要素は、自由意思を中核とするからである[36]。判例も、自由な意思決定の欠陥すなわち「精神の障碍に因り事物の理非善悪を弁識する能力なく又は比の弁識に従って行動する能力なき状態」を責任無能力状態としている[37]。更に、下級審の判例の中にも、病的妄想に基づく配偶者（妻）殺害行為について、「通常人としての自由なる意思決定をすることが全く不能であった」ことを理由に責任無能力を認めたものがある[38]。
　この他、刑法43条但書の中止未遂の成立については、「自己の意思により」犯罪の実行を止めたことが必要であるから、刑法典は43条で自由意思を前

提としていると言える。

2 責任と刑罰と自由意思については、1952年3月18日のドイツ連邦最高裁判所判決が話題を供した。それによれば「刑罰は責任を前提とする。責任は非難可能性である。責任の無価値判断によって行為者に対して、彼は適法に態度をとり得たし法に合わせて決定し得たにもかかわらず適法に態度をとらずに不法の側に立って決定したと非難される。責任非難の内部的根拠は、人間が生まれつき自由で答責的で道義的な自己決定をするように定められていて、法に合わせて決定し不法に対抗して決定する能力があり、自分の態度を法的当為の規範に準拠させて法的に禁止されたことを回避する能力がある、という点に存する」[39]。この表現は、刑法は規範であること、責任は非難可能性であること、非難は自由意思に基づくこと、刑罰は責任を前提にすること、を明示している。

第4節　　学説の状況

次に、学説について第1節の4で記述した6とおりの見解のうち有力なものだけを責任刑法か処分刑法かという視点から概観してみる。

1 責任刑法維持論の筆頭は、①(a)（自由意思必要論←自由意思肯定論）の論者であろう。プフェニンガーの表現を借りれば、「責任なければ犯罪なし、犯罪なければ刑罰なし、自由なければ責任なし」という立場に代表される[40]。斉藤は「刑法を行為規範として考察し、……その名宛人は……自由意思の主体として、把握せられるべきもの」で、「刑事責任は自由意思ということを予定して、はじめて、これを論じ得る」としている[41]。久礼田も「刑法は道徳と同様に意思の自由を基礎としてのみ可能」であり、責任は意思の自由を基礎としてのみ成立し得ると明言する[42]。小野は、仏教の「業」の思想を基礎にして、人間は「決定されつつ決定する」として相対的自由と相対的責任を主張し、団藤は、因果必然性を前提として法則性をコントロールする主体性に自由の契機を見る[43]。小野は道義的責任を説き、団藤は人格的責

任を説いて、両者とも責任刑法を維持し目的刑を容認する。責任の本質を非難可能性だとして、その前提に人間の主体的な自発的な自己決定の能力を必要とする荘子も同じと言える(44)。

  2 責任刑法は、①(b)（自由意思必要論←自由意思否定論）の論者からも主張される。M・E・マイヤーは、認識論的決定論の立場から刑法は答責性なしではいられないし、自由意思の表象は可能であるとして、人類は「非決定論へと決定されている」と言い、同じ立場のメッガーも、後期には、当該の個別的な行為者が他に行為できたかどうか、行為者に人格的非難を彼の行動からなし得るかどうかを問題にして、「倫理的決定は意思の自由の問題を避けて通ることができない」と言う(45)。植松も経験科学的には決定論に立脚しながら、刑事責任を基礎づける規範的公準としての自由意思を仮設する(46)。木村は、弁証法的決定論から義務違反としての責任を主張し、特別予防刑を説き、メルケルは、徹底的な決定論者ながら、責任と応報刑を堅持した(47)。

  3 ①(c)（自由意思必要論←不可知論・懐疑主義）の論者は、他行為の可能性は説明できないが、だからといって自由意思が存在しないとも言えないとして、責任刑法を維持するために自由意思をフィクションとして擬制する。わが国では、佐伯や中の主張するところである(48)。中によれば、責任も一種の擬制である。不可知論者ボッケルマンも、後期には、「責任が意思の自由を前提とするということは正しい。……自由とは、決定の自由つまり人がしたいと思っていることを意欲することができることすなわち一定の状況でさまざまな可能性の間で選択する能力を意味する」と言っている(49)。

  4 ②自由意思不要論者の典型は(b)（自由意思否定論）のイタリア学派を中心とする実証主義者たちであったが、その決定論の誤りについては既述した。彼らは処分刑法を主張した。新派刑法理論の覇者たりしリストも、自然科学的決定論を基礎にして自由意思不要論を主張し、応報刑を放棄して目的刑を説いた(50)。しかし、このようなハードな決定論は誤っているし、リスト自身、犯罪者のマグナ・カルタとしての刑法と責任の概念を保持せんとして、「最広義の責任とは、なされた違法な行為に対する行為者の答責性であるし、責

任判断は……不法行為者の人格に結びつく」と言っている点に注意を要する[51]。認識論的決定論者のメッガーも当初は自由意思不要論者であったが、倫理的責任ではなくて法的責任を擁護する責任刑法支持者であった[52]。

5 ところで、自由意思不要論の方向にありながら、しかも、ある程度の責任原理を維持するために、決定論者や不可知論者の中には、自由概念か責任概念のいずれかの内容を変えようとする者もいる。つまり、責任概念を、目的論的に、道具主義的に、実践的に、功利主義的に、解釈しなおして、責任概念の中に目的思想を導入し、非難可能性に代えて将来への動機づけ可能性を考えるのである。責任そのものが目的によって規定されているとするのである[53]。ソフトな決定論者の平野の見解も同じ方向にある。この方向を更に進めることによって、非難可能性としての責任概念を全く放棄して、「比例性の原則」（Verhältnissmäßigkeitsgrundsatz）を責任にとって代え、非難なき刑罰を主張する論者もいる。責任が非難でなくなれば、責任は刑罰を限定する機能を失うから、犯罪と刑罰の比例（均衡・釣り合い）さえ維持されればよいと言うのである[54]。

これに対しては、比例性の原則は、何ら具体的内容を有しないから空虚なものであり、したがっていかなる量が相互に比例しているべきで、いかなる比例関係にあるべきかが明らかにされない限り、この原則は内容を得ないとの批判や、この原則は、実質的犯罪メルクマールとしての機能においても責任原理の代用にはなり得ないし、この原則は、純粋に形式的であり、刑罰の上限が何で量定されるべきかという疑問には漠然としか応答できない、との批判がある[55]。

第5節　結　　び

1 ところで、当該行為者が行為時点で具体的に他行為の決意をなし得たかどうかを証明できるかといえば、それは不可能に近い。その判断を裁判官の恣意的判断に委ねることは好ましくない。だからといって、他行為決意の

可能性が仮言的命題であることを理由に、自由意思不要論に至り、非難としての責任を放棄してよいのだろうか。思うに、当該行為者も刑法規範の名宛人たる平均人のひとりである。法は不可能なことを名宛人に要求してはいない。平均人のひとりである行為者と（同一でなくとも）同様の行為事情（環境）で平均人ならばしなかったであろう違法行為の決意を行為者がしてしまったならば、素質と人格環境の問題はひとまずおいて、違法行為の決意を制止し得たはずだと非難してよい。素質と人格問題は、その後の非難の量と程度で斟酌すればよい。

　2　誰もが社会システムの構成員としての役割義務を負っている。刑法の規範システムの安定性（法益保護）のためには規範の名宛人のすべてがその義務を負っている。その役割義務違反的意思決定に対しては、道義的非難である必要はないが、社会的非難としての法的・規範的非難は当然に予定されている(56)。不法は、規範システムの攪乱状態である。刑法規範システムは、社会システムの構成員でもある規範システムの調整者・制御者の一員たる国民が規範システムの定常性（安定性）を保持することを前提にしている(57)。法的規範は、とりあえずは平均人のひとりとしての名宛人を義務づけの対象としているにすぎない。法的非難は、平均人を規準としているにすぎない。刑法は、平均人のひとりとしての人間が自由に意思決定できることを前提にしているのである。

　3　そして、非難は、あくまで過去の事実に向けられる規範的非難である。刑罰は、応報の体現に終始してはならず、非難の範囲内で当該犯罪者の教育・改善と社会復帰という将来に向けられた処遇である。小林も言うように、応報と功利性という2つの観念は、事実として並存するかたちで社会に根づいている(58)。したがって、刑罰を展望的に捉えたからといって、決定論に至る必然性はない。刑罰によって改善されるという法則は、破られることもある。改善される蓋然性が高いが故に展望的な手段としているのである(59)。だからこそ、この法則を利用して主体的に自己改善する態度と能力が必要とされる。人間の自己実現は「精神的なすなわち意味関係と価値に向けられた

自由の活動の中でなされる」し、この自由な活動は、「因果的な決定要因を被覆決定することに存する」からであり、まさしく「人間の実存的な自由は、……精神的な自己決定への能力と一致している」からである[60]。いかなるシステムも自分の最善化と安定化のために、半分は自己を変革し、半分は外界・環境を変更するように自己制御するのである[61]。

自由意思の問題にかかわりなく、「行為の主観的帰責、所為に対する答責性、有責たり得ることは、人間相互間の態度のための自明の組織原理」であり、刑法は、何人に対しても等しく対応するが、この命題の理由づけは、それがすべての社会の普遍的な組織原理を含んでいるという考察の中にあるというナウケの言明[62]に対して、ドレーヤーは、この言明は、刑法が自由の原理から出発していることを意味するにほかならないと言う[63]。思うに、ナウケの思惑は別として、自由と責任非難は、規範システムと社会システムを支えるところのシステム原理と言えよう。

【注】
(1) 久礼田益喜「刑法と意思の自由」同『新客観主義の刑法理論』巌松堂書店 1934年所収、312頁は、自由意思が刑罰の量定・執行を通じて刑事政策的意味を含むと言う。これに対して、ホセ・ヨンパルト「刑法と自由意志―その問題提起に内在する問題点―」『法の理論1』成文堂 1981年、217頁は、刑事政策と自由意思は別問題とするが、大野平吉「刑法と自由意思」補説―ヨンパルト教授の所説について―『法の理論2』成文堂 1982年、214頁は、現代の責任論が責任と予防目的の調和にあることを理由に、刑事政策と自由意思を峻別することは責任論の現代的課題に答えることにならないと批判する。
(2) メルケルについては、山口邦夫「メルケル刑法理論の現代的意義」同『19世紀ドイツ刑法学研究』八千代出版 1979年所収。荘子邦雄『犯罪論の基本思想』有斐閣 1979年、223頁以下参照。
(3) 大谷實『刑事責任の基礎』成文堂 1968年、4頁、6頁、69頁によれば、刑法の実践的要請による。
(4) 小林公「刑罰・責任・言語」長尾・田中編『現代法哲学3』東京大学出版会 1983年。
(5) やわらかな決定論については、平野龍一「意思の自由と刑事責任」尾高朝雄教授追悼論文集『自由の法理』有斐閣 1963年。

(6) 木村亀二『刑法総論』有斐閣 1959 年、63 頁参照。これに対し、大野「刑法と自由意思」中山・西原・藤木・宮沢編『現代刑法講座・第1巻』成文堂 38 頁注 (2) は、規範の問題も刑事責任問題に解消されると言う。
(7) Günter Ellscheid/Winfried Hassemer, Strafe ohne Vorwurf, in: Civitas-Jahrbuch für Sozialwissenschaften, Bd. 9, 1970. 堀内捷三「責任論の課題」芝原・堀内・町野・西田編『刑法理論の現代的展開・総論Ⅰ』日本評論社 1988 年、191 頁以下。これに対して、松村格「刑法にとって自由意思論は無用か」八木國之先生古稀祝賀論文『刑事法学の現代的展開（上）』法学書院 1992 年（本書第2章所収）参照。
(8) 中山研一『増補ソビエト刑法—その本質と課題—』慶応通信 1972 年、69 頁。この批判を認める者として、例えば、内藤謙「意思の自由と刑事責任」法教 69 号 49 頁、50 頁。
(9) ヨンパルト『法の理論1』成文堂 1981 年、214 頁。
(10) ヨンパルト・前掲書 218 頁は、自由意思の有無についてはそもそも自然科学的な経験の対象になり得ないのだから、対象にすること自体が反自然科学的試みだと言う。
(11) なお、刑法ないしは刑事責任にとって自由意思を不要とする者に、例えば、井上正治『刑法学総則』朝倉書店 1951 年、124 頁、中川祐夫「責任と可罰的評価—序説的考察—」平場安治博士還暦祝賀『現代の刑事法学（上）』有斐閣 1977 年、262 頁。; Franz von. Liszt, Jahrbuch. 23Aufl. 1921, S. 22, 23 (Anm. 1.), 161, 165; Edmund Mezger, Lehrbuch. 3Aufl. 1949, S. 251; Eberhard Schmidhäuser, Strafrecht. Allg. Teil Studienbuch. 2Aufl. 1984, Tubingen, S. 66f., S. 191f.; Paul Bockelmann, Willensfreiheit und Zurechnungsfähigkeit ZStW. Bd. 75., S. 383, 384.
(12) ヨンパルト・前掲書 214 頁。
(13) Ernst Tugenhat, Der Begriff der Willensfreiheit, in: K. Cramer/H. F. Fulda/R-P. Horstmann/U. Phothast (Hg.), Theorie der Subjektivität, 1990 Frankfurt am Main, も、内部的自由は意欲の形式だと言う（S. 375）。意欲の問題だとする者に、Hermann Roeder, Willensfreiheit und Strafrecht, Versuch einer gesellschaftsphilosophischen Grundlegung. 1932, S. 4; Manfred Danner, Gibt es einen freien Willen? Eine psychologische Studie, 4Aufl., 1977, S. 14.
(14) ヨンパルト・前掲書 242 頁。
(15) 木村・前掲書 58 頁。
(16) 内藤・前掲書 51 頁。E. Tugenhat, a. a. O. S. 374. によれば、行為の自由は、外部的自律の意味の自由で強制によらない場合である。
(17) 木村・前掲書 59 頁。もっとも、他の決意の可能性がすなわち自由意思と言えるかどうかは問題である。ヨンパルト・前掲書 223 頁以下参照。

(18) ヨンパルト・前掲書234頁によれば、自由なる因果性とは、「内的行為における必然性を伴わない因果性」である。荘子・前掲書233頁によれば、因果法則と強制は全く関係がなく、因果法則は同一性判断の一形式だから人間の自由を否定する必要はないし、森村進「責任論における『自由意思』問題」上原・長尾編『自由と規範』東京大学出版会 1985年、48頁によっても、因果法則は説明形式で、強制は外から加えられた拘束だから両者は別である。
(19) ヨンパルト・前掲書235頁参照。因果性について、マリオ・ブング著／黒崎宏訳『因果性―因果原理の近代科学における位置―』岩波書店 1975年参照。
(20) カントの自由（意志）については、カント著／篠田英雄訳『純粋理性批判』（岩波文庫〔中〕）125頁以下、206頁以下。カント著／波多野・宮本訳『実践理性批判』（岩波文庫）33頁以下、47頁以下。
(21) H. Roeder, Die Lehre von der Willensfreiheit in der strafrechtsphilosophischen Doktrin der Gegenwart, Juristischer Blätter, Heft 9, 10, S. 230. 福田平『刑法解釈学の基本問題』有斐閣 1975年、87頁。
(22) 福田・前掲書82頁。西原春夫『刑法の根底にあるもの』一粒社 1979年、183頁以下。
(23) 内藤・前掲書47頁。大塚仁『刑法概説（総論）』有斐閣 1989年、382頁は、相対的自由を根底にして修正された道義的責任論を主張する。相対的自由意思論については、団藤重光「刑法における自由意思の問題」尾高追悼論文集『自由の法理』205頁以下。
(24) これに対して、井上祐司「決定論と責任の基礎」法政研究33巻1号23頁は、責任の基礎としての自由意思は、個々の意思決定が環境と性格から自由であるか否かだけが問題だと言う。
(25) ヨンパルト・前掲書234頁。
(26) 木村・前掲書61頁以下参照。団藤も、法則性を利用した人間行動の制御という主体性に自由意思の本質を見ている。団藤『刑法綱要総論』（第3版）創文社 1990年、35頁。
(27) 内藤・前掲書50頁もソフトな決定論は内部からの自由ではなくて外部からの自由を認めるだけだと言う。団藤・前掲書35頁注（4）参照。
(28) 前野育三「意思の自由と刑事責任」平場安治博士還暦祝賀『現代の刑事法学（上）』有斐閣 1977年、237頁は、決定論に対比すべきは自由意思論ではなくて非決定論だと言う。
(29) これらについては、ヨンパルト・前掲書217頁以下。松村格『刑法学方法論の研究―存在論からシステム論へ―』八千代出版 1991年、258頁以下参照。
(30) 上原行雄「非決定論と自由の構図素描」上原・長尾編『自由と規範』東京大学出版会 1985年、73頁は、予言破りは、選択可能性としての自由の存在を示唆すると言う。

(31) 予言破り＝自由性に批判的なものとして、ヨンパルト・前掲書227頁。内藤・前掲書49頁。
(32) これらの決定論について、松村・前掲書263頁以下参照。
(33) 例えば、前野・前掲書239頁以下は、絶対的自由意思を否定し、人間の行為の法則性を認め、弁証法的決定論に立脚して事柄についての知識をもって決定を行う能力（自由意思）を肯定し、決定論のもとで初めて責任が意味をもつと言うが、これはもう自由意思論ではないだろうか。もっとも、井上・前掲雑誌4頁はエンゲルスの弁証法的決定論は「行為の自由の問題」か「責任能力の内容問題」だと言う。なお、エンゲルスの自由論批判として、Urich Pothast, Die Unzulänglichkeit der Freiheitsbeweis. Zu einigen Lehrstücken aus der neueren Geschichte von Philosophie und Recht. 1Aufl. Frankfurt am Main 1980, S. 278ff.
(34) 同旨、ヨンパルト・前掲書230頁注(5)。これに対して、内藤・前掲書51頁は、日本の法制度は個人の尊厳に基づく人権保障を目的としているし自己決定の自由は個人の尊厳と結びつくから、法制度は自由意思を前提にしていると言う。
(35) 佐伯千仭『三訂刑法講義（総論）』有斐閣 1978年、237頁は、責任能力は意思の自由あるいは選択の自由を中心とする概念だとする。これに対して大谷・前掲書は、責任能力と自由意思は必然的関係がないとして、心理学的構成方法を排除する（93頁、141頁）。
(36) 平野龍一『刑法・総論Ⅱ』有斐閣 1975年、286頁。森村・前掲書62頁。
(37) 大判昭和6・12・3刑集10巻682頁。
(38) 岐阜地判昭和33・5・26（一審刑集1）追録2344頁。
(39) BGH. St. Bd. 2, S. 200f. この判決文はヴェルツェル理論によるものだとの批判がある。Ulrich Pothast, a. a. O. S. 327f.
(40) H. Pfenninger, Grenzbestimmungen zur Criminalistischen Imputationslehre, 1892, S. 63. (Eduard Dreher, Die Willensfreiheit. Ein zentrales Problem mit vielen Seiten. München 1987, S.33 より参照)。
(41) 齋藤金作「刑事責任と自由意思」法哲学四季報2号99頁（日本法哲学会、1949年）。
(42) 久礼田・前掲書323頁。
(43) 小野清一郎「倫理学としての刑法学」同『刑罰の本質について・その他』有斐閣 1955年、95頁以下。同「フランス語刑法学における責任論」ジュリ299号53頁以下。団藤・前掲書220頁以下、227頁以下。
(44) 荘子『刑法総論』（新版）青林書院 1985年、59頁以下、283頁以下。ただし、荘子は、メルケル流の性格による決定論に立つが、必然的因果性に支配された意思を否定し、内面的自由を肯定することによって、自分の責任論を真

正な性格責任論だと言う。同『犯罪論の基本思想』有斐閣 1979年、223頁以下。特に、233頁、236頁、243頁、244頁参照。
(45) M. E. Mayer, Allgemeiner Teil des Deutschen Strafrechts, 2Aufl. 1923, S. 448, 449, 451; E. Mezger, Studienbuch, Allg. Teil 9Aufl. 1960, S. 137.
(46) 植松正『全訂刑法概論 I 総論』勁草書房 1973年、16頁以下。これに対して、森村・前掲書46頁は、規範たる刑法の判断対象は人の経験的動静であるから、もし人の行為が経験的な意味で因果的に決定されているとしたら、刑法の世界では決定されてないことにしようとして「公準」とか「擬制」といってもそれはごまかしにすぎないと批判する。
(47) 木村・前掲書57頁以下、63頁以下。メルケルについては前掲注（2）参照。
(48) 佐伯・前掲書239頁。中義勝「刑事責任と意思自由論」刑法雑誌14巻3＝4号423頁以下（1966年）。
(49) P. Bockelmann, Erwiederug auf den Beitrag Schörcher. ZStW. Bd. 77, S. 253.
(50) F. v. Liszt, strafrechtliche Aufsätze und Vorträge. Bd. 2, 1905, Berlin, Photomechanischer Nachdruck, 1970, S. 39. リストの決定論は、認識の限界を越える世界観的な決定論ではない。
(51) F. v. Liszt, Lehrbuch, 23Aufl. 1922, S. 159.
(52) E. Mezger, Ein Lehrbuch. 3Aufl., 1949, S. 251, 253.
(53) Vgl. B. Burkhardt, Das Zweckmoment im Schuldbegriff. GA. 1976, S. 324, Anm. 22; P. Noll, Schuld und Prävention unter dem Gesichtspunkt der Rationalisierung des Strafrechts. Hellmuth Mayer-Festschrift. 1966, S. 220, 233; G. Jakobs, Schuld und Prävention. 1976.
(54) 前掲注（7）参照。
(55) E. Dreher, a. a. O. S. 56.; Arthur Kaufmann, Schuldprinzip und Verhältnismäßigkeitsgrundsatz. Richard Lange-Festschrift. 1976, S. 29.
(56) 堀内・前掲書186頁。
(57) 松村・前掲書199頁以下。
(58) 小林・前掲書99頁。
(59) ヨンパルト・前掲書239頁。
(60) A. Kaufmann, Das Schuldprinzip. 2Aufl. 1976, S. 101, 280, 281.
(61) 松村・前掲書111頁以下、183頁以下。
(62) Wolfgang Naucke, Strafrecht. Ein Einführung. 5Aufl. Frankfurt am Main. 1987, S. 229, 230.
(63) E. Dreher, a. a. O. S. 59.

第4章

認知科学と故意・過失論

第1節　はじめに

　1　恩師下村康正先生は、草野豹一郎門下の直系として、共同意思主体説に基づく共謀共同正犯論の正統派後継者[1]としてご活躍されてきたことは周知のことであるが、他方、草野説の特徴である「違法性の過失説」の継承者でもある。これらの点について私は、前者の共謀共同正犯論についてはすでに私なりにシステム論によってこの理論の肯定説を新しく説き起こしたが[2]、後者の「違法性の過失説」については何らかの言及をしなければと思いながらもそれを果たせずに今日に至ってしまった。ところが、昨今「故意論」が再び注目され、特に「故意と違法性の意識」と「故意と意味の認識」の問題が論争されている[3]。しかし、いずれの論者にあっても、故意と違法性の意識の係わりの有無と程度、意味の認識の程度が問題にされていて、故意の概念内容そのものが根底から再検討されていないような感じがする。そこで本稿では、故意・過失概念を新しい角度から模索することにした。

　2　考えてみるに、故意に違法性の意識が必要かどうか、必要ならばどの程度必要か、意味の認識はどの程度必要か、といった問題は、故意概念そのものを捉えなおす作業をせずには解決できず、その作業に後続する問題であると痛感する。しかも、故意概念そのものを再考することによって初めて過失概念との区別も明確になる。折しも、昨今では、認知科学が脚光を浴び、社会科学もその影響を無視することができない状況である。そもそも「人間は、それ相応の認知を育成したスケールにおいてのみ社会的なシステムの構

成要素であり、この条件が充足されない限り、人間は当該の社会的なシステムに帰属しないし、……さまざまな社会的なシステムの中で生み出された認知の全体が、われわれの個人性を形成する」とまで言われている(4)。「故意」＝「犯罪意思」も意思を問題にせざるを得ないが、ならばその意思とは何かを問題にしなければならない。ピアジェによれば、「意思は、2つの秩序の調整であり、認知的な領域においては操作が活動に向けての活動であるように、調整の調整」であって、つまり「調整の情動的な調整」であるし(5)、チョンピによれば、意思は、ヒエラルキー的には、より高度な情動的‐認知的な関係システムに由来していて、「より高度な段階へと濃縮されたある感情」と称される(6)。

このように、「故意」＝「犯罪意思」をも、表象と感情、認知と情動、知識と意欲の相互依存したものとして概念する再検討がなされて初めて、違法性の意識や意味の認識の程度問題が解決されると思われる。現代の認知科学によって初めて、自然科学そのものが認識と知識の領域でそのあらゆる面に統括権限があるとみなされ、このことは、伝統的な哲学や心理学や認識論の領域からはるかに離れているし、認知科学によって知覚と理解の科学的な分析を特徴づけることができると言われる(7)。この認知科学には、脳研究、言語学、コミュニケーション論、一般的システム論が学際的に関与しており、特にマトゥラナからは、認知の理論はオウトポイエシス（アウトポイエセ＝Autopoiese）の理論として把握されているから、オウトポイエシスについても言及する必要がある(8)。

3 かくして本稿では、まず第1に、情動と認知について簡単に言及し、第2に、オウトポイエシスについて、提唱者のマトゥラナやヴァレラ、それを発展させたゲルハルト・ロートやその他のヘイルやトイプナーそして社会的システム論に応用したルーマンなどの見解をキルシュの書(9)を手がかりにして比較しながら考察する。その際に、オウトポイエシスとの関係で必然的に問題となる、「自己生産（Selbstherstellung）性」、「自己保全（Selbsterhaltung）性」、「自己組織性」、「自己準拠性（Selbstreferentialität）」についても言

及したい。そして最後に、情動的－認知的な考え方で見れば、故意と過失の概念をどのように内容づけることになるかを、カルグルの著書(10)を手がかりにして考察してみたい。なお、本稿は、別の機関誌に発表した「認知科学と刑法的行為論」と題する拙稿と一体を成しているので、合わせてご笑覧いただければ幸いです(11)。

第2節　認知と情動

1　認知とは、個人とその環境との間の構造的な連結の成り行きを具象化する行動であり、同時に、行動とは、相互に結合されている諸要素のネットワークの手助けによってその構造を変更するひとつの認知であるが、そのとき、理解は、この連結をもたらし恒常的な相互交換的な変更を促す社会的な道具として記述され、この行動と理解の間の自己準拠的な関係は、社会的なシステムにとっても完全に妥当するとカルグルは言う(12)。こうして彼は、行為関係を媒介する「認識の経路」すなわち「構造的な連結」で以て、行動と認識および行為者と認識者が分離不可能な回路の中で相互に結びつけられているとみなし、認知的な能力と生活の出来事のこの総体的な循環性を「認知的行為論」という概念で以て関係づけるのである(13)。しかも認知は、知覚（感受）からは分離され得ないもので、知覚とか表象とか思考は、認知的なシステムからなされる区別にすぎない(14)。その上、認知は、精神が世界の特性を模写するという方法でメンタルな代現（Repräsentation）を考えているので、代現は、認知主義の中核概念となる(15)。このような構造的連結と首尾一貫した構想は、例えば、脳は肉体や主体や環境から成る認知的な世界を構成するのだ、というような個々の生命体の知覚システムの詳細な研究の成果であって、社会的な事物の実在の分析の成果ではない。なぜなら、道徳や規範、制度や組織などが研究される以前に、われわれは、人間がどのようにして思考し行為するかということを知らなければならないからである(16)。

例えば、人は、環境から情報を受容し、これを処理することによって自己

の行動を制御して環境との間の適切な関係を維持しているが、この環境からの情報としての刺激を受ける器官を感覚受容器と称し、感覚は、刺激によって受容器が興奮して求心性神経によって大脳の感覚野に伝わってその刺激や強さが意識されるプロセスのことであり、そして知覚は、その意識された内容が整理・調整されて行動を起こす器官である効果器に命令を伝達する働きであって、「認知」とは、この調整・整理が要求・記憶・思考・言語などの影響を受けて処理されるプロセスのことを総称するのだとも言われる[17]。

2　このような個人の認知的な働きは、カルグルによれば、すべてのシステムプロセス（コミュニケーション、決定、知覚、論理的操作の遂行）の内にも含まれていて、逆に、それ相応の認知の形成は、社会システムにおける構成員資格のための前提条件である[18]。ところが、システムの変更に導くメカニックの問題に際しては、システム内の事象とシステム外の事象と並んで、個人の情緒的なプロセスと認知的なプロセスもまた、第3のグループとして見いだされる、と彼は言う[19]。つまり、システムの変更すなわちシステムの態度ないし行動は、認知的なプロセスに終始するのではなくて、情緒的もしくは情動的なプロセスでもなければならないと言うのである。なぜなら、内面化された行為には、快か不快かについての生活に必要な情報が影響しなければならないからである[20]。伊藤ほかによれば、人は本来生存のために外部的なあらゆる有害事象に対する意識的な「心」としての「情動系」という認知機構を脳の中にもっていて、この情動の最終段階がその「表出」つまり表情とか身体動作として表現されるのである[21]。

3　かくして、カルグルによれば、具体的な活動はいつも情動的な構成要素を包含していなければならず、情動構造と知的構造とは完全に類似的に形成され、両者は、経験と行為の沈殿物として生起し、それ相応のコンテクストにおいて現実的なものとなり、そして、それで以て将来の感情と行為とを内面化されたプログラムに従って誘導する[22]。このように、情動が認知的な構造に対してパラレルに分化するならば、認知的なヒエラルキーによって同時に情動的なヒエラルキーが形成されるし、それは、上位の認知的な全体

に上位の情動も相応するというようにして形成される。しかも、情動のヒエラルキーは、情動的な価値のヒエラルキーに相応するのである(23)。こうして、心理的な諸経過においても、思考と感情は決して分離して理解することはできず、両者のダイナミックな協働において理解することが大切である(24)。したがって、刑法上の「故意」・「過失」概念の内容を考える場合にも、知覚・表象・思考などと意欲・価値感情・情緒（情動）とを相互的に一体化して検討しなければならない。認知は、反映された感情もしくは志向努力、知覚、思考として、多かれ少なかれ言語的もしくはシンボリッシュな形式において体験されるからである(25)。

第3節　オウトポイエシスとその疑問点

1　オウトポイエシス的な（アウトポイエティッシュな）システムとは、端的に言えば、「自己準拠的な組織を手段として自己組織化するプロセスの循環的・帰納的な結びつきを実現する自己生産的で自己保全的なシステム」として理解される(26)。換言すれば、「オウトポイエシス的なシステムは、循環的な方法でシステム独自の構成要素を生産し、それで以てシステムの構成部分自体の産出を経て自らを産出するようなシステムである」。そして「オウトポイエシス的なシステムの構成要素は、その都度考察される構成要素の保全に必要なその他の全てのシステムの構成要素の保全に協働することによって、自分自身を保全する」のである(26a)。つまり、オウトポイエシス的なシステムは、システムが成り立つ諸要素の生産を、その組織によって帰納的に自分で組織し、自分で実現することができるのである。そして、アウトポイエティッシュなシステムは、その固有の組織形式を基本的な変数として恒常的に保有しているホメオスタシス的なシステムとして操作するし、生きたシステムのダイナミックなすべての状態は、オウトポイエシスの状態であり、その状態に至るが、それに応じてアウトポイエティッシュなシステムは、操作的に閉じたシステムであって、アウトポイエティッシュシステムは、その

組織をホメオスタティッシュに恒常的に保全する[27]。マトゥラナ曰く、「生きたシステム（lebendes System）はその組織の循環的な性質に基づいて自己準拠的な交互作用領域を所有する。したがって、生きたシステムは、自己準拠的なシステムである」[28]と。マトゥラナによれば、(a)自分自身を生産するネットワークつまり構成部分の生産（と分解）のネットワークの実現に相互作用によって帰納的な方法で協働する構成部分と、(b)構成部分の生産（と分解）のネットワークを、その限界の確定によって、ひとつの単位体としてそれが規定しそれが実在する空間において構成する構成部分、というものの生産（と分解）のネットワークとして（単位体として）実現されるダイナミックなシステムの階層があるが、このようなシステムとこのような組織を、オウトポイエシス的なシステムないし組織と称するのだと[29]。

2 この場合に、「組織」と「構造」は、同義語ではない。マトゥラナによれば、「合成されたシステムの組織は、システムが分析不可能な全体として相互行動するような領域を示すことによって、ひとつの単位体としてのシステムを構成したり、単位体としてのシステムの特性を決定する」が、「合成されたシステムの構造は、それが実在され得るかあるいは外部から影響され得る空間を決定するものの、しかし単位体としてのシステムの特性を決定はしない」[30]。換言すれば、システムの組織は、その構成部分の特性を決定しないで、単にその関係を決定し、そして、システムの統一は、したがって、その構成部分の特性の集約によって説明され得ないのであって、専ら、組織によって説明され得る。マトゥラナにとって、生きたシステムの一般的な理論を樹立するということは、システムを自律的な単位体として構成することができ、そして更に、生命体にとって特徴的な全現象を発生させることができて、全体的な組織のクラスをカバーするような組織形式を記述することであると言える[31]。曰く、「生きているものの組織は、循環的な組織であって、それは、この循環的な組織を生み出す構成部分の産出もしくは維持を確保するような組織であって、しかもその産出と確保は、構成部分の機能の成果がまさに再び構成部分を生み出すような組織である、というようにしてなされ

る」(32)と。かかる組織形式が、「オウトポイエシス」（アウトポイエセ）（ギリシャ語の「autos」＝「selbst」＋「poiein」＝「machen」）と命名された。これに対して、アロポイエシス的な（allopoietische）システムも実在するが、それは、機械的システムのことであり、その組織が単位体として実現するプロセスと構成部分を生み出さず、その機能の産物がそれ自身とは別ものである、ということによって性格づけられるから、アロポイエティッシュなシステムは、したがって、自分自身からは自分と異なった何かを生み出していることになる(33)。なぜならば、アウトポイエティッシュなシステムの組織は、「システムが生起してくる構成部分と諸関係の生産と再生産の全てであり、システムの全ての構成部分と構成要素は、その固有の生産と保全のための前提である構成部分を全て自分で生産し保全することによって、全体システムの保全に共同作用する」からである(34)。

　オウトポイエシス的な組織のプロセスの中で人間を観察するならば、このプロセスの最下位の平面ではすべての細胞がアウトポイエティッシュなシステムとして看取され、さらに大きなシステムの変数として、人間という全体としての有機体もまた、自らアウトポイエティッシュに組織化するひとつのシステムを形成し、その中間に、神経システムとか腺システムといったさまざまなアウトポイエティッシュな部分システムが実在する。そして、人間の意識もここに帰属する(35)。

　3　ところで、マトゥラナから提唱されたオウトポイエシス理論には、問題が投げ掛けられている。第1に、オウトポイエシス的なシステムは、完全に「閉じたシステム」であるのかどうか。つまり、環境に対してどのような関係にあるのか。第2に、それと関連して、かかるシステムは、自己準拠的システムではあるが、他方、常に自己保全的システムであるのかどうか。第3に、かかるシステムは、生体システムに限られるのかどうか、である。

　第1に、アウトポイエティッシュなシステムの構成要素は、その都度考察される構成要素の保全に必要なその他のすべてのシステムの構成要素の保全に協働することによって、自分自身を保全するのであるから、アウトポイエ

ティッシュなシステムは、環境に対して自律的である。つまり、システムの状況効果は、オウトポイエシスを可能にするシステムの特殊な内部的な構造に基づいて決定されているのである。このような「構造に決定された」システムは、確かに外部から刺激されるかもしれないが、しかし、外部的な影響は、システムの状況効果を決定はしない。したがって、アウトポイエティッシュなシステムは、状況変化に関して、「閉じたシステム」であって、何らのインプットをも所有していないことになる。こうなると、アウトポイエティッシュなシステム論は、現代的システム論が「オープンシステム」論であることからすると、全く別の前提から出発していることとなる[36]。システムと環境は、ただ構造的に相互に連結されているだけであって、システムの組織は不変のままであり、その構造だけは有機体と環境との間の連関によって可変的である。環境は、人間という観察者との関係において定義されるのであって、システムに影響し得るすべての事象（物理的・化学的・機械的な事象）は、観察者が有機体の周界として知覚する環境を形成する。システムの構造は、環境によって決定されたり定義づけられたりせずに、有機体に構造的に連結している環境は、システムの具体的な構造を消極的にセレクトするにすぎない[37]。

　しかし、だからといって、アウトポイエティッシュなシステムが完全に環境に対して閉鎖的であるはずはない。脳のような自己準拠的なアウトポイエティッシュなシステムを考えても、その自己保全のためには、全体としての有機体の栄養補給や酸素補給が必要であって、もし環境に対して完全に閉じられていれば、脳は死んでしまう。したがって、オウトポイエシスなシステムも、環境に対して、資料とエネルギーに関しては「開放的」でなければならない[38]。つまり、オウトポイエシスなシステムは、その構造に決定されていて、操作的には閉じたシステムではあるが、資料とエネルギーに関しては開放的システムであって、相対的に自由なシステムなのである[39]。自己準拠的システムは、その状態の効果に関しては、操作的に閉じられているが、しかし、この状態は環境からは終始調整可能であって、その限りでは、自己

準拠的なシステムは、環境から孤立しておらず、さりとて外部から操縦可能ではない。なぜなら、内部的な状態と外部的な事象との一義的な相関関係は現存しないからである[40]。

4 第2に、自己準拠的なシステムは、常に自己保全的であろうか。メッツナーによれば、すべての自己生産的なシステムが自己保全的であるとは限らない。システムの自己準拠性とは、システムが、環境から調整されたシステム状態を自己準拠的に処理することによって、環境と結びつかれたシステムである限りにおいても、固有の状態で以てのみ相互行動する、ということであるが、例えば、神経システムは、このシステムが成り立つ諸要素（神経細胞）を自分で生産することはできないから、それだけではアウトポイエティッシュなシステムではない。したがって、脳は自己準拠的ではあるが、自己保全的ではない[41]。他方、自己保全とは、ロートによれば、①システムが、いかなるときにも空間的に関係する形象（統一）を形成すること、②システムが、システムから生み出された周辺、つまりシステムに依存することなく実在する自由な周辺（自律的な周辺）を形成すること、③システムが、それがエネルギーと（もしくは）資料とを受容する環境の中で実在すること（資料的、エネルギー的開放性）、④構成的構成要素のいかなるものも、最終的な時間にとってのみ実在すること（ダイナミック性）、⑤すべての構成的構成要素が、いかなるときにも、その後の時点で実在する構成要素の開始条件に関与し、その結果、システムが継続的に自分を保全すること（自己準拠性）、という条件をシステムが充足するときに、そのシステムは自己保全的である[42]。

ルーマンは、自己準拠的システムの理論の言明を社会的なシステムのみならず、一般的なシステム論の言明として理解している。曰く、「自己準拠的なシステムの理論とは、システムの分化が自己準拠によってのみ成就され得るということ、すなわち、システムが、その要素とその要素的な操作の構成上、自分自身に（同一のシステム要素に対してであれ、同一のシステム操作に対してであれ、同一のシステムの統一に対してであれ）関係づけるということによって成就されることを意味する。システムは、このことを可能にするために、シス

テム自身の記述を生み出し、そして利用する。つまり、システムは、少なくとも、システムと環境の分化をシステム内的に情報の生産の方向づけと原理として使用することができる」(43)と。

キルシュは、かかる原理を、個人的な（心理的な）システムもまた使用することができなければならないと主張する(44)。カルグルによれば、自己準拠的なシステムだけが認知を構成する(45)。自己準拠的な脳を媒介とする認知的システムは、ロートによれば、自己準拠的な操作的に閉じたシステムであるが、自己保全的なシステムではないオウトポイエシス的なシステムの中心的特性を留めているシステムであって、マトゥラナ的なアウトポイエティッシュなシステムではない。なぜなら、ロートは、マトゥラナとは異なって、オウトポイエシス概念を生物学的なシステムに制限し、「自己準拠性」の概念を、生物学的システムと認知的システムにとっての上位概念としたからであり、マトゥラナのように、生命と認知ないしオウトポイエシスと認知の同一視をしないからである。自己保全的なシステムは、必然的に自己準拠的であるが、すべての自己準拠的システムが自己保全的であるわけではないのである(46)。

5 第3に、アウトポイエティッシュなシステムは、カルグルによれば、社会的なシステムをも包括していなければならない。曰く、「社会的なシステムを生体システムのひとつのグループとして理解しなければならない」と(47)。メッツナーによれば、生物学的なシステムは自己準拠的であるが、この自己準拠性は、生物学的なシステムに制限されない普遍的な組織原理である(47a)。ドゥチーヴァスによれば、人間に帰属するすべての現象は、それが生物学的な種類・心理学的な種類・社会学的な種類を問わず、アウトポイエティッシュなシステムとして記述されると言う。意識やコミュニケーションも同様である(48)。マトゥラナは、アウトポイエティッシュなシステムを生体に限定し、それ以外には蜜蜂社会のような社会システムに限定して人間の社会には敷衍しなかったが、このオウトポイエシス概念に修正を加えて社会システムにも及ぼし、社会的なオウトポイエシスの場合にはコミュニケーションが社会シ

ステムの構成要素であるとして議論したのが、ルーマンとトイプナーであるとカルグルは言う[49]。ルーマンは、オウトポイエシスのモデルの展開を、一般的システム論における第3のパラダイム転換に位置づけ、彼のシステム概念を新しい種類の有機体理論を手段としてモデル化することによって、この第3のパラダイム転換に彼の社会科学的な理論形成を結びつけている[50]。マトゥラナとロートがヒエラルキー的なシステム構想から出発し、ルーマンとトイプナーがヒエラルキー的なシステム構想から出発していないとしても、カルグルが言うように、個々の細胞とそこから分節されるメタ細胞も第1秩序のより低度なオウトポイエシス的なシステムとして考えるならば、オウトポイエシス的な統一体から生起する社会が、なぜにより高度な第2秩序のオウトポイエシス的な組織とされないのか理解に苦しむ[51]。

6　人間という有機体は自己準拠的なシステムであり、生体システムによって生み出される社会も自己準拠的なシステムでなければならず[52]、マトゥラナからしてもアウトポイエティッシュなシステムでなければならないはずである。しかも、キルシュによれば、ヴァレラもまた、「インプットモード」と「操作的閉鎖性のモード」の両方を、特定の諸現象の全体把握のために必要であると推定していたとすれば、操作的に閉じたシステムであるアウトポイエティッシュなシステムの「独自の行動」性も、外部からくる「摂動」によって影響されることをまで排斥するわけではなく、マトゥラナの当初の理論であれロートの修正による理論であれ、自己準拠的なシステムは、さまざまな「情報の生産の原理」を使用する状況にあるということを意味するから、認知システムは、情報に関しても環境と構造的に連結されていなければならず、その限りでは、認知システムは、資料とエネルギーに関してのみならず、情報に関しても環境に対して「開放的な」相対的に自律したシステムでなければならない[53]。

第4節　認知的な故意・過失

1　カルグルの情動論理的な関係システムの構想からすると、知（識）と意（欲）の同等性と不可分性が強調される。知識が、認知的な価値のヒエラルキーの中で組織されているように、感情は、より高度な関係システムがより低度な関係システムに優位する情動ヒエラルキーを発展させるから、意思は、その都度の状況において所与たるより高度な「情動－認知的な関係システム」の関節に他ならない。そして意思は、システム状態の合法則性の外部に実在するところのものではなく、むしろ、この状態であり、決定は、したがって、この情動論理的な状態から決定されている(54)。したがって、自由意思論者のように、知識に対して意思を優先させたりしてもいけないし、逆に意思に対して知識を優先させてもいけない。知識は、主体依存的であり、決して客観的な構成要件の反映ではなく、常に情緒的に色づけられているから、犯罪構成要件のメルクマールの認識は、意識という意的な側面に係わりをもたない中立的な心理的経過ではない。心理的なものの思考と感情の統合されたシステムにおいては、「知識なければ意欲はなく、意欲なければ知識もない」ので、両方の要素は、共通にそしてパラレルに発展してきたし、補完し合っているし、分離不可能なのである(55)。

2　カルグルは、ピアジェが意思を「調整の情動的な調整」として把握したことを以て、意思を「より高度な段階に濃縮された感情」として特徴づけることができるし、認知的なヒエラルキーに対して情動ヒエラルキーのパラレルな存在を追認できるし、感情と思考とが連帯して生起するような関係システムの統一的な・結合された情動的－認知的なヒエラルキーの存在を追認することができると言う(56)。そして、クラナッハによれば、意識下の調整ですら、認知を否定することによってコード化することはできない。彼によれば、決意は、行為の遂行もしくは不作為のためのインパルスについての言明であるが、態度の意識下の調整は、意識されていなくても、行為を戦略的

な操作的な平面で操縦して態度に関係する調整プロセスについての言明であるから、意識下の調整は、さまざまな行為面の本来的な同調に奉仕する認知的な種類の調整プロセスなのである[57]。

  3　カルグルによれば、知識と意欲がひとつの統一体を形成していることを実際に示している典型的な事例は、「直接的故意」の事例であり[58]、「知識的な行動は、常に故意的である」と言われる所以である。直接的な故意による行動は、行為者が、彼の行動が法律上の犯罪構成要件の実現に至るということを知っているかもしくは確実なものとして予見している場合であるが、その場合に、2つの事例形態が区別されると言う。すなわち、直接的故意が、①犯罪結果の実現が行為者の観点では固有の行為目標の達成のために必要な前提条件であると思われるようなすべての構成要件該当の結果に延びている場合と、②行為者が付随結果の発生を行為目標の実現の場合にとって不可避だとみなすような場合である。そして、前者については問題ないが、後者については若干のコメントをしなければならない[59]。

  このためにカルグルは、ビンディングによって描写されたトーマスの事例をあげる。それは、《保険金入手の目的で、船を沈没させるために海洋船に時限爆弾を取り付けるのであるが、その際に、乗務員の全員が生き残れないということが行為者には明白であった》という趣旨の事例である。この点で、ドイツのライヒ裁判所は、「ある結果に関係して故意的に行為する者とは、その者の行為の目的が当該の結果であるかそれとも別の結果であるか、ということに係わりなく、彼の行為が結果を必然的に惹起するということの意識をもっている者である。なぜなら、必然的であるとみなされた行為の結果は、意思の中にこの結果がなくても、行為者から意思の中に受け入れられるからである」と宣告している[60]。この事例に関してカルグルは、こう言っている。「行為者は、―例えば船舶乗組員の強制もしくは殺害のような―構成要件該当の結果を不可避だとして全体事象の中に算入するならば、彼は、知識的にそして例外なく故意的に行為しているのである。このことは、……行為者の内心的な心情はそもそも問題ではないということに他ならない。行為の付随

結果は、行為者にとって事情によっては極めて不都合であるかもしれないし、感情的には付随結果を『是認』していないかもしれないし、まったく『願望』していないかもしれず、このことは、行為者が不可避な付随結果を認識して、それでもなお行為目標のために決定した、ということに他ならない。その結果、固有の目標のための決定は、この目標の実現段階にも延びている。したがって、行為者は、彼の態度の認識された結論を、それが彼には『望ましくない』とか、あるいは、彼にはこの結論が重要ではない、ということを理由に、行為目標のための彼の決定からは除外できない。……それ故に、行為目標の必然的な前提条件もしくは結果と思われるすべての諸事情をめぐる知識は、決定の本質的な構成要素である。知識なければ意欲はない。無規定で、無内容で、空虚な意欲というものは存在しないのだ」と[61]。

4 カルグルによれば、行為意識の中には、可能な法益侵害の予見可能性も含まれる。なぜなら、行為者が結果は発生するかもしれないということを期待するにすぎない場合には、行為者は結果を予見することができないから、したがって、予見可能性は、事象を操縦することができるという行為者の意識をいの一番に前提とするからである[62]。そこで、《落雷によって打ち殺されるべく森の中へ行かせられる金持ちの伯父さんの事例で、行為者は、事象の経過に何らの影響をもっていない場合》を考えると、この場合には、行為者に「惹起意思」が欠けているとカルグルは言う。つまり、所為決定のために必要な認知的な前提条件が欠けているから、行為者は、当該所為のための決意を少しも把握することができず、未遂を理由にしても処罰され得ない。換言すれば、行為者が実現できない何かを意欲する事例では、期待とか願望について語ることはできても、故意もしくは意図について語ることはできないのである。行為意識は、行為者が支配することができる行為経過もしくは行為結果についての知識を必要とするから、Können についての知識のない意欲は、意欲というインパルスのない知識と同様に、まるで意義がない[63]。

そこで問題になるのが、認識ある過失である。例えば、《軽率にも敢えてフルスピードで追越しをかけて他人の生命を危険にさらした自動車運転手》

の事例を考えてみるに、この運転手は、事故の現実的な可能性を知っているから、もし故意の場合は所為の意識だけが問題ならば、行為者は、事故になろうとなるまいと、少なくとも故意殺人の未遂で処罰されねばならないことになるが、しかし、行為者は結果を意欲していないので（なぜなら、すべてはうまくいくし、他人の障害をうまく避けられると信じていれば）、かかる結論は不当に感じられる。だとすれば、未必の故意と認識ある過失の間の重要な違いは、知識のモメントにあるのではなくて、意欲の面にあることになる。なぜなら、未必の故意の場合には、行為者は結果を甘受しているし、構成要件実現の危険を受け入れているのに対して、認識ある過失の場合には、行為者は結果の不発生を信じているからである[64]。

5 しかし、カルグルは、そのような理解の仕方に疑問を投げかける。曰く、「以上のような構成には、知識と意欲、知性と情動、認知と情緒とが人間の心理的なものの中では全く……ばらばらに崩壊していて……葛藤している、という考えが基礎になっている。加えて、……常に意的な要素が認知的な要素に対して優勢的である、ということが想定される。……しかし、決定の活動は、認知的な状況から遊離して考察されることが許されるような活動では決してない」のだと[65]。つまり、認識ある過失の場合には、行為者は、一方では行為意識をもっていて、構成要件の実現を本気で可能だとみなし、他方では、行為者は、危険の回避をなし得ると信じている、というように理解するならば、それは、行為者の弁を借りれば、「私は、それ以上行為すれば行為結果が発生し得るということを確かに知っているけれども、しかし私は、何も起こらないことを信じている」ということであって、かかることは、「情動論理」の観点からは、あり得ない「知識」と「意欲」の分離であるとカルグルは言うのである[66]。

そこで先程の自動車運転手の事例を故意犯にしないために、人は、知識面に過度な要求をするか、意的なモメントに注意を向けるしかないのであるが、前者は、蓋然性説をも認めることになり、故意との限界づけに役立たないし、後者は、学説と判例のとる支配的な見解であるが、知識と意欲の同時的な不

一致を公準としなければならなくなり、カルグルからはとうてい容認できない(67)。したがって、もしこのような矛盾した定式化を受容するならば、「行為者がひとつの結果を意識的に計算に入れ、そして同時にそれを意欲しない」ということがどのようにしてあり得るかということを心理学的に説明しなければならない。しかし、果たして、「ひとつのそして同じ行為の中に構成要件実現に賛成の決定と反対の決定が垣間見られ得るだろうか」とカルグルは疑問を呈し、このことは、確かに実際には思考可能ではあるけれども、病理学的な条件の下においてのみ可能であるので、もし、非病理学的な前提条件から出発するならば、唯一可能なことは、行為者が、法益侵害の可能性を最初に意識していても、決定する行為瞬間において結果発生の具体的な可能性をまさに意識していないという行為事象の解釈である、とカルグルは言う(68)。つまり、シュミットホイザーが言うように、知識と意欲の「分裂」という矛盾の想定すなわち「結果が発生するということを具体的に可能であるとみなし、けれども同時に、結果が発生しないことを信じる」という想定は、人間の心的な事象を越えた法律上の理論にのみ可能であって、人間の非病理学的な心理の中には何らの根拠を見いだせないからである(69)。

　ところが、カルグルによれば、情動論理の観点では、病的な心理的状態があると言う。曰く、「その状態は、重大な情動的-認知的な関係システムの認知的攪乱、基本的な不明確性、矛盾性、不安定性をこうむっている何らかの『精神分裂症患者』の内心的構造に似ている」と(70)。かくして、カルグルからすれば、認識ある過失という法律上の構成において前提とされる心理的状態が、精神病理学的な病状を暗示することが明らかになる。なぜなら、「知識」（結果を可能だとみなすこと）と「意欲」（結果を同意したり甘受したりしないこと）の分離は、認知的な構成要素と情動的な構成要素への心理的な解体に相応するからであり、この思考と感情との相互から漂流することは、精神病的な状態に特徴的だからである。しかし、かかる行為者は、通常は帰責無能力者である。したがって、認識ある過失者を帰責能力者の領域に入れるならば、精神分裂病者をも帰責能力者とみなさなければならなくなるから、認識

ある過失者を帰責能力ある主体として考えることはできなくなる[71]。

6 かくして、情動論理からすると、主観的に帰責される主体は、故意の行為者か、(認識のない)過失の行為者かのいずれかであって、「故意性が付与されるのは、行為者が行為の時点で構成要件の実現を認識している(直接的故意)か、もしくは、少なくとも具体的に可能だとみなしている(未必の故意)場合」であり、「過失が付与されるのは、行為者が、命じられた注意の侵害によって構成要件の実現の具体的な可能性を認識しない(認識なき過失)場合」である[72]。情動論理の構想によれば、知的要素において意欲は不可分に含まれているので、故意を「構成要件の実現の知識と意欲」として特徴づけることは間違っているし、両方の要素は、完全に補完的・類似的であって、完全に一致しているものとして把握されるから、行為者が過失的に行為するのは、行為意識と行為意思が欠如するときである。それ故に、故意的に行動するということは、情動論理的に行動する場合のことであり、過失的に行動するということは、命令された注意を考察すれば情動論理的に行動することができたであろう場合である[73]。

ひとつのそして同一の行為を、構成要件実現に賛成する決定でもあり反対する決定でもある、とみなすことは、仮に人があらゆる感情から知識を切り離すとしても、まるで意味がないから、認識ある過失は、正常心理学的な前提の下では存在し得ないところの病理学的な現象である。したがって、認識ある過失のように、行為意識が肯定され行為意思が否定されるならば、情動的－認知的な関係システムの統一がかき消され、帰責能力の限界が逸脱されてしまうから、かかる解釈は容認できないので、情動論理の土壌では、事象の解釈だけが容認できる。つまり、決定する行為の瞬間に結果発生の可能性を認識しているか否かが問題であって、認識している者は、法益侵害のために決定しているのであって、この認識が欠如する者は、いかなる場合にも法益に反して決定しているわけではなく、せいぜいのところ、過失的に行為しているにすぎない。知っていて行動することは、決定そのものだからである[74]。

第5節　おわりに

　1　故意の概念内容を確定する作業としては、2つの方向からのアプローチが考えられる。ひとつは、認知主体側からのアプローチで、どのような認知が必要かという確定であり、もう一方は、認知される対象側からのアプローチで、どのような事実が認知されるべきかということの確定である。従来は、前者の作業に重点がおかれ、認識説・表象説と意思説・希望説・意欲説の両者が対立し、それぞれの欠点を回避するために、認識説は蓋然性説に発展し、意思説は認容説に発展したが、蓋然性説は周知のごとく蓋然性の基準の不明確さとそれに基づく故意と過失の区別の困難性をきたし、認容説は、意欲がなければ故意が否定されてしまうという矛盾をきたし、今日わが国では、とりあえず認識・認容説が通説とされている。別途に認識説から派生した動機説が主張されてもいるが、結果発生の予見があれば反対動機を形成するのが通常であるから、その反対動機の非形成を故意とみなす動機説は、本来の故意内容たる意思形成以前を問題にする点で早すぎるという批判を浴びている。この点で、むしろ後者の認知対象たる事実の確定作業を検討しようとする川島の研究によれば、従来の故意・過失の対象たる犯罪事実を具体的犯罪事実とし、それ以外に、客観的には従来の故意の構成要件に対応する具体性はなく、せいぜい過失犯の対象としかなり得ない犯罪事実で、更には主観的には従来の過失概念にも該当しない犯罪事実を提起し、これを抽象的犯罪事実と名づけて、具体的故意犯と具体的過失犯、抽象的故意犯と抽象的過失犯というカテゴリーを提唱している[75]。認知対象のカテゴリー分析は、例えば、犯罪事実は単なる事実ではなくて、法益侵害の可能性ないしは危険性のある事実である、といった主張なども、その一環であろう。

　しかし、所詮「故意」というのは、認知する主体の側の心理的な問題であるから、まずもってその認知内容を確定する作業が必要である。ただ、従来の認知主義に基づく検討でよいかどうかが問題であって、カルグルのような

情動論理的な認知科学からすると、わが国の認識・認容説は、挫折することになる。すでに紹介したように、カルグルの情動＝認知の関係システム論からすると、表象と感情、認識と情緒、認知と情動、知識と意欲は、それぞれ一体不可分のものであって、切り離すことはできない。ところが、認識・認容説は、情緒的な要件として「意欲」ほどの強いものではなくて弱いものであるが、「認容」という情緒的な要件を認め、この情緒的要件が有るか無いかによって、未必の故意と認識ある過失を区別している。しかし、意的な行為特性は、カルグルによれば、動物の態度にも見られるから、人間の態度の決定的な基準ではあり得ない。決定的な基準は、むしろ、不法構成要件の部分である認知的な領域にあり、それが結果責任や偶然や非行為を限界づけている(76)。しかも、カルグルからは、通常この認知は、情動なくしてはあり得ない。情動なき認知はないし、認知なき情動もあり得ない。したがって、認識・認容説のように、認知的要件としての「認識」と情動的要件としての「認容」を切り離して、別々の２つの要件として、「認容」の有無によって故意と過失を区別することは、カルグルの情動＝認知関係システム論からすれば間違っていることになる。

2 そこで考えなければならないことは、「同一の行為」について「同時点」で、構成要件的結果の発生を認識しながら敢えて行為決意をしても、一方ではその結果の発生を容認しないという心理的な決定をすることがわれわれにあり得るかどうかである。通常、結果の発生を容認しないという意思決定の背景には、結果発生を「意欲していない」・「望んでいない」とか、「事はうまくいく」・「結果発生を回避できる」ことを「信じている」というような心理的状態がある。しかし、結果の発生の確実性や可能性を意識していて、それでもなお「欲しない」とか「望まない」などということは、カルグルの言うように、やはり精神的におかしい内心状態ではなかろうか。更に、結果発生の回避の可能性とそれを信じることは、結局は、結果発生を否定していることだから、結果発生を具体的には認識していないことではなかろうか。したがって、「結果発生を認識」しながら「結果不発生を信じること＝結果

発生を具体的に認識しないこと」は、矛盾であってあり得ないから、もしあり得るとすれば、その行為者の精神状態は、カルグルの言うように、やはり狂っているとしか言いようがない。そうなると、かかる行為者の情動＝認知システムは破壊しているから、人格的な情報処理システムが正常に機能できなくなっていることを意味するので、かかる行為者の自己制御能力＝刑法上の責任能力はないと言わなければならない。したがって、帰責することができるのは、情動的認知がある場合（故意）か情動的認知がない場合（認識なき過失）の2つの場合に限られることとなる。認識・認容説でいえば、認識・認容がある場合（故意）か認識・認容がない場合（認識なき過失）の2種類だけということとなる。つまり、認識＝認容の有無の2種類だけである。この点、平野も、認容説を批判して、「結果の発生を認識しながら、『あえてでなく』行為に出るということはありえない」のであって、「結果の発生を認識しながら行為に出たときは常に故意がある」のだと言い、「認識のある過失も、結局は結果の不認識にその本質があることになる。したがって認識のない過失と全く性質の違ったものとしての認識のある過失というものは、存在しない。それはただ、一応、結果の発生が可能だと考えたが、結局は否定したという場合にすぎないのである」として、「情緒的な要素を排除すべき」ことを主張している(77)。もっとも、認識＝認容のない場合の当罰性と可罰性という責任主義上の問題は、ここでは触れないこととする。

　3　確かに、保険金を不正に得るだけのために艦船に時限爆弾を設置した者に、その場合には全乗組員の生命も失われる可能性もしくは必然性が明白であったにもかかわらず、その生命剥奪を「望まずに」敢えて行為に出る決定をするなどということは、精神異常者でなければあり得ないのであって、通常人ならば、結果発生の可能性・必然性があってその発生を望まなければ、行為に出るという態度決定をしないはずである。仮に、結果発生の可能性・必然性を信じないならば、それはもう結果発生を認識していないに等しい。このことは、法益侵害の可能性のない事実までは認識する必要がない、などといって、認知対象の分析によって「故意」概念の内容を限界づける作業と

表裏一体の関係にある。結果発生の可能性・必然性を信じない、という認知主体側の事情は、結果発生の可能性・必然性のない事実という認知対象側の事情と構造的には不分離な事情だからである。なぜなら、構造主義的認知科学からすれば、アウトポイエティッシュな認知システムは、環境と構造的に不可分に連結しているのであって、環境はいわば認知の代現であり、生きたシステムは、環境情報を蓄積して認知システムの中にコード化しているからである。われわれ人間は、われわれ自身を認知すると同時に環境を認知する。したがって、認知の内容は、まさに認知そのものなのである。それ故に、「故意」の認知そのものの内容は、認知対象である外部的環境事象＝構成要件的事実＝法益侵害の可能性・必然性のある事実そのものなのである。つまり、構造主義的認知科学による限り、認知論を切り離して、認知対象である犯罪事実の分析というアプローチによって「故意」概念を確定する作業は、不充分だということになる。有機体は、認知システムを通して環境を代現しているから、法益を侵害する構成要件的結果の発生の可能性・必然性ということも、認知の問題であって、その認知が経験によって（決定されるのではなくて）調整されているか否かによって、いわゆる可能性・必然性の客観性如何の問題に結びつくだけである。

4 以上のような考え方は、認識ある過失の帰責性を全く排除するのだろうか。「認識ある」ということは、「情動ある」すなわち「認容ある」ということであるから、行為決定の時点で「認識がない」ということは「認容もない」ということであって、そうであればやはり帰責性はない。しかし、「同一の」行為についてでも、「同時点」でなければ、いわゆる認識ある過失のような事例はあり得る。同一行為について、結果発生の可能性・必然性を認識していたが行為に移る瞬間に認容しなかった、という場合はある。しかしカルグルは、かかる場合を認識ある過失であるとして可罰的にするかどうかは、行為事象の解釈の問題であると言う[78]。この解釈は、川島の認知対象の分析に言うところの、抽象的犯罪事実の認識があって、具体的犯罪事実の認容がない場合とパラレルであろうか。いずれにせよ、事象解釈上の問題で

あって、認知科学的には、行為の瞬間に具体的な結果発生の認容がない限り、やはり認識なき過失にすぎない。この点、シュミットホイザーも「行為者が以前に考えたことは全く重要ではなくて……『最終段階』だけが肝要である」と言明している(79)。このように、構造主義的な認知科学から「故意」「過失」を考えていくならば、従来の議論を大きく軌道修正することになるので、故意・過失概念についての論争に新しい息吹と契機を導入したく、カルグルの見解を検討する本稿の役目は果たしたつもりである。

【注】
(1) 下村康正『共謀共同正犯と共犯理論』学陽書房 1975 年参照。
(2) 拙著『刑法学方法論の研究』八千代出版 1991 年、319 頁以下。
(3) ごく最近のものだけであるが、立石雅彦「故意と過失の区別」(中義勝先生古稀祝賀『刑法理論の探究』成文堂 1992 年、163 頁以下所収)。米田楽邦「違法性の錯誤と刑事責任」(中古稀祝賀、211 頁以下所収)。町野朔「意味の認識について（上）（下）」(警察研究 61 巻 11-12 号)。高橋佳奈子「故意の構造(1)(2)」(法学協会雑誌 110 巻 12 号、111 巻 4 号) など参照。わずかに、川島健治「主観的犯罪形態としての〈故意犯〉・〈過失犯〉に関する研究(1)(2)」(青山社会科学紀要 20 巻 2 号、21 巻 1 号) が、新しい故意概念と過失概念を模索しているので、注目に値する。なお、認知的-情動的な故意概念の研究は、都築廣巳の詳細な研究論文「刑法における予防と刑罰の機能—機能的システム理論の視座—」(東京電気大学理工学部紀要 15 巻) に一部言及されている。
(4) Walter Kargl, Handlung und Ordnung im Strafrecht. Grundlagen einer kognitiven Handlungs- und Straftheorie, Berlin 1991, S. 251.
(5) Jean Piaget, Intelligence and affectivity. Their relationship during child development, in: Brown/Kaegi (Hg.), Annual Reviews Monograph, Palo Alto 1981, p. 65.
(6) Luc Ciompi, Außenwelt-Innenwelt. Die Entstehung von Zeit, Raum und psychischen Strukturen, Göttingen 1988, S. 196.
(7) W. Kargl, Der strafrechtliche Vorsatz auf der Basis der kognitiven Handlungstheorie, Frankfurt am Main/Berlin/Bern/New York/Paris/Wien 1993, S. 77.
(8) W. Kargl, a. a. O. S. 77; Humberto R. Maturana, Biologie der Kognition, in: Erkennen. Die Organisation und Verkörperung von Wirklichkeit. Ausgewählte Arbeiten zur biologischen Epistemologie, Braunschweig 1982

(1Aufl.), 1985 (2Aufl.). この論文については、翻訳が、河本英夫訳『オートポイエーシス—生命システムとはなにか—』国文社 1991 年に所収。
(9) Werner Kirsch, Kommunikatives Handeln, Autopoiese, Rationalität. Sondierungen zu einer evolutionären Führungslehre, München 1992, bes. S. 185ff.
(10) 注 (4) (7) に掲載のもの。
(11) 駒澤大学法学論集 50 号「法学部創立 30 周年記念号」所収。
(12) W. Kargl, Der strafrechtliche Vorsatz, S. 91, 96.
(13) W. Kargl, a. a. O. S. 90.
(14) W. Kargl, Handlung und Ordnung, S. 234.
(15) W. Kargl, Der strafrechtliche Vorsatz, S. 79.
(16) W. Kargl, a. a. O. S. 89, 98.
(17) 神宮英夫『スキルの認知心理学—行動のプログラムを考える—』川島書店 1993 年、83 頁。
(18) W. Kargl, a. a. O. S. 97.
(19) W. Kargl, a. a. O. S. 97.
(20) W. Kargl, a. a. O. S. 61.
(21) 伊藤・梅本・山鳥・小野・往往・池田『岩波講座認知科学 6・情動』1994 年、6 頁、25 頁。なお、情動と感情の相違・区別について、8 頁以下、36 頁以下参照。
(22) W. Kargl, a. a. O. S. 61, 63f.
(23) W. Kargl, a. a. O. S. 64.
(24) W. Kargl, a. a. O. S. 75.
(25) Mario. v. Cranach/U. Kalbermatten/Katrin Indermühle/B. Gugler, Zielgerichtetes Handeln, Bern/Stuttgart/Wien 1980, S. 219.
(26) Andreas Metzner, Probleme sozio-ökologischer Systemtheorie. Natur und Gesellschaft in der Soziologie Luhmanns, Opladen 1993, S. 96.
(26a) Werner Kirsch, Kommunikatives Handeln, Autopoiese, Rationalität. Sondierungen zu einer evolutionären Führungslehre, München 1992, S. 198, 199.
(27) A. Metzner, a. a. O. S. 94, 44; H. R. Maturana, Erkennen, 1985, S. 72, 142.
(28) H. R. Maturana, a. a. O. S. 36.
(29) H. R. Maturana, a. a. O. S. 245; W. Kargl, Handlung und Ordnung, S. 224 によれば、オウトポイエシス的システムは、他のオウトポイエシス的システムの部分でもあり得ないし、構成要素としてのオウトポイエシス的システムから生起することもできない。それ自身オウトポイエシス的であるシステムは、そのオウトポイエシスを失うことがなければ、純正なオウトポイエシス的なシス

テムの部分にはなり得ない。
(30) H. R. Maturana, a. a. O. S. 140.
(31) A. Metzner, a. a. O. S. 44.
(32) H. R. Maturana, a. a. O. S. 72.
(33) Vgl. H. R. Maturana, a. a. O. S. 159.
(34) Ralf Dziewas, Der Mensch-ein Konglomerat autopoietischer Systeme?, in: Werner Krawietz/Michael Welker (Hg.), Kritik der Theorie sozialer Systeme. Auseinandersetzung mit Lumanns Hauptwerk, Frankfurt am Main 1992, S. 117.
(35) R. Dziewas, a. a. O. S. 118.
(36) W. Kirsch, a. a. O. S. 199.
(37) A. Metzner, a. a. O. S. 45.; W. Kirsch, a. a. O. S. 200.
(38) Vgl. A. Metzner, a. a. O. S. 96.; Vgl. W. Kirsch, a. a. O. S. 199, 201.
(39) Vgl. W. Kargl, a. a. O. S. 228.
(40) A. Metzner, a. a. O. S. 96.
(41) A. Metzner, a. a. O. S. 96, 97 Anm. 236.; Vgl. W. Kargl, a. a. O. S. 225.
(42) Gerhard Roth, Selbstorganisation und Selbstreferentialität als Prinzipien der Organisation von Lebewesen, in: Dialektik 12, Köln 1986, S. 199f.
(43) Niklas Luhmann, Soziale Systeme. Grundriß einer allgemeinen Theorie, Frankfurt am Main 1984 (1Aufl.), 1988 (3Aufl.), S. 25.
(44) W. Kirsch, a. a. O. S. 228.
(45) W. Kargl, a. a. O. S. 236.
(46) Vgl. W. Kargl, a. a. O. S. 236, 228, 234.; Vgl. W. Kirsch, a. a. O. S. 194, 201, 202.; H. R. Maturana, Biologie der Sprache, in: Erkennen, S. 33. によれば、「認知は、生物学的な現象であって、それ自体としてのみ理解されることができる。認識の領域へのあらゆる認識論的な洞察は、この理解を前提にする」として、認知と生命、認知とオウトポイエシスの同一視を肯定している。これに対する批判として、W. Kargl, a. a. O. S. 202.; W. Kirsch, a. a. O. S. 201f.
(47) W. Kargl, a. a. O. S. 249.; Vgl. W. Kargl, a. a. O. S. 222.
(47a) A. Metzner, a. a. O. S. 96.
(48) R. Dziewas, a. a. O. S. 115.
(49) Vgl. W. Kirsch, a. a. O. S. 190.; Vgl. W. Kargl, a. a. O. S. 222.
(50) Vgl. A. Metzner, a. a. O. S. 94.; N. Luhmann, a. a. O. S. 57 Anm. 58.
(51) Vgl. W. Kirsch, a. a. O. S. 193, 194.; W. Kargl, a. a. O. S. 224.
(52) Vgl. W. Kargl, a. a. O. S. 250.
(53) W. Kirsch, a. a. O. S. 190, 198, 229.
(54) W. Kargl, Handlung und Ordnung, S. 527.

(55) W. Kargl, a. a. O. S. 537, 536.
(56) W. Kargl, Der strafrechtliche Vorsatz, S. 66.
(57) Cranach u. a., a. a. O. S. 235.
(58) W. Kargl, Handlung und Ordnung, S. 538. この点で、「意図的に」(absichtlich) 行為する場合を、直接的故意によって行為する場合と区別するために、意思を知識に優先させる見解が支配的であるが、カルグルによれば、両者とも、行為者は法益侵害を「意欲」しており、「意思」だけでは充分ではないから、行為意識が付加されなければならないと批判する。そして、両者の相違はと言えば、「意図」の場合、行為者は構成要件実現のために直接に決定し、直接的故意の場合には、行為者はそれを越える目標のための遂行段階として間接的に決定する点にある (S, 539)。ちなみに、H-H Jescheck, Lehrbuch des Strafrechts. Allg. Teil 4Aufl. 1988, S. 267. によれば、「意図にとって特徴的なことは、行為者が彼の態度を目標観念にあわせて調整することであり、行為者が目標達成という関心において活動的になることである」として、「目標に向けられた意思」を強調しているが、直接的故意の場合も、行為者は目標に向けられているから、イェシェックの定義は、直接的故意をも包括していることになる。Karl Engisch, Untersuchungen über Vorsatz und Fahrläßigkeit im Strafrecht, (Neudruck), 1964, S. 142-143. によれば、「意図は、意識の中で前以て形成された将来の状態もしくは出来事を志向努力することであり、しかも……表象された将来の結果に向けてのこの志向努力が、この結果に向けられた態度を喚起するという特殊性を伴っている。……意図、(心理学的な意味における) 目的、動機、そして動因は、したがって一緒に帰する」とされているが、結果の表象に対する情緒的な関係も「意図」には特徴的であるとしている。なお、内田文昭「『故意』と『アブズィヒト』(Absicht) について」(荘子邦雄先生古稀祝賀『刑事法の思想と理論』第一法規出版 1991 年所収) は、「意図」を直接的故意としての意図とすべての故意の前提としての「目的」・「動機」としての意図に区別している。なお、内田は、意図は「結果を強く求める排他的故意」であって「確定的故意」ではないとしているが (荘子古稀祝賀 118 頁、および内田「故意と意図と目的」『刑法基本講座・第 2 巻』法学書院 1994 年、166 頁)、平野龍一『刑法・総論Ⅰ』有斐閣 1972 年、187 頁以下は、意図を確定的故意の一種としている。
(59) W. Kargl, a. a. O. S. 537.
(60) RGst. Bd. 5, S. 315.; Vgl. BGHst. Bd. 7, S. 363.
(61) W. Kargl, a. a. O. S. 538.
(62) W. Kargl, a. a. O. S. 539.
(63) W. Kargl, a. a. O. S. 539, 540.
(64) W. Kargl, a. a. O. S. 536.

(65) W. Kargl, a. a. O. S. 536.
(66) W. Kargl, a. a. O. S. 540.
(67) W. Kargl, a. a. O. S. 540.
(68) W. Kargl, a. a. O. S. 541.
(69) Eberhard Schmidhäuser, Strafrecht, Allg. Teil, Studienbuch, 2Aufl. 1984, S. 228.
(70) W. Kargl, a. a. O. S. 542.
(71) W. Kargl, a. a. O. S. 544.
(72) W. Kargl, a. a. O. S. 544, 545.
(73) W. Kargl, a. a. O. S. 545.
(74) W. Kargl, a. a. O. S. 545. und ders, Der strafrechtliche Vorsatz, S. 67, 68. この点で認知論は、ソクラテスとアリストテレスに完全に一致するとカルグルは言う。
(75) 川島・前掲論文。特に(1)の12頁以下参照。
(76) W. Kargl, Handlung und Ordnung, S. 535.
(77) 平野・前掲書、186頁、189頁。ただし、平野は、カルグルが意思的要素と情緒的要素を同一視して知識的要素に対置しているのに反して、「認容とは、そもそも意思的な要素なのか、それとも情緒的な要素なのか」と問題提起をして、「認容といわれるものは、実は、『情緒的な附随物』であって、意思的なものではない」として、意思と情緒を異なったカテゴリーの内心的なものと捉えている（182頁、185頁）。
(78) W. Kargl, a. a. O. S. 541.
(79) Eberhard Schmidhäuser, Strafrecht, Allg. Teil, Lehrbuch, 2Aufl. 1975, S. 346.

第5章

刑法（学）のための行為概念
―システム理論的構想の素描―

第1節　はじめに

1　わが刑法学界において、福田博士は目的的行為論の主唱者として、大塚博士は人格的行為論の唱導者として、多大な学問的業績を供せられ、指導的役割を果たされてきたことは周知の事実である[1]。本稿では、両博士の行為論を依りどころに、微力ながら個人を含むシステムの行為の特性を分析することによって、システム論的な行為論を素描し、それを通して従来の行為論の長短と是非を視野に入れてみたいと思う[2]。

昨今、行為概念の機能と意義を根底的に疑問視する見解がないわけではない[3]。しかし、あくまで「犯罪は行為」であり、行為でないものは犯罪たり得ないのであるから、行為でないものを処罰の対象にするような価値論的な立法者の恣意を許さないためにも、行為の意義と機能を問う必要性はある。見解の相違はあるにしても、両博士とも犯罪概念の基底としての行為概念の意義を認めている[4]。

そもそも「人間は行為する存在」である[5]。こうした人類学的な性格づけから哲学的な基本問題も考察されるし、社会学も法的な規範学も、かかる概念要素としての行為概念なくしては語れない[6]。人間は、行為する者としてのみ計画し創造する存在なのである[7]。かかる行為が犯罪となるかならないかするのであるから、行為が存在しなければ刑法はそもそも関係し得ないこととなる[8]。

2　本稿では、まず第2に議論の前提として行為（Handlung）概念にまつ

わる諸概念の用い方を決めて、次に、いわゆる行為概念の3機能[9]（基本要素としての機能－分類機能、結合要素としての機能－定義機能、限界要素としての機能－限界づけ機能）の必要性を説きたい。そして個人とグループと集団と組織がいずれもシステムであることを分析する。

第2に、システム行為を特徴づける要素として、因果性、志向性（目的性を含む）、社会性、人格性、認識性（Kognitivität）のすべてを容認したい。かくして、行為の主観面と客観面のほか社会性も含めて余すところなく包括されるからである。そもそも、「人間の行為の複合性」を一義的・完結的に概念定義しようとすることが無理なのである[10]。

人間を含めてシステムの行為は、何らかの法則や規範との係わりで把握されるから、法則や規範の因果的要因性を認めざるを得ず、前所与たる因果関係を前提にしなければ行為の目的論的把握はできない[11]。この点、目的主義者の発想は正しかったが、主観性を強調する余り、客観的な情報に基づく指導と制御の理論が軽視され、それ故に、「態度」（Verhalten）が真に上位概念たり得るか疑問が残る[12]。これに対して、社会的行為論は、行為の社会的意味次元という客観面を顧慮する点で正しいが、逆に、行為の特徴たる「決定」と「行為指導の情報処理プロセス」が軽視されているし、あまりにも刑法規範との係わりを強調するので、自然主義によって克服されたはずの「行為と帰責を混同するヘーゲル学派」の新しい形の復活に通ずるものがある[13]。消極的行為概念はまさにそう思われる[14]。行為が人格の発露であるのはむしろ当然であるが、概念定義が広がりすぎないためにも意思性と認識性を軽視してはなるまい[15]。

こうしたシステム行為の特性を念頭において、第3に、具体的な問題として、不作為の行為性、消極的行為概念、法人の行為能力[16]を検討したい。

最後に、行為概念は、純粋な存在的概念でもなければ規範主義的な概念でもなくて、規範システム関係的な概念であることを説きたい[17]。システムは、自然と社会という外界とのコミュニケーションを通して、つまり、何らかの「ひな型」（Muster）としての法則・ルール・規範に則して自己制御するから

である。システム論は、かかる制御メカニズムによって相互に結合されている行為組織の観念をわれわれにもたらすから、システム論的な考慮は行為の分析にとって有益である。行為システムの要素たる「目標被志向性」は自然科学の問題でもあり、「計画性」は認識的操縦や意識性といった精神科学の問題でもあるから、行為の科学的研究を通じて、自然科学と精神科学が結びつき得るし、「ルール」や「規範」による社会的コントロールの理論が、個人と社会の結びつきや個人と社会の間のフィードバックを可能にするのである[18]。

第2節　考察の前提

第1項　諸概念の使用について

　本稿では、Handlung＝行為、Handeln＝行動、Verhalten＝態度、Tat＝所為、Straftat＝犯行、の概念的区別をする。そのためには、記述的・規範的・合理的・分析的・哲学的な「行為理論」のすべてを駆使する[19]。なぜなら、記述的－心理学的な行為理論だけに頼ると、人間個人の行動については解明できても、集団や法人などのシステムの行為や社会的行動を説明できないし、集団的行動も行動であって単なる態度ではないからである[20]。行為は、志向性や因果性と記述可能性によって特徴づけられ情報によって指導された合理的な決定態度であるから、行為は社会的なプロセスの要素と言えるし、こうして因果主義と目的主義が止揚される[21]。もちろん行動は、意識的でない態度様式も含んでいるので、行動は態度の特別な種類であるが、限界事例では両者の区別が難しい場合もある[22]。

　ただ、一般的には、反応的態度は能動的態度としての志向的態度たる「行為」からは区別されていて、「態度」はそれ自体不均一な概念量の故に上位概念として有機体のあらゆる活動の内概念として用いられる。したがって、態度は主体－客体の認識モデルの中で、行為は主体－主体の解釈モデルの中で記述されることが多い[23]。

第2項　行為概念の重要性

1　上位概念としての行為を必要とすべきか、仮に是として構成要件該当行為で足れりとすべきか前構成要件的な行為であるべきか。確かにアルミン・カウフマン氏が言うように、刑法的判断としては「入口段階としての行為該当性（Handlungsmäßigkeit）」というのは存在しないし、犯罪構造の各段階は先行の段階を前提としていて、行為だけを前提としてはいない(24)。しかも、現行ドイツ刑法典では、1条と12条では「行為」に代わって「所為」で表現されていて、「所為」を行動もしくは不作為によって「犯した」（hat begangen）ことが具体的に問題になるから、行為と不作為の上位概念は「犯すこと」（Begehung）だとも言える(25)。

しかし逆に、①有責者はそもそも「行為」したのか、②そうだとしたら、「行為」は構成要件該当だとみなされ得るのか、③是とすれば正当化事由はあるか、④なければ責任阻却事由はあるか、という判断手続こそ本来的手続きとも言えるから、基本要素としての「行為」は必要であろう(26)。行為概念は、個々の犯罪メルクマールに「基底」としてなり得るような形で「統一体」を打ち立てるべきであるし、すべての思考可能な犯行に共通の基礎として役立つ「基底機能」（Basisfunktion）を有しなければならない。この点では、福田博士も同趣旨である(27)。

2　改正前のドイツ刑法典の「行為」概念も当然に「不作為」を含むものと考えられていたはずだし、「犯行」（Straftat）への関与は、いかなる形においても関与する者の「行為」を前提とするから、この「行為」が積極的所為と不作為を包括する上位概念たることを暗示する(28)。つまり、「犯行」はあらゆる種類の「所為」を含むから、行為概念に把握される事象は、かかる「犯行」となるに要する特性がなければならず、かかるメルクマールの担手でなければならない(29)。わが国の改正刑法草案の1条に規定する「行為」も同様に解される必要があるし、現行刑法典でも、54条の「行為」、197条の3の「行為」は、明らかに前法的な概念であって、19条の「犯罪行為」という概念と対照的である(30)。しかも、ドイツ刑法典にも「行為」や「行動」

という上位概念は、14条、15条、20条、21条に存在する[31]。

3 もちろん、行為概念を用いなくても犯罪の体系構造を論ずることはできる[32]。しかし、それを構成要件該当性から始めるとしても、「構成要件該当」という標識が添付される「行為」とか「態度」とは一体何なのであろうか[33]。刑法上の評価が結びつく共通の「基盤」としての「或るもの」・「行為概念」がなければならない[34]。とりわけ、構成要件、違法性、有責性は、固定的な容量ではない[35]。いずれも、時間的・空間的に歴史性を有する可変的な容量つまり変量である。それ故にこそ、罪刑法定主義に基づく各種犯罪類型の明記が必要となるのである[36]。したがって、結合機能としての行為概念も重要である。犯罪構造の諸要素がその被結合性と再帰性を自らの内に担っていることを理由に、結合要素の必要性を否定することは[37]、余りにも論拠薄弱である。

しかも、刑法的評価にとって考察されるべきでない事象のすべてを行為から排除する機能を行為概念が有していなければならないから、大塚博士が主張されるように[38]、限界要素としての行為概念の機能が重視されねばならず、刑法が愚かな為政者の利用道具にならないためにも結合要素としての機能が必要である。

第3項　個人とシステム

1 行為理論的立場からは、システムが「主－体」としてその根底におかれるが、かかる観点からすれば、個人的主体もしくは生きた有機体もシステムの特殊事例にすぎない[39]。今日、ほとんどすべての学問分野で、システム概念ほど多くの使用を見いだす概念はないと言われている[40]。社会的システムの理論的・方法論的探索は、小グループから組織や社会に至るまで広まっている[41]。そして、サイバネティクス的な成長モデルによれば、個人もグループも情報処理システムであって、環境や過去・現在から情報を獲得し、蓄積し、処理して、自己訂正と自己操縦への能力を発展能力と共に高めるのである[42]。したがって、今日の法の主体は、むしろ2次的なモデルによっ

て生起する「グループ主体」ないしは「組織主体」であるといっても過言ではなく、グループと人との間の本質的相違は断言され得ない。多人数が協働する社会的グループも同じである[43]。

2 かくして、個人が意識的ならば、グループも自己意識的である。システムは、自分自身に気づいていて、自らを観察し行為するのであって、自らを形成し、目覚め、成熟するのである[44]。もちろん、個人的目標とグループ目標は異なる。チェスをしている2人1組のグループ目標は「相手とすばらしいゲームを展開すること」にあるが、個人目標は「勝つこと」にある。システムの目標は、単なる個人的目標の総和ではなくて、全体としての統一体の望ましい状態にある[45]。逆に、グループは個人の願望の充足を容易にしてくれるから、窃盗集団や強盗集団が組織されるのである。かかる犯罪的態度の類型は、個人現象でもあるしグループ現象でもある[46]。

グループは、ひとつの組織であり、生物学的有機体であって、特に形式的な人間の組織は、生きた開放的システムである[47]。人的グループの組織は、さまざまな構成員の志向努力が同調されているシステムであって、システムの一般的特徴づけは、当然に組織の特徴づけでもあり、この人間の組織もまた個々人では不可能なことを可能にしてくれる[48]。

こうして、個人と同じように考え、感じ、意欲し得る「集団主体」について語ることが正当化される。今日、われわれを取りまく現実は、個人的に認識し得る主体のみならず、集団的に認識し得る主体としても、われわれに客体の形で対置している[49]。だから、「集団の処罰」が問題になるのは必然であって、個人の処罰という個人主義的な思考形式は拡張されねばならない[50]。つまり、「行為」とか「態度」の概念を、単に「物－心的な」行為の担手たるひとりの人間のみに関係づけるのではなくて、集団や任意のシステムの態度が語られねばならない。つまり、「行為主体に関しては、何ら制限的固定化がなされない」のであって、「主体は、行為に相応する情報処理プロセスを実現し得るあらゆるシステムである」。かかる構想が、個々人の「行為」のみならず、集団的「行為」についても語ることを可能にし、どんなシステ

ムにも目的論的システムが相応するから、システムの行為は、情報に依存する目標志向的な態度である。法学や社会科学で用いられる行為理論は、かかる構想をしない限り、集団人や機関や代表者の行為の本質を解明できないであろう(51)。

3 もっとも、人間のような生命体は、自分で自分を産み出し自己保存し、そのための情報も自己の内に見いだすような循環性・円還性（Zirkularität・Kreisformigkeit）を特色とするアウトポイエティッシュな（autopoietisch）有機体であるから、環境から閉ざされた自律的で（autonomie）「自己準拠的」(Selbstreferentiell)な存在であって、アロポイエティッシュ(allpoietisch)な「他者準拠的」(fremdreferentiell)な社会的システムとは異なるという考え方もあった(52)。しかし、新陳代謝によるシステムのダイナミック性の維持にみられるように、生命体の相互作用も、資料とエネルギーと情報に関しては環境に対して開かれているし、逆に社会的システムも、アウトポイエティッシュなシステムからなる集合体であって、自己再生産の能力を有している(53)。マトゥラナ氏自身、初期の見解を修正して、生命体を自律的なシステムにするメカニズムが「システムとみなし得るあらゆる形象に共通している」ことを認めている(54)。人間も社会的なシステムも「自己準拠的なシステム」であって、従来の「主体」の概念は、変更せざるを得ない(55)。この点で、マトゥラナ氏のオウトポイエシス理論を自己のシステム論へ応用したルーマン氏が、人間を社会システムの構成部とみなさずに環境に帰属せしめるのは誤っている。人間は、生物学的システムと意識から構成されるのみならず、社会システムからも前提とされていて、人間が社会システムを可能にするのであるが、だからといって、社会システムの自律性が奪われるわけではない(56)。

第3節　システム行為の特性

第1項　因　果　性

1　行為概念の本質的中核を形成するのは情報操作の構造論でなければな

らないが、さすれば、行為の要素たる「目的論的思考」も情報処理として考えられ、この情報処理は、目標設定と並行して、状況についての、あるいは他の目標に向かう手段の発見と手段の相対的評価と共に、因果関係や因果法則についての事実情報を含んでいなければならない[57]。人間のような「心理的－物理的」有機体のみならず、あらゆるシステムの目的論的な行為を考える上では、かかる「因果性の前置された認識に根差した」情報処理プロセスを認めねばならないから、因果認識は、実践と実践の成果に奉仕し、実践の道具であって、行為を方向づける知識を作り出す[58]。したがって、規範以外のこうした因果性というメルクマールで形成された行為概念の意義は認めざるを得ない[59]。

2　しかし、因果関係は、行為主体に対して媒介的機能をもつにすぎず、行為主体は、あくまでその目的論的な情報処理システムを不変のシステムたる因果関係に相応させるにすぎないから、行為は因果的に決定されていない[60]。この点、自然主義的行為論によって犯罪論を構築しようとした因果的犯罪論は誤謬を犯している[61]。行為事象を外部的な事実性、経験的要因のみに制限して、行為を方向づける認識的機能を無視したからである[62]。

システムは、複雑にネット化された因果関係のシステムから、目的遂行に際してひとつの方向づけと実践的介入を可能にするような因果的レールを模索するのである[63]。

第2項　志　向　性

1　あらゆる行為主体の活動は、根元的に目的連関の構造をもっていて目的的であり、目的的思考は因果的思考を前提とする[64]。この目的連関における連系秩序は、因果経過とは逆転していて、「原因－作用関係」が「手段－目的関係」と交換されている。因果系列では、初期のものが後期のものを規定するが、目的系列では、後期のものが初期のものを規定するから、目的的システムのダイナミック性は、最終構成要素たる目的から派生する牽引力に依存するのである[65]。したがって、目的はシステムの照準（Einstellung）

とも言える(66)。しかし、目的と欲求は、規範とか期待とか制度といった社会的因子から、他者とのコミュニケーションを通してのみ導入可能だから、ヒューム的意味で行為を決定づけてはいない(67)。目標は行為の終着点にあるから、行為は目標選択で始まり目標達成で終わることによって、人間の態度は本質的に目標に向けられているし、このために計画が必要であり、計画の実行には決意が必要である(68)。

2　とにかく、行動の中核を「志向性」(Intentionalität) の中で垣間みる必要があるから、「志向を理解することは行為を理解することである」(69)。ランペ氏も、志向性を内容とする規定がドイツ刑法典にあると言う(70)。しかし、志向性は、確かに「内心的事象」かもしれないが、システム論的にみれば、「心理的－物理的に中立なシステムの態度」に先行的に内在しているものであるから、志向性がわれわれの行為概念の根拠を特徴づけ、システムの思考概念に示されてくるのである(71)。したがって、志向性は「意識」と同じではない。多くの志向的態度が意識的でないこともある(72)。

3　「目的」は、「企図」「故意」「意図」といった概念によって特殊化されることがあるが、これらは、数ある「志向性」の中の単なる一形式にすぎず、「志向性」は「思考」で示される「認識的な方向づけ」(kognitive Orientierung) の全体における沢山の行為モードのひとつにすぎないのである(73)。故に、目的性を故意と同一視することも、それを理由にして過失を説明できないと批判することも、認識的－志向性を要素とする目的論的なシステムの行為概念からすれば誤っている(74)。過失の場合、結果は意図的な志向客体と一致しないからである。自己制御は、意識下の操縦メカニズムによっても達成され得るし、意識的操縦との関係は相対的である(75)。

第3項　社　会　性

1　行為は、個人的に計画され遂行されるが、同時に社会的な事象である。なぜなら、行為は社会的意義を有し、この社会的意義が行為の組織に反作用を及ぼすからである(76)。人間の行動は社会的関係に依存しているが、決定

づけられてはいない。このことは、グループの行動にも、システムの集団的行動にも、社会的行動のいかなる形式にも言えることである[77]。人間の行為は、目標に向けての外界の変更もしくは外界に合わせた自己の変更である。システムの行為回路は、半分はシステムから客体に向けられ、半分は客体からシステムに戻ってくる[78]。システムの適応態度は、いつも内面と外面の2面に向けられている。つまり、行為は、認識的に組織された態度であり、行為の機能は、環境との適応関係における自己保持にある。外部への適応は態度を操縦する認識的プロセスによって生じ、内部への適応は目標選択や行為に対する価値からの影響などにおいて示される。換言すれば、行為の解釈のための根拠は、社会的な価値や習慣やルールが与えてくれるから、行為は、行為者の認識的操縦と社会的な審廷（Instanz）から義務づけられる情報によって影響される[79]。したがって、行為の組織の次元は、客観的・主観的のみならず社会的メルクマールを有するのである。行為は、人的知覚と社会的知覚の理論の中心的構想であり、まさにそこに自我や社会的価値が関連するからこそ社会的な認識を組織化する原理なのである[80]。かかる意味で行為は社会性を有するのである[81]。

2 ところが、社会的行為論者の多くは、「社会的重要性」というメルクマールによって行為を概念定義している[82]。しかし、行為が社会性を有するということは、常に行為が社会的に重要であることではない。社会的に重要でない行為もあれば、逆に社会的に重要な「単純な反射運動」による人の傷害もある。「社会的重要性」は、行為が担ったり担わなかったりする特性であり、むしろ不法論の問題であるから、社会的行為論者は評価を先取りしていることになり、その行為概念は、「実際は反社会的である」とも言えよう[83]。

第4項　人　格　性

1 システム論的には、人格とは、人間が長い記憶の中に蓄積してきた情報の量である。つまり、人格は情報のシステムであり、情報こそ人格の特徴

である(84)。ヴェルツェルも、人格は経験の貯蔵庫（Reservoir）であって将来の行為を規定すると言った(85)。この人格は、慣習や価値や動機や衝動の複合体である(86)。この情報は、事実的情報（認識的 – 記述的 – 理論的情報）と態度決定の情報（実践的情報）からなる。前者は事態の記述＝事実上あり得る因果的な態度経過の記述であり、後者はシステムの態度を決める要素としての目標・目的・価値（基準）・規範についての実践的情報である。目標（目的）設定や価値決定（評価）や意思決定はこうして生起するのである(87)。

2　それ故に、行為は情報によって規定される態度であると言えるが、行為を規定する情報プロセスは機能的に相当な方向を与えるにすぎず、行為を決定づけるヒューム的原因ではない(88)。こうして行為は、蓄積された情報（人格）に依存するから、いつも何らかの価値と規範・ルールと役割に関連して現象する。ルシュカ氏も、行為は、個々人のみならずあらゆる共同体としての主体による「ルールの適応」であるとみなしている(89)。ロクシン氏も、人格の表出としての判断には、主観的な目標設定と客観的な評価と人的・社会的・法的な評価が入ってくると言う(90)。

第5項　小　　括

1　システムの態度が主体の機能としても環境の機能としても解明されるならば、主体の動機や認識という構成要素も主体の周界も考察されねばならない(91)。行為システム＝情報処理システムは、外部的な意味機関によってのみ環境のシグナルを受容するだけでなく、内部的な意味機関をも意のままにするからである(92)。この点、行為の基礎に「因果性」がなければならず、それを利用する「志向性」が必要だが、この「志向性」は内面的意欲のみならず社会的意味や価値や規範によって制御される。しかも行為は「社会性」を有するが、「重要性」という評価に先立つものである。そして行為は、蓄積された情報＝人格のアウトプットであるが、人的帰責という責任問題を先取りしてはならない。

2　行為の動機というメンタルな概念も、コミュニケーション的なルール

に依存しており、自然法則や論理的法則にも依存するから、純主観的ではない(93)。行為は、認識的方向づけのために「知識」を前提とするが、他方「意思」によって貫かれた態度でもなければならない(94)。この知識と意思も、同等性と不可分性を有していなければなるまい。行為を産み出す決意は、認識的プロセスでもあれば情緒的プロセスでもあるからである(95)。いずれにせよ、行為はその要素間の選択と決定の成果であり、決定には自我や人格が大きな役割を果たすし、決定は、知的かつ情緒的構成要素が不可分に保持されている認識的シェーマを根拠にして下される(96)。

第4節　具体的問題

第1項　不作為の行為性

1　不作為の概念を初めから行為概念とは異質のものとして対置することは結論の先取りで本末転倒と思われる(97)。不作為は、行為同様に「基底行為」(Basis-Handlung) として因果的に発生するけれども、何か特定のことをしないという点で「目標に向けられている」(98)。つまり、志向的な行為概念は、能動的な行為も不作為も含むのである(99)。人間は、環境関係性において、因果の経過に志向的に介入するか（作為）、既存の因果連鎖をそのまま経過させたり、潜在的な因果問題を生起させないかして（不作為）態度をとるのである(100)。

しかし、いかなる行動も、期待可能な他人の態度に方向づけられているから、不作為は、期待に添わないところで初めて話題になる。つまり不作為は、規範的な添加物がなければ単なる無になってしまうので、行為の遂行が何らかの規範に基づいて期待されていたことが必要である(101)。どのような組織も、役割の担手が自分の役割を充分に果たすことが考慮されていなければならず、役割は、態度の「ひな型」(Muster) であって、法的もしくは道徳的価値基準を含んでいるから、実践的情報と結びついているし、いかなる行為もこの態度役割の引受けをもってなされるから、この役割への介入を規定する社会的

な原理こそが相互的な義務づけの原理となる(102)。他方、役割意識は義務の意識でもあって、役割意識と役割態度は社会的関係の必然的な礎石と言えるし、この相互的な義務づけは信頼に依拠し、この信頼の要素が諸関係を社会的なものにする(103)。

  2　しかし、この期待は、社会的に基礎づけられているからこそ法的な評価の領域（構成要件）から分離可能であるので、期待の拒否（例えば不救助）が法的な構成要件を充足するか否かは、とりあえずは行為の吟味にとってはどうでもいいことである(104)。にもかかわらず、社会的行為論者のように、不作為の概念には評価が内在していることを理由に、「作為と不作為の共通性は構成要件の領域つまり規範的領域にある」(105)とするのは軽挙すぎよう。義務づける規範は法的な規範に限らないからである(106)。

  3　なお、不作為を「行為の可能性」や「具体的行為能力」ないし「目的的行動能力」によって基礎づける考え方もあるが(107)、態度の可能性を選択したかどうかは、刑法上の不作為に特有のものではなくて、刑法上価値中立な不作為にもさらには行為にもみられるメルクマールである(108)。他方、「能力」と行為そのものとは違うから、何らかの社会的規範との関係における主体性の表出が必要である(109)。

第2項　消極的行為概念への批判

  1　「犯人に結果が帰属されるのは、彼が、結果を回避し得たし法がそのことを彼に命令していたにもかかわらず、結果を回避しなかったときである」(110)という法的評価を取り込んだカールス氏の「回避可能性」概念の範囲をしぼるべく、ヘルツベルク氏は、構成要件的要素たる「保証者的地位」というメルクマールを付加することによって、「刑法の行為は、保証者的地位における回避可能な非回避であり」、「刑法上の行為概念は、まさに刑法的概念であって、決して前法的な概念ではない」と言明した(111)。同様にベーレント氏も、「行為領域を構成要件から完全に分離することは思考不可能だ」ということから出発し、「危険」と「危険回避可能性」と「危険の非回避」

の3つの要素を刑法教義学の基本的礎石とすることによって、これらは不作為概念のすべての要素であることを理由に、「犯罪体系にとって基本的なカテゴリーは、もっぱら不作為のカテゴリーである」と言う[112]。そして、「反対操縦」(Gegensteuerung) によって、作為と不作為の上位概念を樹立しようとした[113]。ヤコブス氏は、「目的性」は「回避可能性」という「類」概念の1現象形式だとして、まず「個人的に回避可能な結果惹起」が故意行為と過失行為の上位概念であるとする。ところが、不作為も回避可能性を前提とするから、回避可能性＝行為は、作為と不作為の上位概念でなければならず、回避可能な結果惹起＝行為と回避可能な結果の非阻止＝不作為との間には、回避可能性という「態度」が上位概念として形成されるとして、完全に帰責可能な、有責な所為のみを行為と名づけることによって、法的評価を前提条件としている[114]。

2 かくして、消極的行為概念によれば「食事をする」という法的に価値中立な態度は行為ではなくなるし、正当化された行為も行為とみなせなくなるから、概念の結合機能を満たし得ない[115]。さらに、「回避可能」＝「予見可能」なのは、構成要件段階で排除される因果経過（客観面）や禁止の錯誤（主観面）があるが、かかる態度は消極的行為論者にとっても「行為」でなければならないのに「行為」でなくなってしまうから、限界機能も満たし難い[116]。基本要素に関してもロクシン氏は、「回避」＝「結果の非惹起」だから、「非回避」＝「結果の非－非惹起」となり、論理的には二重の否定は肯定を意味するから、「非回避」＝「結果の惹起」ということになり、「肯定＝否定の否定」と「否定」とが「否定」という上位概念で統一され得ないと批判する[117]。

いずれにせよ、回避可能性に基づく思考は、行為概念というよりも帰責観点が重視されていて、行為概念が帰責論に埋没してしまっているから、極度の規範主義に陥っている[118]。ならば、規範の意味を解せない者の態度は、規範システムの定常性（秩序）違反の行為とはみなされないというヘーゲル主義に戻ってしまうだろう[119]。

第3項　法人の行為

1　人間の行動は、合理的な情報処理として生起するから、集団的行動にとっても、「別の主体の名の下における行動」の可能性の道を開く。つまり、非－物心的な「人」（システム）は、社会的所与として実在し、その行動は協働的行動・集団的行動であって、規範の目標設定によって規定されるのである[120]。したがって、法人も規範的帰責の主体であるし、権利と義務の担手、行為の担手であり、目的システムを有する統一体でもあって、一定幅の行為能力をもっている[121]。

「個人」の概念に対して「集団人」という概念を構想すれば、共同正犯もひとりの集団人の行為であるし、集団人が結果発生の自由な原因であるから、犯人はこの集団人である。しかし、集団人の概念は、集団責任と交換されることは許されない[122]。問題は、個々人が犯罪の挙行に関していかなる条件の下でひとつの同じ集団人とみなされ得るかである。そのためには、共同の行為決意と役割分担と引き受けた役割義務の遂行が必要であろう。その際に、集団人が統一体として結果を惹起すればよいのであって、構成員の寄与は客観的にあれば充分で、寄与が効果的か未遂かは問わない[123]。この全体行為の分担は、部分支配でもなければ全体支配でもなくて「協働支配」である。全体支配は、集団人そのものに帰属する[124]。

2　どんなシステムも部分システムを有し、かつ、より大きいシステムの構成部分であるが、集団的行動は、全体に帰責される行為を遂行するために内部的組織と機関を伴うときに問題となることが多く、その場合、機関は法人の下部統一体であり、統轄権限の内概念として把握される[125]。現代の法文化においては、集団の活動としてのこの機関の活動の生起と組織と責任は法的に制御されているが、このことは、社会学的にみた集団的行動が法的領域でのみ実在するということを意味するのでは決してない。社会学的に見れば、集団的なものは、法がそれを是認しているかどうかとか法がそれに法人格を付与しているかどうかに係わりなく実在し得るのである。ただし、集団的なものには常時何らかの規範的な（時には法以外の）制御システムが基礎に

あるから、集団主体と集団的行動を問題にするときにも、集団的行動の秩序と形式を内部的・外部的に制御する規範（制御システム）関係的考察が必要である[126]。ヤコブス氏の言うように、主体の規定化に際して、形成されるべきシステムは、常に（魂と身体）という自然人の要素から組成されねばならないということは根拠がない。自然人においてさえ、魂と身体から成るシステムの外界作用が問題であるから、法人の定款や機関もまた自然人の場合と同様に、内部事情ではなくてアウトプットが関心を呼ぶシステムとして定義づけられ得る。機関の行為は法人の固有の行為であり、行為に関しても責任に関しても、自然人と法人の場合は一致している[127]。個人を中心とする行為主体概念によって、法人の行為能力を否定することは誤っている[128]。

第5節　結　び

1　組織は、生きたシステム同様に、環境とのコミュニケーションと個々の要素間のコミュニケーションによって基礎づけられるから、組織の内部と外部の両方におけるコミュニケーションに役立つあらゆるデータの流れが考えられねばならない。なぜなら、組織の機能は、組織と環境との状態関係の生起と変更の機能であるし、両コミュニケーション共に組織自体を定義づけ、組織の実存条件と目標と運動方向を決定するからである[129]。こうしてシステムの行動は、交互作用（Interaktion）とコミュニケーションの内部的連関を規定するから、交互作用という言葉の中にも行為概念は延びていて、コミュニケーションは交互作用の特別形式として具体的な行為の枠内でなされるが故に、コミュニケーションを含む交互作用的行為について語ることができる[130]。システムは、自然的事実（環境と自然法則）と社会的事実（環境-規範・ルール）とのコミュニケーションを通して自己制御するのである。

2　このシステムの交互作用的行動は、状況の展開傾向をいつも規範的な「ひな型」と一致させて遂行されるので、行為を規定する情報処理の実践は行為の「ひな型」の定常性を必要とし、この種の態度の「ひな型」を社会科

学は(社会的・行為)規範と称するのであって、法はこの社会的規範のひとつの特殊形式にすぎない[131]。システムは、かかる規範を放棄するや否や崩壊してしまう。なぜなら、システムの内で効力をもつ態度のひな型のネットがシステムの統一と内部的定常性を構成するからであり、このネットが構成員の多くの行為をひとつの全体・ひとつの機能統一・意味統一へと結びつけるメディアだからである[132]。こうして行為のコントロールは、ルール・規範・慣習によってなされるから、規範は行為を正当化する事由でもあるし、行為として正しく記述され得る事象を惹起する因果的ファクターでもある[133]。

　もちろん、態度の「ひな型」に先立つ「意味」や「価値」も行為に影響を及ぼす。意味は、人間のコミュニケーションつまり言語的な間主観性という領域で展開されるものであって、人間の外界に対する関係を意味ある志向的な人間の関係として明瞭にするからであるし、価値は、しばしば同時に社会的な慣習でもあり、認識的な人格構造の重要な構成要素として行為に随伴し、関係づけられているからである[134]。もちろん、かかる意味や価値は、存在論的に永遠の真理として固定しているものではない[135]。

3　したがって、システムの目標が価値に係留されていれば行為は価値の実現(ないしは無価値の除却)に奉仕し、規範違反的(犯罪的)行為はまさにこの逆の場合であるから、行為という「類」を考えれば、「下位種」としては、(構成要件該当行為を含む)価値(規範)違反的な行為も、価値ある行為も、価値中立の行為もあると言える[136]。行為概念の把握には「規範的な基準をもち込むことは決して不都合ではない」から、行為概念は、決して存在的(ontisch)な概念でもないし、構成要件に該当する態度・帰責可能な(法的評価を受けた)態度のみを「行為」と概念する規範主義的な概念でもない[137]。刑法のための(前刑法的)行為概念は、何らかの規範システムとの係わりにおいて現象する規範システム関係概念であるし、刑法上の行為も刑法規範システム関係概念である。規範的概念と存在論的概念の中間である。

【注】
(1) 「人格的行為論」という呼称は、大塚博士自身の命名によると述懐しておられるが、アルトゥール・カウフマン氏の「人的行為論」(personale Handlungslehre)と同趣旨のものとして扱う。大塚仁「人格的行為論について」団藤重光博士古稀祝賀論集第1巻、有斐閣 1983年、215頁注(2)、Arthur Kaufmann, Die ontologische Struktur zur Handlung. Skizze einer personale Handlungslehre, in: ders, Schuld und Strafe. Studien zur Strafrechtsdogmatik, 2Aufl., Köln/Berlin/Bonn/München 1983. (これには上田健二氏の翻訳がある。同志社法学26巻1号)。なお、日沖憲郎「人的行為概念」団藤古稀祝賀第1巻106頁、107頁参照。
(2) システム論と刑法学については、松村格『刑法学方法論の研究—存在論からシステム論へ—』八千代出版 1991年、参照。
(3) Armin Kaufmann, Zur Stande der Lehre vom personalen Unrecht, in: Festschrift für Hans Welzel, 1974, S. 393ff.（川端博氏の訳あり、法律論叢54巻2・3号）und ders, Die Funktion des Handlungsbegriffs im Strafrecht, in: G. Dornseifer usw. (Hg.), Strafrechtsdogmatik zwischen Sein und Welt, Köln/Berlin/Bonn/München 1982, S. 23ff., 29. 行為概念の不毛性について、米田泰邦『行為論と刑法理論』成文堂 1986年参照、特に 273頁以下。
(4) 大塚博士は前構成要件的な行為の特に限界機能を認め、福田博士は構成要件該当行為で足れりとする。大塚『刑法論集(1)・犯罪論と解釈学』有斐閣 1979年、34頁以下、福田平『目的的行為論と犯罪理論』有斐閣 1964年、42頁以下、54頁以下、同『刑法総論』(全訂版) 有斐閣 1988年、53頁。ただし、大塚博士も犯罪成立の要素としての行為は構成要件該当行為だと言われるから、福田博士と大差はない（大塚『犯罪論の基本問題』有斐閣 1982年、31頁）。上田健二氏は、立法者の全能を説く純法実証主義に与すべきでないためにも一般的行為概念の樹立が必要であると主張する（「犯罪論体系における行為概念についての『反時代的考察』」中義勝先生古稀祝賀『刑法理論の探究』成文堂 1992年、46頁）。
(5) Arnold Gehlen, Der Mensch. Seine Natur und Seine Stellung in der Welt, 13Aufl., Wiesbaden 1986, S. 32.
(6) Ota Weinberger, Recht, Institution und Rechtspolitik. Grundprobleme der Rechtstheorie und Sozialphilosophie, Stuttgart 1987, S. 43, 44.
(7) Hans Poser, Einleitung: Probleme einer Philosophie der Handlung, in: ders (Hg.), Philosophische Probleme der Handlungstheorie, Freiburg/München 1982, S. 29.
(8) Arthur Kaufmann, a. a. O. S. 22.
(9) Wemer Maihofer, Der Handlungsbegriff im Verbrechenssystem, 1953, S. 7ff.; Hans-Heinrich Jescheck, Der Strafrechtliche Handlungsbegriff im

dogmengeschichtlicher Entwicklung, in: Festschrift für Eberhard Schmidt, 1961, S. 140ff. und ders, Lehrbuch des Strafrechts, Allg. Teil, 4Aufl., S. 197 （§23-Ⅰ2）.
(10) Vgl. Art. Kaufmann, a. a. O. S. 19, 25. なお、カウフマン氏も因果性、目的性、意思性、意味性が行為の要素だと言う（a. a. O. S. 28, 29.）。
(11) O. Weinberger, a. a. O. S. 136, 148.; Reiner Lippold, Reine Rechtslehre und Strafrechtsdoktrin. Zur Rechtsstruktur in der Rechtswissenschaft am Beispiel der Allgemeiner Strafrechtslehre, Wien 1989, S. 39.
(12) O. Weinberger, a. a. O. S. 137f.
(13) O. Weinberger, a. a. O. S. 136.; Enrique Gimbernat Ordeig, Handlung, Unterlassen und Verhalten, in: Gedachtnisschrift für Arm. Kaufmann, 1989, S. 179. なお、ヘーゲル学派の行為論について、中村直美「刑法における行為概念の意味・機能」法政研究37巻33-4号209頁以下参照。
(14) 例えばGünter Jakobs, Strafrecht, Allg. Teil, Die Grundlagen und die Zurechnungslehre, Lehrbuch, 2Aufl., 1991, S. 126f. (Rd. 6-2f)
(15) O. Weinberger, a. a. O. S. 137. 大塚・団藤古稀祝賀131、137、139頁も、団藤博士の人格的行為論が「意思的」という意味を云々してないし、責任判断と強固に結びついていると批判している。平野龍一『刑法総論(1)』有斐閣1972年、109頁以下、内藤謙『刑法講義総論（上）』有斐閣1983年、155頁も団藤説を批判している。
(16) この点、福田『行政刑法』（新版）有斐閣1978年、101頁以下は否定的であり、大塚『犯罪論の基本問題』44頁は肯定的だが、大塚博士は、広義の行為と狭義の行為を考えているようだ。なお、大塚仁『刑法概説（総論）』有斐閣1992年、128頁以下、福田・大塚『刑法総論Ⅰ・現代社会と犯罪』有斐閣1979年、109頁以下によれば、特別刑法（特に）行政刑法において法人の行為能力を認める趣旨にも読める（111頁）。
(17) Art. Kaufmann, a. a. O. S. 18. も、存在論的行為概念と規範的行為概念を対置することは誤りだと言う。徹底した存在論的行為概念でない存在論的概念が望ましいとする大塚博士も同趣旨か。大塚『犯罪論の基本問題』39頁。
(18) Mario. v. Cranach/Kalbermatten/K. Indermühle/B. Gugler, Zielgerichtetes Handeln, Bern/Stuttgart/Wien 1980, S. 46, 74.
(19) H. Poser, a. a. O. S. 20f. 中村・前掲論文237頁は、犯罪現象としての人間の行為を社会学的・心理学的・生物学的等々のあらゆる角度から分析すべきとしながら、刑法学上の行為概念は人間行為一般の本質構造と実質の解明に関係しないと言う。なお、小林公「行為の説明と解釈—最近の哲学的動向—」立教法学17巻参照。
(20) O. Weinberger, a. a. O. S. 185.; Veit Michael Bader, Kollektives Handeln,

Protheorie sozialer Ungleichheit und kollektiven Handelns, Teil 2, Opladen 1991, S. 53.
(21) Delf Buchwald, Der Begriff der rationalen juristischen Begründung. Zur Theorie der juridischen Vernunft. 1Aufl., Baden-Baden 1990, S. 151.; O. Weinberger, a. a. O. S. 132, 184.; Walter Kargl, Handlung und Ordnung im Strafrecht. Grundlagen einer Kognitiven Handlungs- und Straftheorie, Berlin 1991, S. 513.; Jurgen Frese, Prozeße im Handlungsfeld, München 1985, S. 21, 22; M. v. Cranach usw., a. a. O. S. 24, 77.
(22) M. v. Cranach usw., a. a. O. S. 32, 77, 78.
(23) Vgl. M. v. Cranach usw., a. a. O. S. 32.; J. Frese, a. a. O. S. 27, 28. なお、福田『刑法総論』有斐閣 60頁、同『目的的行為論と犯罪理論』53頁の「行態」(Verhalten) 概念は、目的的行動力を有するから通常用いられる「態度」概念とは違うと言う。
(24) Arm. Kaufmann, Die Funktion, S. 25, 28.
(25) Eberhard Schmidhäuser, Begehung, Handlung und Unterlassung im Strafrecht. Terminologie und Begriffe, in: Gedächtnis für Arm. Kaufmann, S. 135.
(26) Urs Konrad Kindhäuser, Intentionale Handlung. Sprach-philosophische untersuchungen zum verstandnis von Handlung im Strafrecht, Berlin 1980, S. 213.
(27) U. K. Kindhäuser, a. a. O. S. 212.; Karl-Heinz Gössel, Wertungs-Probleme des Begriffs der finalen Handlung. Unter besonderer Berücksichtigung der Struktur des menschlichen Verhaltens, Berlin 1966, S. 93. 福田・『目的的行為論と犯罪理論』42頁以下。
(28) Vgl. Jurgen Baumann, Hat oder hatte der Handlungsbegriff eine Funktion? in: Gedächtnis für Arm. Kaufmann; Rene Bloy, Die Beteiligungsform als Zurechnungstypus im Strafrecht, Berlin 1985, S. 264.
(29) K-H Gössel, a. a. O. S. 94.
(30) 大塚『刑法論集(1)』35頁参照。
(31) J. Baumann, a. a. O. S. 185.
(32) Arm. Kaufmann, Welzel-Festschrift, S. 391.; Art. Kaufmann, a. a. O. S. 13.
(33) Claus Roxin, Strafrecht, Allg. Teil Bd. 1, Grundlagen der Aufbau der Verbrechenslehre, München 1992, S. 148.
(34) Claus Roxin, a. a. O. S. 148.; 平場安治『刑法における行為概念の研究』有信堂 1966年、33頁注 (5)。Vgl. Art. Kaufmann, a. a. O. S. 13. 上田・前掲書第1節の注 (4) 46頁も同趣旨である。
(35) Vgl. U. K. Kindhäuser, a. a. O. S. 211.

(36) ホセ・ヨンパルト『法の歴史性―現代法の法哲学的議論―』成文堂 1977 年参照。
(37) Arm. Kaufmann, Strafrechtsdogmatik, S. 29.
(38) 大塚・団藤古稀祝賀 126 頁。
(39) Friedrich Kaulbach, Einführungen in die Philosophie des Handelns, Darmstadt 1986, S. 77.
(40) Werner Kirsch, Betriebswissenschaftslehre: Systeme, Entscheidungen, Methoden, Wiesbaden 1974, S. 17.
(41) Alain Touraine, Soziologie als Handlungswissenschaft. (Originalausgabe: Sociologie) Darmstadt/Neuwied 1974, S. 495.
(42) Theodore M. Mills, Soziologie der Gruppe, München 1969, S. 34, 38.
(43) Reiner Frey, Vom Subjekt zur Selbstreferenz. Rechtstheoretische überlegungen zur Rekonstruktion der Rechtskategorie, Berlin 1989, S. 106.; J. Frese, a. a. O. S. 188.; Thomas Raiser, Rechtssoziologie, Ein Lehrbuch, Frankfurt am Main 1987, S. 221.
(44) T. M. Mills. a. a. O. S. 26, 35f.
(45) T. M. Mills, a. a. O. S. 119-122.
(46) Leon Mann, Sozialpsychologie, 9Aufl., 1991, S. 50f.; T. M. Mills, a. a. O. S. 13.
(47) T. M. Millss, a. a. O. S. 26.; Lee Thayer, Zur Funktion der Kommunikation in Organisationen, in: B. Badura/K. Gloy, Soziologie der Kommunikation. Eine Textauswahl zur Einführung, Stuttgart 1972, S. 161, 165 Anm. 10.
(48) K. H. Tjaden, Soziale Systeme. Materialien zur Dokumentation und Kritik soziologischer Ideologie, Neuwied/Berlin 1971, S. 81-83, 155.
(49) Maximilian Forschner, Mensch und Gesellschaft. Grundbegriffe der Sozialphilosophie, Darmstadt 1989, S. 110.; Gerd Pawelzig, Dialektik der Entwicklung objektiver Systeme, Berlin 1970, S. 13.
(50) M. Forschner, a. a. O. S. 121; W. Kirsch, a. a. O. S. 31.
(51) O. Weinberger, a. a. O. S. 25, 146-147, 183. システムの態度は、システムの素材とエネルギーと情報の交換を意味し（W. Kirsch, a. a. O. S. 1)、行為は、情報によって指導される態度であり、行為システムは、目標設定と目的から規定される点で他の情報プロセスから区別される（O. Weinberger, a. a. O. S. 18.)。
(52) Vgl. W. Kargl, a. a. O. S. 31ff. Autopoiese とは、ギリシャ語で auto = selbst, poiein = machen の意味である（Humberto R. Maturana/Francisco J. Varella, Der Baum der Erkenntnis. Die Biologischen Wurzeln des menschlichen Erkenntnis. Original Ausgabe El árbol del Concocimiento, 3Aufl., Berlin/

München 1991, S. 50. 管啓次郎訳『知恵の樹―生きている世界はどのようにして生まれるのか―』朝日出版社 1987 年)。

(53) Peter Hucklenbroich, Selbstheilung und Selbstprogrammierung. Selbstreferenz in medizinischer Wissenschaftstheorie und Künstlicher Intelligenz, in : Volker Riegas/Christian Vetter (Hg.), Zur Biologie der Kognition. Ein Gesprach mit Humberto R. Maturana und Beiträge zur Diskussion seines Werkes, Frankfurt am Main 1990, S. 124.; W. Kargl, a. a. O. S. 31 Anm. 7, S. 32, 221. この点で、アウトポエジーの思いきった概念修正をしたのが、Niklas Luhmann, Soziale Systeme. Grundriß einer allgemeinen Theorie, Frankfurt am Main 1984, S. 40, 388. である。

(54) Maturana/Vallela, a. a. O. S. 55f.

(55) Reiner Frey, a. a. O. S. 35f.

(56) Vgl. Ralf Dziewas, Der Mensch-ein Konglomerat autopoietischer Systeme? in: Werner Kawietz/Michael Welker (Hg.), Kritik der Theorie sozialer Systeme, 1992, Frankfurt am Main S. 113, 128ff. さらに社会システムの3種（交互作用システム、社会システム、組織システム）のうち、ルーマン氏は社会システムと交互作用システムのみをコミュニケーションを媒介として重視し、組織システムを等閑視しているのは誤りだとの批判がある（Petra Werner, Soziale Systeme als Interaktion und Organisation. Zum begrifflichen Verhältnis von Institution, Norm und Handlung, in: W. Krawietz/M. Welker (Hg.), Kritik, S. 200ff.)。なお、人間とシステムの主体性とアウトポエジーについて Axel Ziemke, System und Subjekt. Biosystemforschung und Radikaler Konstruktivismus im Lichte der Hegelschen Logik, Braunscnweig/Wiesbaden 1992, S. 76ff.; Werner Kirsch, Kommunikatives Handeln, Autopoiese, Rationalität, Sondierungen zu einer evolutionären Führungslehre, München 1992, S. 185ff.

(57) O. Weinberger, a. a. O. S. 131, 184. 竹田直平『刑法と近代法秩序』成文堂 1987 年、39 頁。

(58) O. Weinberger, a. a. O. S. 65, 131. この点、福田『刑法総論』（全訂版）59 頁が、目標に向かって統制される全過程を行為構造に組み入れていることは正しい。

(59) E. G. Ordeig, a. a. O. S. 178; Art. Kaufmann, a. a. O. S. 33.

(60) O. Weinberger, a. a. O. S. 64; U. K. Kindhäuser, a. a. O. S. 206.

(61) E. G. Ordeig, a. a. O. S. 178. この点で、自然科学的な因果的行為概念と因果的犯罪論は区別されるべきだと言う。

(62) W. Kargl, a. a. O. S. 510.

(63) O. Weinberger, a. a. O. S. 66.

(64) Ingo Mittenzwei, Teleologisches Rechtsverstandnis. Wissenschafts-

theoretische und geistesgeschichtliche Grundlagen einer zweckorientierten Rechtswissenschaft, Berlin 1988, S. 48, 49.; Nicolai Hartmann, Ethik, Berlin/Leipzig 1926, 4Aufl., 1962, S. 173f. 小林公「行為と責任」法教93号82頁参照。これに対して、町野朔「行為と刑事責任」法教94号61頁以下は、行為の定義には帰責の価値判断が先行し、何が犯罪かは行為概念で決める必要ないというが、何が行為かという問題と何を可罰的にするかという立法者の価値論的問題は根本的に違うはずである。

(65) I. Mittenzwei, a. a. O. S. 49.
(66) O. Weinberger, a. a. O. S. 19.
(67) Manfred Riedel, Zweck- und bedürfnisgebundnes Handeln. Zur Tragweite des teleologischen Begrundungsansatzes in der Handlungstheorie, in: Hans Poser (Hg.), Philosophische Probleme der Handlungstheorie, S. 141.
(68) M. v. Cranach usw., a. a. O. S. 88, 89, 278.
(69) O. Weinberger, a. a. O. S. 185; Rüdiger Bubner, Handlung, Sprache und Vernunft. Grundbegriffe praktischer Philosophie, Frankfurt am Main 1982, S. 149.
(70) Ernst-Joachim Lampe, Rechtsanthropologie. Eine Strukturanalyse des Menschen im Recht, Berlin 1930, S. 343. によれば、謀殺のための „grausame Tötung" (…grausam…tötet, §211) 子供を zu roh mißhandeln (§223b) など。
(71) Manfred Strecker, Handlung und Intersubjektivität. Zu den Grundlagen des Handlungsverstehens, in: H. Poser (Hg.), Philosophische Probleme, S. 164, 165, 167.
(72) John R. Searle, Intentionalität. Ein Abhandlung zur Philosophie des Geistes (Originalausgabe, An essay in the philosophy of mind, Cambridge 1983), Frankfunt am Main 1987, S. 16.
(73) M. Riedel, a. a. O. S. 137.; J. R. Searle, a. a. O. S. 16ff.; W. Kargl, a. a. O. S. 512.
(74) Vgl. Art. Kaufmann, a. a. O. S. 39. 井田良「過失犯と目的的行為論―過失作為の行為性に関する一考察―」法学研究61巻2号133頁および注(14)参照。福田博士自身の見解については、「過失犯と目的的行為論―過失犯の目的的行為性についての覚書―」日沖憲郎博士還暦祝賀『過失犯(1)基礎理論』有斐閣 1966年、31頁以下、前掲書『目的的行為論と犯罪理論』95頁以下参照。
(75) U. K. Kindhäuser, a. a. O. S. 210.; M. v. Cranach usw., a. a. O. S. 91, Vgl. S. 82; Vgl. Art. Kaufmann, a. a. O. S. 43ff.
(76) M. v. Cranach usw., a. a. O. S. 19; Vgl. Art. Kaufmann, a. a. O. S. 45.
(77) O. Weinberger, a. a. O. S. 151.

(78) 松村・前掲書129頁。
(79) M. v. Cranach usw., a. a. O. S. 79, 80, 83.
(80) M. v. Cranach usw., a. a. O. S. 31, 33.
(81) 大塚『刑法論集(1)』47頁。Vgl. C. Roxin, a. a. O. S. 152, 157.
(82) Karl Engisch, Vom Welt des Juristen, Tübingen 1965, 2Aufl., S. 38; H-H Jescheck, Lehrbuch, 4Aufl., S. 200 (§23Ⅳ1) und ders, E. Schmidt-Festschrift, S. 151; Vgl. Johannes Wessels, Strafrecht, Allg. Teil, 21Aufl., Heidelberg 1991, S. 23 (§3Ⅱ2c).
(83) C. Roxin, a. a. O. S. 144, 145. 大塚『刑法論集(1)』45、48頁、同・団藤古稀祝賀138頁。この点、日沖・団藤古稀祝賀115頁は、「社会的」という要素を違法性の問題としている。Arm. Kaufmann, Die Dogmatik der Unterlassungsdelikte, Göttingen 1959, S. 24, Anm. 5. この難点を避けるために、個人的行為概念と社会的行為概念を区別する者に、Ernst Amadeus Wolf, Der Handlungsbegriff in der Lehre vom Verbrechen, Heidelberg 1964. なお Arm. Kaufmann, Welzel-Festschrift, S. 395. は、行為概念は不法観をめぐる論争点だと言う。しかし Gustav Radbruch, Der Handlungsbegriff in seiner Bedeutung für das Strafrechtssystem, Berlin 1904, S. 90, 108 Anm. 1. でさえ（行為）概念の規定化には、「特殊種差」(differentia specifica) の他に「一般的類」(genus proximum) が必要だと言っている。
(84) W. Kirsch, a. a. O. S. 109.; ders, Einführung in die Theorie der Entscheidungsprozesse, 2Aufl., Bd. 2, Wiesbaden 1977, S. 103.; Lee Thayer, a. a. O. S. 163.
(85) Hans Welzel, Das deutsche Strafrecht, 11Aufl., 1969, 149f. この点につき、松村・前掲書94頁以下参照。ただし、Art. Kaufmann, a. a. O. S. 42. は、ヴェルツェルは深層人格の問題を責任の領域で論じ行為の観点で論じなかったのは誤りだと言う。
(86) Emerich K. Francis, Wissenschaftliche Grundlagen soziologischen Denken, Bern/München 1957, S. 33.
(87) O. Weinberger, a. a. O. S. 18f., 57ff., 186.
(88) O. Weinberger, a. a. O. S. 60, 146.
(89) Joachim Hruschka, Strukturen der Zurechnung, Berlin/New York 1976, S. 13, 50.
(90) C. Roxin, a. a. O. S. 151.
(91) Bodo Abel, Grundlagen der Erklärung menschlichen Handelns. Zur Kontroverse zwischen Konstruktivisten und Kritischen Rationalisten, Tübingen 1983, S. 66.; Kurt Lewin, Feldtheorie in der Sozialwissenschaften. Ausgewählte theoretische Schriften, Bern/Stuttgart 1963, S. 272.

(92) W. Kirsch, Betriebswissenschaftlehre, S. 108.
(93) M. Riedel, a. a. O. S. 142.; U. K. Kindhäuser, a. a. O. S. 217.
(94) Vgl. M. v. Cranach, a. a. O. S. 81f.; W. Kargl, a. a. O. S. 534.; O. Weinberger, a. a. O. S. 139.; U. K. Kindhäuser, a. a. O. S. 216.
(95) W. Kargl, a. a. O. S. 527.; M. V. Cranach usw., a. a. O. S. 89.
(96) W. Kargl, a. a. O. S. 512, 526, 529.
(97) E. G. Ordeig, a. a. O. S. 159f.
(98) U. K. Kindhäuser, a. a. O. S. 208.; K-H Gössel, a. a. O. S. 95.
(99) U. K. Kindhäuser, a. a. O. S. 209.
(100) E. G. Ordeig, a. a. O. S. 161.
(101) M. Strecker, a. a. O. S. 158.; E. Schmidhäuser, a. a. O. S. 654; E. G. Ordeig, a. a. O. S. 161, 167. und ders, An der Grenze von Begehung und Unterlassung, in: Festschrift für Karl Engisch, 1969, S. 380 Amm. 1.
(102) Gerhard Schmidtchen, Der Mensch-die Orientierungsweise. Probleme individueller und kollektiver Verhaltungssteuerung aus sozialpsychologischer Sicht, in: Beiträge v. Hermann Lüble usw., Der Mensch als Orientierungsweise? Ein interdisizilinärer Erkundungsgang, Freiburg/München 1982, S. 205.; O. Weinberger, S. 190.; T. M. Mills, a. a. O. S. 161. 日沖・前掲論文・前掲書（1の1注（1）115頁が、人間の社会的役割は行為の問題ではなくて違法性の問題だというのは、法社会学的な認識の誤りであろう）。
(103) O. Weinberger, a. a. O. S. 190; T. M. Mills, a. a. O. S. 162.
(104) C. Roxin, a. a. O. S. 152. この点、福田『目的的行為論と犯罪理論』54頁以下は、期待されていること＝法的義務と考えているようであるし、平場・前掲書80頁も、「人と人との関係」＝行為・不作為は社会的事象であることを理由に、不救助は法的観察だと言うが、規範的事象＝法的事象という先取りである。規範的事象は、まずは社会的事象である。
(105) Klaus Otter, Funktion des Handlungsbegriffs im Verbrechens-aufbau? Bonn 1973, S. 137. Anm. 568, S. 172, 199.; Wilhelm Gallas, Zum gegenwärtigen Stand der Lehre vom Verbrechen, ZStW. Bd. 67, 1955, S. 12.
(106) 規範の種類について、例えば、D. Buchwald, a. a. O. S. 159.; Gabriele Konthals-Bayerlein, Soziale Normen. Begriffliche Explikation und Grundlagen empirischer Erfassung, München 1979, S. 61ff.; Georg. v. Wright, Norm und Handlung. Eine logische Untersuchung, Regensburg 1979（Originalausgabe, Norm and Action, London 1963）, S. 18ff.
(107) E. G. Ordeig, a. a. O. S. 166. によれば、可能性説が通説だという（資料はAnm. 16）。能力説について、福田『目的的行為論と犯罪理論』54頁以下。Arm. Kaufmann, Die Dogmatik, S. 49.

(108) Hans Webrik, Handlungstheorien, Stuttgart 1978, S. 30.
(109) したがって、選択状況が付与されていたかどうかが不作為を行為概念に取り込むことを可能にすると言う。大塚『刑法論集(1)』47頁参照。「目的的行動能力＝目的にしたがって意思を統制し得る能力」は、ともすると責任能力に通じないだろうか。だとすると、行為概念を帰責可能性に保留することになる。
(110) Hans Jürgen Kahrs, Das Vermeidbarkeitsprinzip und die conditio-sine-qua-non-Formel im Strafrecht, Hamburg 1968, S. 36.
(111) Rolf Dietrich Herzberg, Die Unterlassung im Strafrecht und das Garantenprinzip, Berlin 1972, S. 177, 184.
(112) Hans-Joachim Behrendt, Die Unterlassung im Strafrecht, Baden-Baden 1979, S. 131. und ders, Das Prinzip der Vermeidbarkeit im Stratrecht, in: Festschritt für Hans Heinrich Jescheck, 1985, S. 303, 308.
(113) H-J. Behrendt, Die Unterlassung, S. 130ff. und ders, Das Prinzip, S. 308ff.
(114) G. Jakobs, a. a. O. S. 134 (6-15), 141 (6-27), 142 (6-28, 29), 143 (6-32), 126 (6-2).
(115) C. Roxin, a. a. O. S. 147. これに対して、G. Jakobs, a. a. O. S. 126 (6-2) は、帰責可能とは「良い」所業もあり得るから、適法な態度は行為ではないというわけではないと言う。
(116) C. Roxin, a. a. O. S. 147.
(117) C. Roxin, a. a. O. S. 146.
(118) C. Roxin, a. a. O. S. 147, 148.
(119) 小林・法教93号81頁も、行為か否かは帰責判断に依拠しないと言う。
(120) O. Weinberger, a. a. O. S. 149, 157, 158.
(121) O. Weinberger, a. a. O. S. 157. 法人の行為の幅について、松村・前掲書339頁以下、立法論的視点から、同趣旨として福田・大塚『刑法総論Ⅰ・現代社会と犯罪』117、128頁。
(122) Jan C. Joerden, Strukturen des strafrechtlichen Verantwortlichkeitsbegrifts: Relationen und ihre Verkettungen, Berlin 1988, S. 79, Anm. 191. ただし、ヨェルダン自身は、集団人をもって法人の行爲を考えてはいない。
(123) J. C. Joerden, a. a. O. S. 80ff., Anm. 201.
(124) Rene Bloy, a. a. O. S. 371. この点、鈴木裕文「組織犯と共犯理論—序論的考察—」日本法学57巻4号135頁は、刑法の共犯規定は小人数の集団犯罪に対してのみ効果があり、組織犯罪には対処し得ないと言うが疑問である。
(125) K. H. Tjaden, a. a. O. S. 83, 84.; O. Weinberger, a. a. O. S. 158.; Friedrich Lachmayer, Grundzüge einer Normentheorie. Zur Struktur der Normen dargestellt am Beispiel des Rechts, Berlin 1977, S. 55.

(126) O. Weinberger, a. a. O. S. 158, Anm. 20. 板倉宏『企業犯罪の理論と現実』有斐閣 1975 年、23 頁以下参照。

(127) G. Jakobs, a. a. O. S. 149 (6-46). 福田『行政刑法』102 頁以下は、「行為は人間のみがなしうる」というシステム論からは否定さるべき結論を前提として、倫理的自己決定をなしうる人格主体は人間のみであって刑事責任非難はかかる主体にのみ可能である旨を以って法人の行為能力を否定するのは、帰責論の先取りであるし、法人の（システムの）人格性を無視している。

(128) 清水洋雄「企業犯罪と共犯」日本法学 57 巻 4 号 151 頁以下は、個人を中心とする共犯理論に代わる共犯理論によって、法人の犯罪主体性を肯定すべきだと言う。

(129) Lee Thayer, a. a. O. S. 162, 164.

(130) M. v. Cranach usw., a. a. O. S. 33, 21, 23, 78.

(131) W. Kargl, a. a. O. S. 513.; O. Weinberger, a. a. O. S. 152.; T. Raiser, a. a. O. S. 218.

(132) T. Raiser, a. a. O. S. 221.

(133) M. v. Cranach usw., a. a. O. S. 92.; D. Buchwald, a. a. O. S. 163.; R. Lippold, a. a. O. S. 39. なお、T. Raiser, a. a. O. S. 218. によれば、規範（Norm）の概念は、元来「水糸」（Richtschnur）もしくは「曲尺」（Wirkelmaß）のことを意味し、精確なフェンスと正しい角度を決定する建築職人の道具のことだったが、当時すでに、平均基準（Durchschnittsmaß）、ルール（Regel）、規則（Vorschrift）の意味で用いていたらしい。「慣習」（Konvention）について、Vgl. M. v. Cranach usw., a. a. O. S. 20, 92. ルールについて、Vgl. M. Forschner, a. a. O. S. 5.

(134) U. K. Kindhäuser, a. a. O. S. 216.; M. v. Cranach usw. a. a. O. S. 280.

(135) U. K. Kindhäuser, a. a. O. S. 216.; Art. Kaufmann, a. a. O. S. 45. 価値－規範－法－法律－実在－価値……という可変的な回路システムについては、松村・前掲書 194、228 頁参照。

(136) T. M. Mills. a. a. O. S. 94; E. G. Ordeig, a. a. O. S. 159. この故をもってオルダイヒは、行為概念は存在論的概念だという。

(137) C. Roxin, a. a. O. S. 157, 158. なお、規範システムについて、松村・前掲書 190 頁以下参照。

（1992 年 6 月、ミュンヘン留学中に脱稿。日本の文献の不足をお詫び致します）

第6章

認知科学と刑法的行為論
―アウトポイエティッシュなシステム理論を顧慮して―

第1節　はじめに

1　先般私は、福田平・大塚仁両博士の古稀祝賀『刑事法学の総合的検討』に寄稿した「刑法（学）のための行為概念―システム論的構想の素描―」と題する論文において(1)、人間を含めたシステムの行為を特徴づける要素として、因果性、（目的性を含む）志向性、社会性、人格性、そして認知性（Kognitivität）のすべてを容認すべきことを提唱し、「人間の行為の複合性」を一義的・完結的に概念定義すべきではないと主張した(2)。そして、それらの諸要素の必要性について言及したものの、「認知」（Kognition）ないし「認知性」については、研究不足のせいもあって、ほとんど言及しないままで終わってしまった。そこで今回、行為の要素のひとつとしての「認知性」について、カルグルの著書(3)を手がかりにしながら検討してみたいと思う。彼にとっても、社会科学的な行為論のために最も重要な方法論的な成果は、行為と認知的な展開である(4)。もっとも、カルグルからすれば、認知科学の内部で対峙する認知主義と構造主義は、認知の本質を全く異なって特定しているから、両者の寄与は、認知的な行為論にとっての手がかりの如何を左右するので、いずれかといえば彼は、認知科学の構造主義的な変形を採用している(5)。したがってその点にも留意していきたい。そしてその上で、彼は、刑法上の行為論にとってキャスティングボード的な意義を行為の情動的な（意思的な）構造と認知的な構造の完全な類質同系の確認に求めている(6)。曰く「表象と感情、認知と情動、知識と意欲は、相互に依存しないでは生起しな

いし、行為領域においては、別々に表現されず、……行為は、いつも思考システムと感情システムとの相関的な構造的結合の成果である」と(7)。

2 ところが、カルグルにとっては、情動的（感情的）－認知的な関係システムの基礎考慮は、心理分析の認識と同程度に、生物学的な認知論の認識に根ざしており、「情動論理」(Affektlogik)の構想は、情動的な構成要素と認知的な構成要素とをひとつの操作的な全体へと結びつける重要な試みでなければならず(8)、単なる認知主義は問題があるとしても(9)、「オウトポイエシス」(Autopoiesis)の概念を初めて提唱したマトゥラナからは、認知の理論とオウトポイエシス的なシステムの理論とが同一視されているので、オウトポイエシスについても言及しなければならない(10)。決定過程の理論は、カルグルによれば行為は「決定態度」であると定義づけられるが(11)、キルシュによれば認知的なシステムの記述のインプットモードによって型づけされていて、その場合に情報処理アプローチが重要性を得るから(12)、情報処理による決定に際しては、価値、目標、期待、規範などと行為の関係や、知識、意識、知覚などと認知との係わりが検討されねばならない。

3 かくして本稿では、まず第1に「認知」の概念と「情動論理」を検討し、第2に「オウトポイエシス」の概念を検討する。しかし、オウトポイエシスについては、提唱者であるマトゥラナと共同研究者ヴァレラ、この概念を発展させたゲルハルト・ロート、更にはヘイルやトイプナー、そしてこの概念を社会的システム論に導入したルーマンなどの間でも考えを異にするので、その点もキルシュの詳細な研究を手がかりにして垣間見たい(13)。そして第3に、オウトポイエシスとの関係で、「自己生産(Selbstherstellung)性」、「自己保全(Selbsterhaltung)性」、「自己準拠性」ないし「自己言及性」(Selbstreferentialität)(14)、「自己組織性」に触れたい。その上で最後に、カルグルの認知的行為論を検討したいと思う。今日刑法上の行為論の重要性が一般的に疑われているが、それはカルグルによれば、現代の社会科学と自然科学へのあらゆる結びつきを失ってしまった目的的行為論の非重要性に原因があるのであって(15)、認知的行為論がそれを克服できるかどうかに関心が向けら

れる。なお、本稿は、別の機会に発表された拙稿「認知科学と故意論・過失論」(16)と一体を成すものなので、合わせてご笑覧いただければ幸いである。

第2節　認知と情動

1　カルグルによれば、認知とは、個人とその環境との間の構造的な連結の成り行きを具象化する行動であり、同時に、行動とは、相互に結合されている諸要素のネットワークの手助けによってその構造を変更するひとつの認知である。そのとき、理解は、この連結をもたらし恒常的な相互交換的な変更を促す社会的な道具として記述され、この行動と理解の間の自己準拠的な関係は、社会的なシステムにとっても完全に妥当する(17)。こうしてカルグルは、行為関係を媒介する「認識の経路」すなわち「構造的な連結」で以て、行動と認識および行為者と認識者が分離不可能な回路の中で相互に結びつけられているとみなし、認知的な能力と生活の出来事のこの総体的な循環性を「認知的行為論」という概念で以て関係づけるのである(18)。そして、認知は、知覚（感受）からは分離され得ないもので、知覚とか表象とか思考は、認知的なシステムからなされる区別にすぎない(19)。しかも、認知は、精神が世界の特性を模写するという方法でメンタルな代現 (Repräsentation) を考えているので、代現は、認知主義のキー概念となる(20)。このような構造的連結と首尾一貫した構想は、例えば、脳は肉体や主体や環境から成る認知的な世界を構成するのだ、というような個々の生命体の知覚システムの詳細な研究の成果であって、社会的な事物の実在の分析の成果ではない。なぜなら、道徳や規範、制度や組織などが研究される以前に、われわれは、人間がどのようにして思考し行為するかということを知らなければならないからである(21)。

2　神宮によれば、人は、環境から情報を受容し、これを処理することによって自己の行動を制御して環境との間の適切な関係を維持しているが、この環境からの情報としての刺激を受ける器官を感覚受容器と称し、感覚は、刺激によって受容器が興奮して求心性神経によって大脳の感覚野に伝わって

その刺激や強さが意識されるプロセスのことであり、そして知覚は、その意識された内容が整理・調整されて行動を起こす器官である効果器に命令を伝達する働きであって、この調整・整理が要求・記憶・思考・言語などの影響を受けて処理されるプロセスを、「認知」と称する[22]。

3 このような個人の認知的な働きは、カルグルによれば、すべてのシステムプロセス（コミュニケーション、決定、知覚、論理的操作の遂行）の内にも含まれていて、逆に、それ相応の認知の形成は、社会システムにおける構成員資格のための前提条件である[23]。ところが、システムの変更に導くメカニックの問題に際しては、システム内の事象とシステム外の事象と並んで、個人の情緒的なプロセスと認知的なプロセスもまた、第3のグループとして見いだされる、とカルグルは言う[24]。つまり、システムの変更すなわちシステムの態度ないし行動は、認知的なプロセスに終始するのではなくて、情緒的もしくは情動的なプロセスでもなければならないと言うのである。なぜなら、内面化された行為には、快か不快かについての生活に必要な情報が影響しなければならないからである[25]。伊藤ほかによれば、人は本来生存のために外部的なあらゆる有害事象に対する意識的な「心」としての「情動系」という認知機構を脳の中にもっていて、この情動の最終段階がその「表出」つまり表情とか身体動作として表現されるのである[26]。

かくして、カルグルによれば、具体的な活動はいつも情動的な構成要素を包含していなければならず、情動構造と知的構造とは完全に類似的に形成され、両者は、経験と行為の沈殿物として生起し、それ相応のコンテクストにおいて現実的なものとなり、そして、それで以て将来の感情と行為とを内面化されたプログラムに従って誘導する[27]。行為は、こうして、情動的－認知的に構造分析されることとなる。

第3節　オウトポイエシス（アウトポイエセ）

第1項　概念内容

1　オウトポイエシス的な（アウトポイエティッシュな）システムというのは、システムの統一の維持のために必要な構成部分を、システムがその組織を環境の変転する状況に際して不変的に保全しその構造だけを変更することによってその統一を保ち続けるように組織化するべく合わせられているもののことである。そして、かかるシステムは、閉じたシステムとして、自己関係すなわち構造のあらゆる変更だけを、その変更がシステム自身から示唆されようがあるいはシステムの環境から示唆されようが操作をするのであって、唯々システムのアウトポイエティッシュな組織形態の保全だけに奉仕し、そしてそのことがシステムのその時点の構造に応じてのみなされるのである[28]。アウトポイエティッシュなシステムの理論は、生体システムの分析のために構想されたが、その成果は特に、個人的決定の理論において大いなる意義がある認知的なシステムの研究にも及んでいる、とキルシュは言う[29]。この構想は、したがって、物質的な自己組織の思想を形式的－サイバネティクス的思考と結びつけ、そして、後者を生きた有機体の自律を強調する新しい種類の見方に統一するものである[30]。マトゥラナによれば、アウトポイエティッシュな組織は、①当該構成部分をも生産するのと同じような構成部分のネットワークに帰納的に共同作用し、②生産のネットワークを構成部分がおかれている状態の空間におけるひとつの統一体として実現するような、諸構成部分の生産のネットワークによって、ひとつの統一体として定義される[31]。このような組織ないしはシステムの形式を、マトゥラナとヴァレラは、「オウトポイエシス」（ギリシャ語の autos＝selbst、poiein＝machen）と命名したのである[32]。もちろん、この場合、組織（ギリシャ語の organon＝Instrument）と構造（ラテン語の Struere＝bauen）は同義語ではない。組織は、システムを統一として構成するシステムの構成部分の関係であり、構造は、所与たる統一の

形成に対する共同作用において充足する機能のような具体的に付与された行為部分の全体である[33]。

2　しかも、マトゥラナの理論構造の理解のためには、観察者の被観察者に対する関係の分析が基本にある。つまり、観察される対象自体（有機体）の交互作用領域と対象が観察され得る関係領域との間で区別され、このことが、観察者と対象およびその環境との交互作用を前提としている[34]。したがって、彼によれば、対象の交互作用の説明のために、この交互作用領域の外部にある何かに関係する機能主義的な説明は許容されない。機能とか意義という概念は、専ら観察者の記述領域におけるメルクマールを提示するからである[35]。このような物理学的な空間に実在するアウトポイエティッシュなシステムは、マトゥラナによれば生体システムであり、厳格な意味では細胞にとってのみ該当する[36]。そして、観察者は、細胞のアウトポイエティッシュなシステムをより低度な第１秩序、多細胞の有機体をより高度な第２秩序として記述することができるが、しかし、このような説明は、マトゥラナによれば、蟻や蜜蜂の社会には妥当するが、人間と人間の社会には妥当しない。なぜなら、個々の蜜蜂は、自分の所属する蜜蜂社会の構成部分としてしか自己保全できないが、人間は、同一人が多種多様な社会的なシステムの構成員であり得るし、蜜蜂とは反対に、自分のオウトポイエシスの実現においてほとんど自律してしまっているからである。つまり、より高度なオウトポイエシス的なシステムたる社会から人間は自分のオウトポイエシスの実現を条件づけられていないからである[37]。

3　換言すれば、オウトポイエシスなシステムは、諸要素とそのネットワークの循環的な自己生産だけに関係しており、内部的なヒエラルキー的システム構想から出発している。したがって、かかるシステムは、外部からの刺激を必要とすることなく活動することができるので、環境に対しては自律的で、「閉じたシステム」であって、何らのインプットをも所有していない[38]。環境は、人間という観察者との関係においてのみ定義され、有機体自体が知覚し影響を及ぼし得るものである[39]。生きた有機体は、ただ環境と構造的に

連結されているにすぎず、生体システムは、その意味で、構造的に決定されているにすぎない。つまり、閉じたシステムとしてのアウトポイエティッシュなシステムは、その実現の方法と構造を環境によって決定されることなく、システムと環境の「構造的連結」の中で、環境がオウトポイエシスの具体的実現方法と具体的構造をセレクトしていくのである[40]。こうして、オウトポイエシス的システムは、「操作的閉鎖性」を特徴としているから、オウトポイエシス的システムの理論は、現代の組織論ないしシステム論の「開放的システムのパラダイム」とは全く別の前提から出発している[41]。

そして、マトゥラナは、「認知は、生物学的な現象である」とみなすことによって[42]、神経システムもまた閉じたシステムであって、循環的に自己準拠的に活動することを以て、有機体のオウトポイエシスの現象と神経システムの認知の現象とを同一視している。

4 ところが、カルグルによれば、社会的なシステムそのものも、その構造と構成要素を包含していなければならず、この構成要素の操作様式によって自分で自分を再生産する能力がなくてはならない[43]。したがって、オウトポイエシスを生体システムだけに、そして厳格な意味では細胞システムだけに限定するマトゥラナの見解には限界がある。そこで、マトゥラナのオウトポイエシス概念に修正を加えて、この概念を社会の対象領域にまで適応させたのが、ニクラス・ルーマンである。彼は、社会を自己生産的なシステムとみなしながら、この社会的なシステムの構成要素として「コミュニケーション」を考えた[44]。こうして、認知的なそして社会的な現象を垣間見ることによって、自己生産、自己保全、自己準拠性といった諸概念の分化に辿りつく[45]。しかしながら、ドゥチーヴァスによれば、ルーマンの社会的なシステムの理論においては、人間が決して中心的な役割を果たしていなくて、理論構想の周辺部に追いやられている。なぜなら、社会的なシステムは、コミュニケーションから生起し、それを操縦し、コミュニケーションからコミュニケーションを生み出すことによって、自分自身をアウトポイエティッシュに閉じたシステムとして自分で保全するからである。したがって、人間は、少

しも社会の部分ではなくて、つまり社会的なシステムの部分ではなくて、その環境に属することとなる。そして、ドゥチーヴァスは、このルーマンの理想構想が、「方法論的」ないし「熱狂的な」「反ヒュマニズム」という非難を喚起したと言う(46)。

5 これに対してカルグルは、オウトポイエシスの構想を発展させた功績はゲルハルト・ロートにあると言う(47)。ロートもまた、マトゥラナ同様にヒエラルキー的なシステム構想から出発するが、しかし、認知に対して弱いながらも状況交換関係をあてがっている。そして、自己保全的な（オウトポイエシス的な）システムと自己準拠的なシステムとの間で厳然と区別をし、脳のような自己準拠的なシステムだけが現実に操作的に閉じたシステムであるとして、マトゥラナと批判的な方法で対立している。曰く、「オウトポイエシス的なシステムと神経システムとの構成要素の関係は、相互に基本的に異なっている。……生命を認知と同置することは正しくない。……脳の自律は、本質的に実在保全から完全に解放されている。つまり脳は、生存ときわめて間接的にしか係わりをもたないか、もしくは、全く係わりをもっていない。……このことが、まさに、人間の認知の特殊な働きの根拠であり、現実の構成であって、したがって、行為の計画づけを促進する可能性……である」と(48)。こうしてロートは、認知と生命の簡単な同置を批判し、脳はアウトポイエティッシュではなく、認知的なシステムは、認知的なシステムを共に保全する有機体のオウトポイエシスと同じ存在論的な平面にはない何かによって作り出されるのである。そしてロートは、最終的に、個別の生命体は有限的な時間の中でしか自己保全できないことを理由に、そのオウトポイエシス的なシステム性を否定し、「30億年以上も前から自分で自分を生み出し、そして保全し、それで以てわれわれの地球上に実在した全てのものを生き残ったところの、遮断されることのない生殖連鎖としての生命そのもの」を実在する唯一のオウトポイエシス的なシステムとみなしている(49)。

6 ルーマンとトイプナーは、ヒエラルキー的なシステム構想からは出発していない。最初のより低度な秩序のアウトポイエティッシュなシステムの

上により高度な秩序のアウトポイエティッシュなシステムが生起するに際して、より高度な秩序のアウトポイエティッシュなシステムのために、生命とか意識と類似した創発進化的な実在としてのコミュニケーションが諸要素を提供してより高度なシステムが自らを形成する、と考える。つまり、コミュニケーションは、統一体としてのシステムのために機能を果たすすべてのものを自分で生産し再生産し、その場合にこのことがシステムの環境の中でのみそしてその環境に依存して行なわれ得るということが前提とされるような、オウトポイエシス的なシステムである。ただ、ルーマンが社会的なシステムを定義上オウトポイエシス的なものとして性格づけてしまっているのに対して、トイプナーは、部分的に自動的な社会的システムの可能性から出発している。それによれば、オウトポイエシスは、社会的なシステムの自律の最高度の段階であり、定義上、組織と結びつけられている。これに対して、キルシュは、このような考え方では、組織論において通常「組織」と称されているような社会的なシステムの部分量のみを保持している組織概念しか構成されていないと批判し、段階主義的な自律の構想それ自体を組織に移すことの方が実り多いと言う[50]。他方、ヘイルは、システムを「合準拠的」(Syn-referentiell) なものとして特徴づけ、人間の社会性を認知的なシステムの発展させられた余剰能力の結果として強調することによって、認知的なシステムの操作的な閉鎖性から出発する理論においてさえも、間主観的な意志疎通のような何かを受容することを可能にして、組織もまたオウトポイエシス的にも自己準拠的にも閉じてはいないという結論に達している[51]。なぜなら、マトゥラナからしても、オウトポイエシス的なシステムは、資料とエネルギーに関しては、環境に対して開かれていなければならないからである[52]。

第2項 自己準拠・自己保全・自己生産と認知システム

1 自己準拠的なシステムとは、ロートによれば、その状態が相互的循環的に対応行動し、その結果、システムのあらゆる状態がその都度の最も近い状態の惹起に構成的に関与しているようなシステムである。それ故に、自己

準拠的なシステムは、操作的に閉じたシステムである(53)。そして、メッツナーによれば、生物学的なシステムは、自己準拠的であるが、しかし、自己準拠性は、生物学的なシステムに制限されない普遍的な組織原理であるし、自己準拠的なシステムは、自己保全的である必要もない。例えば、脳は、自己準拠的であるが、自己保全的ではない。脳の資料的・エネルギー的な自己保全は、脳自身のおかげではなくて、全有機体の身体循環と素材転換を経由した栄養補給と酸素補給のおかげだからである(54)。したがって、自己準拠的なシステムは、その独自の実在の保全のために必要な交流を環境との間でしているのである。つまり、環境から影響を受け、逆に環境に影響を与えるが、この影響は、システムの内部的な態度調整をするだけであって、システムの態度を決定するわけではない(55)。脳は、自己保全に関しては、環境との交互作用に依存しているけれども、認知的には、自己準拠的で閉鎖的である。したがって、「脳の自己準拠的な組織は、自己が環境から分別されている認知的な世界を自分で創造するのである」(56)。なぜなら、脳は、認知に関しては、環境と直接に接触をもっておらず、神経システムを経由して「意味」の受容器によるシグナルの転換がなされ、「知覚」されねばならないからである。換言すれば、神経のネット化によって保証される知覚の統一とこの神経のネット化こそが、脳の基本的な組織原理を自己準拠的なシステムの原理として性格づけるのであるが、この自己準拠性の原理が、認知的に方向づけられたあらゆる行為論にとって構成的なものであるとカルグルは言う(57)。

　2　自己保全的なシステムとは、カルグルによれば、第1の自己組織的なシステムが第2の自己組織的なシステムのための開始条件を生み出すように組織されている自己組織的なシステムの循環的な結びつきから成り、更にこの連鎖が続き、最後に第1の自己組織的なシステムの開始条件を生み出して循環が閉じるまでなされるシステムである。自己保全的なシステムは、したがって、閉じた回路システムである。ただし、個々の構成要素の生命持続に拘束されていないのに対して、自己組織的なシステムは、構成要素の生命持続に拘束されているので、構成要素が使い果たされてしまうと、自己組織的

なシステムは崩壊する、という点で両システムの間には相違がある[58]。そして、ある特定の構成的構成要素から成るシステムにあって、①すべての構成要素がある特定の時点以降に生起し、②この特定の時点以降の構成要素が当該システムの唯一の構成要素であって、③しかも、この構成要素の開始条件のすべてが当該システムの構成要素の少なくとも一部分によって生み出されているとき、かかる当該システムを「自己生産的なシステム」と称する[59]。

こうして、人間も自己準拠的であるように、脳のような認知的システムも自己準拠的なシステムであり、操作的には閉じていて、自分独自の状態によってのみ操作されるという意味では、構造的に決定論的なシステムであるが、自己を保全するためには、環境に対して開かれていなければならず、その意味では、相対的に自由で自律的なシステムであって、人間という有機体なくしては実在し得ないから、認知的なシステムは、有機体と分離不可能である[60]。

第4節　認知的行為

第1項　認知的行為の思考必要性

1　カルグルは、認知的な方向づけのメルクマールなくしては行為者の展望したがって具体的な不法が探求され得ないと言う。つまり、刑法的帰責にとって重要な行為の局面は、最初からしかも特に、外部的な事象への内面的な係わりを度外視しては確定しないのであって、例えば、神経システムに与える刺激によって直接に呼び起こされる純粋に肉体的な反射運動が刑法的な行為から区別されるのは、行為概念の最小限の要件である精神的－心的な諸力の共同作用が欠けているからであるが、それはまさしく、人間の決定態度を可能にする認知的な方向づけのモメントが欠如しているからだと言うのである[61]。人間の態度を「決定態度」として定義づけるカルグルによれば、決定は、知的な構成要素と情動的な構成要素が分離不可能に含まれている認知的なシェマータを根拠にして下されるが、この決定の基準は、不法構成要

件の部分である認知的な領域にあって、意的な要素は、人間の態度の決定的な基準ではあり得ない。なぜなら、意的な要素すなわち意欲は、動物の態度の特性でもあるからである。したがって、この認知的なメルクマールが、偶然と過失を区別し、結果責任を限界づけるのである[62]。刑法的な評価を人間の態度に制限するためには、人間の認知的な可能性を圧倒的に強調するような基準が必要であり、刑法にとって第1に重要な行為特性を形成するのは、それ故に、意欲ではなくて「知識」である[63]。そして、認知的行為論は、カルグルによれば、パーソンズの4機能パラダイムとマトゥラナの認識生物学とのコンビネーション、すなわち、生体のオウトポイエシス的な構想を4機能パラダイムの中に組み込むことを提示する[64]。

2　この点で、因果主義者は、行為の事象を、手段、条件、状況という経験的なファクターに制限する実証主義的な理論範型（Muster）を行為問題の解決モデルにしたので、行動に方向を付与する認知的な機能の自力性を否定することになるから間違っていたし、目的主義者は、行為領域を、目的、目標、価値、理念という規範的なカテゴリーに短縮する観念論的な理論範型を行為問題の解決モデルにしたので、方向づけられた行為を挫折させることもできる状況的な構造の自力性を否定することとなり間違っている、とカルグルは言う[65]。行為者は、刺激に対するような単に条件的な要因にだけ反応するのではなく、規範的な範型ないしは目標にも反応し、意図、目的、願望にも言及するから、行為は、したがって、行為者と彼の状況そして重要な規範的な範型との間の関係から明らかになる択一的な諸関係の間の決定の成果として把握されなければならない[66]。すなわち、行為に関しては、行為者は、ある状況のみならず同時に規範的な範型に向けられているということである。この点、行為者が目的論的にも価値に向けて方向づけられているというヴェルツェルの考察は正しかったが、しかし、目的性は、あくまで認知的な方向づけの全体における沢山のモードの中のひとつにすぎないのであって、行為者は、常に、状況（手段、方法）によって制限的な条件（行為者の肉体も含む）を背負っているのであるから、条件的なファクターと規範的なファクターへ

の行為者の同時的な方向づけという公準で以て、行為プロセスの本質的な構成要素つまり行為を指導する要素間の「選択」と「決定」の問題が語られなければならない(67)。

3　この点、因果主義者は「選択」の概念を消去してしまったし、目的主義者は、「選択」が行なわれる「世界の概念」を消去してしまった、とカルグルは言う。パーソンズのように、両方の観点を一緒に採用すれば、行動は「決定態度」であり、行為はあらゆる「決定の成果」である。さすれば、計画を遂行しないという決定もまた、「行為」もしくは「干渉」であるから、行為と不作為は、異なった決定態度によって区別されるにすぎない。この点で、認知的行為論は、パーソンズの見解と完全に一致するとカルグルは言う(68)。

第2項　価値、目標、情報、規範、期待と認知

1　カルグルによれば、行動は、情動論理的な関係システムに具象化されていて、構造的な連結の成り行きによって発展もするし変転もする認知的な能力に依存する(69)。クラナッハも「全ての行為に関係づけられたカテゴリーは、……行為者の認知に依拠する」と言っている(70)。彼によれば、認知は、行為の時点で生起し、その生起の時点は、行為の事象の内部で言及されねばならず、行為の重要な知識は、行為に関係する認知の中に含まれている(71)。そして、認知的な行為操縦は、計画と戦略によって遂行され、それは、行為経過を目標に向けて方向づける。しかも、計画の実行には決意を必要とするが、決意は、計画が行為へと転換される認知的な、動機づけをする情緒的なプロセスであり、その決意は何らかの基準に依拠する。決定は、択一的な行為進展の間における選択の意識的な活動である(72)。つまり、行為には特別な機能が働くが、この機能こそが、情報処理という特別の装置すなわち意識的な認知の投入によって態度の適応性を確保するのである。この意識的な認知によって、環境（外部）に向けられた適応に対立する内部に向けられた適応の問題が生じ、この内部に向けられた適応は、価値と規範からの処理によっ

て行なわれるのである(73)。情報の探索と情報の受容という認知は、さまざまな行為類型に際して生起し、認知を規定することができ、方向づけと探求のそれ相応の態度様式がそこから観られ、それらは「知覚」として現象する(74)。したがって、知覚理論は、実在と現実との間の関係について特定の認識論的な基本的立場と結びつけられ得るのである(75)。

2 ところで、人間の態度は、全く本質的に、しかもさまざまな総合面で、「目標」に向けられていることは否定できないが、この目標は、行為の最終における表象され志向された状態であり、したがって、具体的な行為は、目標選択で以て始まり、目標達成で以て終わるのである(76)。そして、目標が繋留されているような根本的な認知的構造として作用するのが、価値である(77)。しかも、価値概念は、それ相応の認知的な構想に恒常的に結びつくような凝固された積極的もしくは消極的な感情でもある(78)。なぜなら、行為は、良い－悪いという評価的認知に基づくだけではなくて、好き－嫌い－憎いといった感情にも基づくからである。もっとも、価値は、その一般的な性格の故に、行為を直接に操縦するわけではなく、その影響は、目標・決定・態度プロセスなどのような他の認知的プロセスによって媒介される。しかし、いずれにせよ、価値は、認知的な人格構造の重要な構成要素であり、それ故に、価値概念についてのすべての理論が行為論と結びつけられるのである(79)。価値は、内容が志向される認知であり、人の中心的な認知的構造であり、目標についての行為に影響を及ぼすので、価値認知は、行為に付随し得るし、行為に関係づけられている(80)。

3 こうして、行為は、規範的な範型と一致して遂行されるし(81)、社会的な行動は、いつも規範的な構造、特に法的な構造に頼らざるを得ないので、社会的な現実が、社会システム・組織システム・交互作用システムの間のそれらの諸要素をも含めた分化で以て記述され得る限り、規範ないしは法規範と行為との関係は、充分に把握されねばならないとヴェルナーは言う(82)。ルーマンは、この点、規範も行為も社会システムの要素とは見ておらず、規範の概念に代えて期待の概念を考え、社会的な構造を期待の構造とみなし、様式

化された期待を認知もしくは規範と考える(83)。したがって、ルーマンによれば、法規範は要求多く一般化された期待であって、その期待は、時間的な社会的な事実的な観点で一致した一般化の特殊な要求の下においてのみ生起するにすぎず、彼の理論は、規範中心的ではない(84)。しかし、ヴェルナーによれば、自己準拠的に操作する社会システムは、規範的な態度の方向づけの意味における操縦なくしては効率よくコミュニケーションすることができないから、規範と行為ないしはコミュニケーションとの関係を充分に考慮しなければならない(85)。

　もっともカーノスによれば、行動の被期待性を行動の意味決定の中へ取り込むことは、行動の規範的な自己準拠を現実的なものにするから、期待の関係は、すでに行為自身に向けられている(86)。なぜなら、期待を期待することができるのは、行為をすることができる誰かからであって、人は、行為状況のみを構造化することができ、自然現象の情勢を構造化することはできないからである。したがって、行為がいつも期待に向けられて経過するということは、おのずから理解される(87)。

第3項　行為答責性

　1　カルグルによれば、行為概念の使命は、帰責判断にとって問題となる領域を内容的に特徴づけ、そして限界づけることにあるが、行為を決定態度として定義づけることによって行為が帰責可能性を条件づけるし、その逆でもある(88)。そして、人間の態度が構造的に決定されているとして、構造決定論を採用するカルグルが、それでも、決定と答責性の共存を認め、認識主義的非決定論と称する点に、カルグルの特色がある。つまり、彼の構造決定論は、すべての行動の法則性と可変性との結合可能性を示すのである(89)。なぜなら、彼によれば、人の行為が人の決定に依存していて、この決定が期待ないし情動論理的な関係システムのために増大した人の経験によって決定されてはいるが、しかし、その人自身の決定が人物自身を拘束しないということを認めれば、この「自由」を是認しなければならないからである。つ

まり、われわれは、どのように決定されているか知らないので、われわれに必然的に開かれているさまざまな可能性の間で選択しなければならないからである(90)。この点、自由意思論は、心理を情動と知性に分離しない限り生き延びることができないが、両者は分離不可能なものであるし、決定論や宿命論は、構造主義的な認知科学に真正面から対立すると言う。構造主義的な認知科学によれば、知覚は、脳の自己準拠的な作動様式に依拠する秩序の構成のプロセスであり、自己準拠性は、システムが自分固有の状況を観察し、その際に仕上げられた自己記述を新しい状況の出発点にする状態にあるときにのみ、再び機能するからである(91)。

2 答責性は、カルグルによれば、情動論理的な関係システムを変更することができる人間の能力から演繹され、この変更は、行為者がいかなる表象・目標・価値が彼の決定にとって決定的であるかということについて回顧的に反省することによって導入される。したがって、帰責する態度のための接点として、行為者の行動の要因についての行為者の知識が問題となる。この知識は、他人の倫理的な期待についても知っているし、場合によっては、自分の期待と他人の期待との間の不一致についても知っている。このように、答責性の根拠として、自分で自分を観察し観察を将来の決定に組み込むことができる特殊に人間的な能力を考えねばならない。犯罪的な態度の主観的な帰責の接点は、自分の行為要因についての知識である。そして、行為者の外部的な事象への内部的な関与の中心的な要素が、認知的な方向づけと呼ばれるのである(92)。

3 かくして、認知的な行為概念は、行動を、状態によって決定されていてそれでもなお答責的である決定態度として理解するのである。行動は、条件的なファクターと規範的なファクターに同時に方向づけられているので、行動は、常に「選択」を基礎にしているし、「選択」は、したがって、状況と目標の食い違いから明らかとなる。行為者が展望的に選択しなければならないからこそ、それを「自由」にすることができるかどうかは決定されていないのである。このようにして、情動構造と知的構造が完全に共同して、し

かも類似的に人間の環境とのあらゆる交互作用の沈殿物として生起するならば、感情は、認知の中に含まれていないような指示を思考システムに与えることはない(93)。この情動的なファクターは、総じて知覚されることをも規定し、情動的認知的な全体を組織する。この内面化された思考パターンは、生体システムをアウトポイエティッシュなシステムとして特徴づけるような回帰性を示すとカルグルは言う(94)。

第5節　お わ り に

1　カルグルは、人間の行為をそれ以外の世界の事象から区別するファクターと、このファクターが行為を決定づけることができるかどうか、という2つの問題が刑法上で重要であるとした上で、①因果主義者の実証主義的な理論モデルと②目的主義者の観念論的な理論モデルの両方を批判することによって、構造主義的認知科学に基づく情動論理的な解決策を模索した。そこでは、行為の事象を、手段・条件・状況という経験的・因果的なファクターに制限する因果主義は、行為に方向づけをする認知的な機能を無視しているし、行為の外部的な事実性を強調する余りに秩序概念を軽視してしまったと批判し、他方、行為領域を目的・目標・価値・理念という規範的なカテゴリーに制限した目的主義は、行為を左右することもあり得る状況的な構造を否定するし、秩序概念を保持する余りに開放と転換の可能性を説明することができなくなったと批判した(95)。行為概念の主たる要因は、意思や意欲といった情緒的要因だけでもなく、知識といった認知主義的な認知的要因だけでもなく、情緒と知識が構造的に連結している情動関係システム的な要因なのである。かかる考え方は、ある意味では当然であって、既述の拙稿「刑法（学）のための行為概念—システム論的構想の素描—」において、認知科学的アプローチからだけではないが、同趣旨のことを説いている。つまり、人間を含むあらゆるシステムの行為を考えるならば、「因果性の前置された認識に根ざした」情報処理プロセスを認めなければならないから、行為を方向

づける知識を生み出す因果認識は必要であるけれども、外部的な事実性・状況性によって行為が決定されているわけではないし(96)、反対に、志向性(目的性)は、行為を方向づける要因であるから、行為概念を根拠づけるけれども、それらは、「認知的な方向づけ」の全体における沢山の行為モードのひとつにすぎないのであって、目的性＝故意という図式を当然とすることは間違っているし(97)、他方、目的・目標は、価値・規範・期待・制度といった社会的な因子から他者とのコミュニケーションを通じて設定可能であるから(98)、目的主義は、規範的な秩序概念を有しているが、その点を強調しすぎると、規範主義に陥り、規範が行為をヒューム的に決定することになってしまい、行為システムの可変性・転換性を否定するので、行為と行為システムのダイナミック性を認めることができなくなってしまう。したがって、以上に関する限り、私の主張とカルグルの主張に齟齬はないと思われる。

2 むしろ、カルグルからは余り究明されていないが、行為の要因として、以上の「因果性」、「目的性」、「認知性」の他に、「人格性」と「社会性」も重要であるということを強調したい(99)。カルグルは、人間の行為を、認知的な「決定態度」として定義づけたが、行為決定は人格的な情報処理に基づくものであるし、この情報処理は価値・規範・ルールなどを基準にしてなされるから、この価値・規範・ルールが社会的なシステムに内在する限り、行為は、社会性のある人格的決定でなければならない。キルシュは、「ポイエティッシュな行為」(poietische Handlung)を「有意義な方法で何かを生起させること」と定義づけた上で、このポイエティッシュな行為とオウトポイエシス的なシステムの構想との類似性および目的論的な行為モデルとの類似性を説いている(100)。彼によれば、オウトポイエシス的なシステムも、独自のダイナミック性で以て行為をし、自らを展開する。そのとき、環境事象は、調整的な性格をもっている。そして、ポイエティッシュな行為の基礎には、行動者自身がアウトポイエティッシュなシステムとして構成され、このシステムの独自のダイナミックとこのシステムの自律を構成する「組織」とを行動者自身が観察者として見抜いていないような、行動者の(黙示的な)自己記

述がある。このあたかも並走する自己記述において、行動者は、彼自身の行動を、アウトポイエティッシュなシステムの独自のダイナミックに則して「生起する」何かとしてのみ構成することができる。他方では、目的論的な行為モデルの基礎にも、ヴァレラの意味におけるインプット・モードに相応する行動者の自己記述が（黙示的に）ある。つまり、行為は、目的設定をも帰属するような一連のインプットを処理する変換プロセスのアウトプットなのである。ここでは、行為者は、彼のインプットを経てアウトプットの生産をコントロールするシステムとして（暗黙のうちに）自分自身を構成する。換言すれば、目的論的な行為の基礎には、行動者が限界づけによって自分を同定する（identifizieren）方向づけがある。自分自身も他者（環境）も、彼はこのインプット・モードに則して構成するから、彼のアウトプットとしての行動は、いわば別のシステムのインプットであり、別のシステムは、このインプットを自分の側でアウトプットに加工して再び行動者自身にインプットとして還元するのである。こうしてシステムは、情報をインプット・アウトプット－プロセスによって人格的に処理するのである。キルシュやドイッチュによれば、人格は、特定の人間を特徴づける態度型の全集約であり、主体的で自由な決定によって記憶に蓄積された過去からの情報のシステムであって、いわば、集積された情報の内概念である[101]。そして、この決定は、「人間の問題解決の態度における一局面」であって、現在状況と未来状況とを比較考量することによって、その誤差を未来状況へとフィードバックするから、問題解決の構成要素として、情報システム、価値システム、決定論理、活動システムなどが必要となる[102]。

3 他方、人間も自己準拠的な認知的サブシステムを所有するアウトポイエティッシュなシステムであるが、この人間が直観的に支配するルールというものが、人間の脳ないしは中枢神経システムという自己準拠的な組織の中で現われる。したがって、「人間」というアウトポイエティッシュなシステムの態度ないしは行動は、結局のところ、「ルールによって指導されている」と言えよう。つまり、ルールが行為関係の中で行為する人間を「操縦する」

ということが想定されないような社会的な交互作用関係のルール量が実在するのである。この操縦モデルの中に再生産されるルールは、結局、そのルールが、何らかのパラレル化を示す脳の自己準拠的な組織の中で具象化されているが故に実効性があるのであり、そのとき、行為する人間は、脳の自己準拠的な組織によって蓄積されているルールに事実上従うのである[103]。そしてクラナッハによれば、社会的な行為の操縦は、慣習・ルール・規範によって遂行され、それは、認知的な操縦と自己規制に影響を及ぼすことによって効果的となる。彼によれば、ルールは態度に関係づけられた慣習であり、慣習はコミュニケーション共同体における社会的な一致に依拠する認知のことであり、制裁によって強化されるルールを規範と呼ぶ[104]。「人間は、生物学的な理由から社会的に生きているのであり、社会的に生きているからこそ現にあるように生物学的であり得るのである。だからこそ、社会それ自体が生物学的に必要なのである」[105]。かかるアプローチは、「いかなるシステムもその実在性自身を構成する」ということであり、システムに依存しない実在性は存在しないということであって、その都度に観察されるシステムの環境の中には別のシステムが実在していて、その別のシステムは焦点のシステムの自律的なプロセスを当然に調整し、そして逆に、この別のシステムは影響を受けるのである。こうして、社会的な領域が生起してくるのである[106]。したがって、人間の行為は、社会性を必然的に有すると言えよう。かくして、刑法上問題にする人間の行為は、その要素として、因果性、志向性（目的性）、社会性、人格性、認知性のすべてを内包している、ということが明らかになる。先の論文で検討不充分であった「認知性」について、これまた概括的な考察に終わったけれども、それについて考察することによって、行為概念の全貌が透明度を増してきたように思われる。問題となるのは、かかる認知的行為論が、刑法上の各種問題点にどのような影響を及ぼすかであるが、それは今後の検討課題としたい。その点についてささやかながら、「故意と過失」について、別稿で垣間見た[107]。

【注】

(1) 福田平・大塚仁博士古稀祝賀『刑事法学の総合的検討（下）』有斐閣 1993 年、199 頁以下。

(2) この点で、Arthur Kaufmann, Die ontologischen Struktur zur Handlung. Skizze einer personale Handlungslehre, in ders, Schuld und Strafe. Studien zur Strafrechtsdogmatik, 2Aufl., Köln/Berlin/Bonn/München 1983, S. 19, 25, 28, 29. の趣旨に賛成した。なお、当初私は、Kognitivität を認識性、Kognition を認識と訳したが、Erkenntnis と区別するために、一般に用いられている認知性、認知という訳語に従う。

(3) Walter Kargl, Handlung und Ordnung im Strafrecht. Grundlagen einer kognitiven Handlungs- und Straftheorie, Berlin 1991.; und ders, Der strafrechtliche Vorsatz auf der Basis der kognitiven Handlungstheorie, Frankfurt am Main/Berlin/Bern/New York/Paris/Wien 1993.

(4) W. Kargl, Handlung und Ordnung, S. 243.

(5) W. Kargl, Der strafrechtliche Vorsatz, S. 78.

(6)(7) W. Kargl, Handlung und Ordnung, S. 517.

(8) W. Kargl, a. a. O. S. 514.

(9) W. Kargl, Der strafrechtliche Vorsatz, S. 80ff.

(10) Humberto R. Maturana, Erkennen. Die Organisation und Verkörperung von Wirklichkeit. Ausgewählte Arbeiten zur biologischen Epistemologie, Braunschweig 1982 (1Aufl.), 1985 (2Aufl.). これについては、河本英夫訳『オートポイエーシス―生命システムとは何か―』国文社 1991 年に翻訳文が収録されている。

(11) W. Kargl, Handlung und Ordnung, S. 513.

(12) Werner Kirsch, Kommunikatives Handeln, Autopoiese, Rationalität. Sondierungen zur einer evolutionären Führungslehre, München 1992, S. 195.

(13) W. Kirsch, a. a. O. S. 185ff. に詳細に比較検討されている。なお、マトゥラナとルーマンのオウトポイエシス論と刑論については、都築廣巳「刑法における予防と刑罰の機能―機能的システム理論の視座―」東京電機大学理工学部紀要 15 巻（1993 年）の詳細な研究があるので注目に値する。

(14) „Selbstreferentialität" の訳は、「自己言及性」と訳される場合もあるが、本稿では「自己準拠性」で統一することにした。

(15) W. Kargl, Der strafrechtliche Vorsatz, S. 98.

(16) 下村康正先生古稀祝賀『刑事法学の新動向』成文堂 1995 年。

(17) W. Kargl, Der stratrechtliche Vorsatz, S. 91, 96.

(18) W. Kargl, a. a. O. S. 90.

(19) W. Kargl, Handlung und Ordnung, S. 234.

(20) W. Kargl, Der stratrechtliche Vorsatz, S. 79.
(21) W. Kargl, a. a. O. S. 98.
(22) 神宮英夫『スキルの認知心理学―行動のプログラムを考える―』川島書店 1993年、83頁。
(23) W. Kargl, a. a. O. S. 97.
(24) W. Kargl, a. a. O. S. 97.
(25) W. Kargl, a. a. O. S. 61.
(26) 伊藤・梅本・山鳥・小野・往往・池田『情動』（岩波講座『認知科学』6）1994年、6頁、25頁。なお、情動と感情の相違区別について、8頁以下、36頁以下参照。なお、養老孟司『唯脳論』青土社 1994年によれば、脳は、神経系の一部を成す構造であり、「心」は、この神経系の機能すなわち脳の機能ないし作用である（31頁、55頁）。
(27) W. Kargl, a. a. O. S. 61, 63f.
(28) Ralf Dziewas, Der Mensch-ein Konglomerat autopoietischer Systeme?, in: W. Krawietz/M. Welker (Hg.), Kritik der Theorie sozialer Systeme. Auseinandersetzungen mit Luhmanns Hauptwerk, Frankfurt am Main 1992, S. 117.
(29) W. Kirsch. a. a. O. S. 185.
(30) Andreas Metzner, Probleme Sozio-ökologischer Systemtheorie. Natur und Gesellschaft in der Soziologie Luhmanns, Opladen 1993, S. 94.
(31) H. R. Maturana, Erkennen, S. 158.
(32) H. R, Maturana, a. a. O. S. 142, 245, vgl. W. Kargl, Handlung und Ordnung, S. 31.
(33) H. R. Maturana, a. a. O. S. 139, 140, 240, 241.
(34) H. R. Maturana, a. a. O. S. 36, 34ff.
(35) H. R. Maturana, a. a. O. S. 14, 16, 238f. したがって、メカニックな説明か生気論的説明のみが重要となる。ところが、養老・前掲書によれば、「脳」は「構造」であり、「心」や自己準拠性を特徴とする「意識」は脳の「機能」であって生物学的な必然現象であるけれども、構造と機能は分離して存在しているわけではなく、脳と心は同じ「何かを」違う見方で見たものにすぎず、したがって構造と機能は同じものの異なる「見方」にすぎないから、生物体は、構造部分と機能部分に分離して存在しているわけではない。それ故に、構造主義と機能主義は相反する主義ではない（31、35、54、134、143、145、156頁）。私もこの見解に組したい。
(36) H. R. Maturana, a. a. O. S. 142.; A. Metzner, a. a. O. S. 96-97.
(37) W. Kirsch, a. a. O. S. 190.
(38) W. Kirsch, a. a. O. S. 193f., 198, 199.

(39) H. R. Maturana, a. a. O. S. 34, 43.; A. Metzner, a. a. O. S. 45 Anm. 112.
(40) W. Kirsch, a. a. O. S. 200.
(41) W. Kirsch, a. a. O. S. 199, 200.
(42) H. R. Maturana, a. a. O. S. 33.
(43) W. Kargl, a. a. O. S. 222.
(44) Vgl. N. Luhmann, Soziale Systeme. Grundriß einer allgemeinen Theorie, 3Aufl., Frankfurt am Main 1988, S. 40, 388.; Vgl. W. Kirsch, a. a. O. S. 190.; Vgl. W. Kargl, a. a. O. S. 222.
(45) W. Kargl, a. a. O. S. 222.
(46) R. Dziewas, a. a. O. S. 113.
(47) W. Kargl, a. a. O. S. 222, Anm. 3.
(48) Vgl. W. Kirsch, a. a. O. S. 194, 202.; Gerhard Roth, Autopoiese und Kognition. Die Theorie H. R. Maturana und die Notwendigkeit ihrer Weiterentwicklung, in: S. J. Schmidt (Hg.), Diskurs des Radikalen Konstruktivismus, Frankfurt am Main 1987, S. 269f.
(49) Vgl. W. Kargl, a. a. O. S. 202.; G. Roth, Die Entwicklung kognitiver Selbstreferentialität im menschlichen Gehirn, in: Baecker (Hg), Theorie als Passion, Frankfurt am Main, 1987, S. 396.
(50) Vgl. W. Kirsch, a. a. O. S. 194, 195.; Petra Werner, Soziale Systeme als Interaktion und Organisation. Zum begrifflichen Verhältnis von Institution, Norm und Handlung in: W. Krawiez/M. Welker (Hg.), Kritik der Theorie sozialer Systeme, S. 209. Vgl. N. Luhmann, a. a. O. S. 167, 191.
(51) Vgl. W. Kirsch, a. a. O. S. 193, 194.; Peter M. Hejl, Sozialwissenschaft als Theorie selbstreferentieller Systeme, Frankfurt am Main 1982, S. 13, 14, und ders, Konstruktion der sozialen Konstruktion. Grundlinien einer konstruktivistischen Sozialtheorie, in: S. J. Schmidt (Hg.), Der Diskurs, S. 327.
(52) W. Kirsch, a. a. O. S. 199.
(53) G. Roth, Selbstorganisation und Selbstreferentialität als Prinzipien der Organisation von Lebewesen, in: Dialektik 12, Köln 1986, S. 201.
(54) A. Metzner, a. a. O. S. 96.
(55) W. Kargl, a. a. O. S. 229.
(56) W. Kargl, a. a. O. S. 236.
(57) W. Kargl, Der stratrechtliche Vorsatz, S. 85, 86.
(58) W. Kargl, Handlung und Ordnung, S. 225 Anm. 12.
(59) G. Roth, a. a. O. S. 198f.
(60) Vgl. W. Kargl, a. a. O. S. 234, 249.
(61) W. Kargl, Handlung und Ordnung, S. 529, 531.

(62) W. Kargl, a. a. O. S. 509, 535.
(63) W. Kargl, a. a. O. S. 534.
(64) W. Kargl, a. a. O. S. 511.
(65) W. Kargl, a. a. O. S. 510.
(66) W, Kargl, a. a. O. S. 529.
(67) W. Kargl, a. a. O. S. 512.
(68) W. Kargl, a. a. O. S. 513.
(69) W. Kargl, Der strafrechtliche Vorsatz, S. 99.
(70) Mario. v. Cranach/U. Kalbermatten/K. Indermuhle/B. Gugler, Zielgerichtetes Handeln, Bern/Stuttgart/Wien 1980, S. 231.
(71) Cranach u. a., a. a. O. S. 222, 223, 97.
(72) Cranach u. a., a. a. O. S. 99.
(73) Cranach u. a., a. a. O. S. 258, 259.
(74) Cranach u. a., a. a. O. S. 267.
(75) W. Kargl, a. a. O. S. 88.
(76) Cranach u. a., a. a. O. S. 283, 87.
(77) Cranach u. a., a. a. O. S. 242.
(78) W. Kargl, a. a. O. S. 65.
(79) Cranach u. a., a. a. O. S. 280.
(80) Cranach u. a., a. a. O. S. 95, 280.
(81) W. Kargl, a. a. O. S. 100.
(82) Petra Werner, a. a. O. S. 210.
(83) Niklas Luhmann, Soziale Systeme. Grundriß einer allgemeinen Theorie, Frankfurt am Main 1984, S. 444ff., 397, 437.
(84) N. Luhmann, a. a. O. S. 451.
(85) P. Werner, a. a. O. S. 213, 214.
(86) Antonios Chanos, Erwartungsstruktur der Norm und rechtliche Modalisierung des Erwartens als Vorgaben sozialen Handelns und Entscheidens, in: W. Krawiez/M. Welker (Hg.), a. a. O. S. 239.
(87) A. Chanos, a. a. O. S. 244.
(88) W. Kargl, Handlung und Ordnung, a. a. O. S. 534, 531.
(89) W. Kargl, a. a. O. S. 518, 519. und ders, Der strafrechtliche Vorsatz, S. 104.
(90) W. Kargl, Handlung und Ordnung, S. 521.
(91) W. Kargl, Der strafrechtliche Vorsatz, S. 101, 102.
(92) W. Kargl, Handlung und Ordnung, S. 527.
(93) W. Kargl, a. a. O. S. 526.

(94) W. Kargl, a. a. O. S. 515.
(95) W. Kargl, a. a. O. S. 510ff.
(96) Otta Weinberger, Recht, Institution und Rechtspolitik. Grundprobleme der Rechtstheorie und Sozialphilosophie, Stuttgart 1987, S. 65, 131.
(97) Vgl. O. Weinberger, a. a. O. S. 64.; Urs Konrad Kindhäuser, Intentionale Handlung. Sprachphilosophische Untersuchungen zum Verstandnis von Handlung im Strafrecht, Berlin 1980, S. 206.
(98) Manfred Riedel, Zweck- und bedürfnisgebundes Handeln. Zur Tragweite des teleologischen Begründungsansatzes in der Handlungstheorie, in: Hans Poser (Hg.), philosophische Probrem der Handlungstheorie, Freiburg/München 1982, S. 141.
(99) 本稿の注（1）に掲載の論文（特に210頁以下）参照。
(100) W. Kirsch, a. a. O. S. 468ff.
(101) W. Kirsch, Einführung in die Theorie der Entscheidungsprozesse, 2Aufl., Wiesbaden 1977. Bd. 2, S. 103, 104.; Karl W. Deutsch, Politische Kybernetik. Modelle und Perspektiven, 2Aufl., Freiburg 1970, S. 169.
(102) W. Kirsch, a. a. O. Bd. 1, S. 70.; Christof Zangemeister, Zur Methodik systemanalitischer Zielplannung. Grundlagen und ein Beispiel aus Sozialbereich, in: Hans Lenk (Hg), Handlungstheorien-interdisplinär Sozialwissenschaftliche Handlungstheorien und spezielle systemwissenschaftliche Ansätze, Bd. 4, München 1978, S. 336-338.
(103) W. Kirsch, Kommunikatives Handeln, Autopoiese, Rationalität, S. 257f.
(104) M. v. Cranach, u. a., a. a. O. S. 92, 93.
(105) P. M. Hejl, Konstruktion der sozialen Konstruktion, in: H. Gumin/A. Mohler (Hg.), Einführung in den Konstruktivismus, München 1985, S. 13; Hervorhebungen im Original. ヘイルのこの文章は原典に当たることができず、キルシュの前掲書の引用文（S. 206）に頼った。
(106) W. Kirsch, a. a. O. S. 20.
(107) 注（16）に掲載の論文。

第7章

共謀共同正犯

第1節　問題の提起

1　共謀共同正犯とは、共同正犯の一種で、2人以上の者がある犯罪の実現について事前に共同謀議をなして犯罪を実現する場合である[1]。この場合に、実行行為に出ない共謀者も皆正犯となることを認める立場[2]を共謀共同正犯論と称し、全員が少なくとも実行行為の一部を分担する必要があるという実行共同正犯論に対立している[3]。判例は、一貫してこの共謀共同正犯論を認めてきたが、学説の多くはこれを否定してきた。もっとも、今日では、この判例の実績を評価した上で、処罰の範囲を拡大しない枠組みを考えながら、この共謀共同正犯論を容認する傾向が学説にもみられるようになった[4]。いずれにせよ、単なる共謀者を理由もなく全員正犯としてしまうことは慎しむべきであるし、他方、共謀共同正犯も2人以上の複数人による作業分担的協働現象であるから、共犯性を有すると同時にあくまで正犯であるという二重構造性を矛盾なく説明する必要がある。その点で、従来の共謀共同正犯論は、成功していなかったと言える。したがって、共謀者の正犯性の根拠を明確に示す共謀共同正犯論を構築しなければならない。

2　従来から、正犯概念については、自分の手で直接に構成要件を実現する者が正犯であるという制限正犯概念説が、他方、実行行為概念については、基本的構成要件に該当する事実を実現する行為のことであるという形式的客観説が学説を支配してきた[5]。こうした考え方を基礎にした実行共同正犯論は、刑法60条の規定（2人以上共同して犯罪を実行した者はすべて正犯とする）を、

関与者各人が少なくとも犯罪構成要件に該当する行為の一部を実現しなければならないと解釈し、実行に出ない共謀者まで正犯とするのは、処罰範囲を拡大し、個人責任の原則に反すると批判してきた。

これに対して、共謀共同正犯論は、共同正犯は個人的共犯原理では解決できないものであり、団体犯原理に立脚しなければならないとする(6)。そして、現実に実行行為もしないで背後で指図をしている黒幕こそが諸悪の根源であるのに、実行共同正犯論ではこの黒幕を放置するかせいぜい教唆犯でしか処罰できないから、社会的正義を実現できないとして、共謀ある限りかかる背後者をも正犯にしようとしたのである(7)。そこには、かなりの必罰性の思想が底辺に流れているが、それだけで処罰範囲を拡大することは慎まねばならない(8)。したがって、共謀共同正犯論が刑法60条の解釈からして可能かどうかが問題になってきたのである。

3 もっとも、実行共同正犯論にしても、制限正犯概念を余りにも狭く形式的に解すると、他人を利用するだけで自分の手で構成要件を実現していない背後者を正犯とする間接正犯を説明できなくなる。形式的客観説にせよ、強盗罪のような結合犯については、一部実行しても共同正犯を認めるから（一部実行＝全部責任)、団体犯原理を導入したとも言えるし(9)、しかも、「見張り」のような形式的には一部実行すらしていない者にまで共同正犯を肯定するのであるから(10)、すでに自説を実質的に修正し(11)、共謀共同正犯論に一歩近づいたとも言えよう。なお、共謀があっても、共謀者が一部ないし全部実行に出てしまえば（不真正共謀共同正犯)、それはもはや実行共同正犯であるから、実行に出ない共謀者がどのような役割を果たしたときに正犯になるのかという真正共謀共同正犯が問題である。つまり、教唆的役割、幇助的役割、予備的役割に終わっても、なぜ共謀者ならばなお正犯となるのかが問題である(12)。その場合に、共謀の内容をどれほど具体的に画するかが重要なポイントとなろう。共謀の概念内容を不明確にすればするほど、加担者を等しく正犯とする統一的正犯概念説に至ってしまうが、これは、わが国の刑法典の採用するところではないからである。

第2節　　判例の動向

　共謀共同正犯論は、判例によって形成されてきたと言ってよいが、その判例の流れにも変化がある(13)。
　1　第1期――旧刑法時代
　明治13年刑法では、共同正犯は「二人以上現に罪を犯したる者は皆正犯と為し各自に其の刑を科す」(104条)と規定されていた。この「現に」という文言を、2人以上の各人が同一犯行現場に現存する場合と解すれば、105条で教唆者もまた正犯となすと規定していたのであるから、現場にいない共謀者は、教唆者でなければ正犯として処罰できないこととなる(14)。つまり、形式的客観説に立脚して共謀共同正犯論を否定したのである。
　しかし、その後「共に謀りて事を行う以上は何人が局に当たるも其行為は共謀者一躰の行為に外ならず」(15)として初めて共謀共同正犯論を認めた判例が出て以来、同様の判例が続いた。その理由づけは、「共謀の事実ある以上は共謀者一体の行為」だからとするものと(16)、共謀ある以上は「共に為したるものと看做すべき」であるし(17)、「自ら其事を行ひたると同一」だからとされた(18)。後者には実質的・価値的考察がなされていると言える。
　2　第2期――現行法下大審院連合部判決まで
　明治40年刑法になってからも、判例は、格別の理由もなく「共謀者一体の法理」でもって共謀共同正犯論を首肯したが(19)、それは、詐欺罪、賭博罪、横領罪、恐喝罪といった知能犯に限定され、その理由づけも、「共謀者は右一人を使役し以て自己の犯意を遂行した」からだとか(20)、「他の一人を使用して自己の意思を実行した」からだとして(21)「共謀者一体の法理」を「使役」「使用」概念によって内容づけはしたものの、個人還元主義に立脚する個人的共犯論の域にとどまっている。
　やがて、知能犯については、共謀＝精神的加功が大きな役割を果たすことを理由に、必ずしも構成要件的行為の一部または全部の実行に身体的に共同

加功しなくても、犯罪の性質上共謀者も共同正犯であるとする判決(22)によって、団体犯原理に近い実質論を表明し始めて、その考え方を実力犯にまで導入し、傷害罪、公務執行妨害罪、暴行罪、脅迫罪、放火罪、殺人罪にも共謀共同正犯論を容認するようになった(23)。

3 第3期──大審院刑事連合部判決から最高裁判所新設まで

この期になって、ようやく「使役」論を中心とする個人的共犯論を離れて、団体的共犯論に依拠する判決が出るに至った。曰く「凡そ共同正犯の本質は二人以上の者一心同体の如く互に相より相援けて各自の犯意を共同的に実現し以て特定の犯罪を実行するに在り……或は倶に手を下して犯意を遂行することあり或は又共に謀議を凝したる上其の一部の者に於て之が遂行の衝に当たることあり其の態様同じからずと雖二者均しく協心協力の作用たるに於て其の価値異なるところなし従て其の孰れの場合に於ても共同正犯の関係を認むべきを以て原則なりとす」と(24)。そして、この判決が共同意思主体説に拠るものか否か論議を呼んできた。なお、共謀＝通謀とは「対等関係に於て犯罪を謀議画策して其の遂行に重要なる役割を演ずるの謂」とされた(25)。

4 第4期──最高裁判所時代

この期になっても、共謀共同正犯論については、従来の判例をそのまま踏襲するものがほとんどで、その上、共謀の事実さえあれば「共犯者の何人が実行行為の際、その如何なる部分を分担したかは、これを特に明示しなくとも、罪となるべき事実の判示として、間然するところはない」としたり(26)、「共謀」概念を、「共同犯行の認識」で足りるとするまでになった(27)。前者の判決は、「共同意思の下に一体となって」という表現が共同意思主体説を匂わせるものとの見解もあるが、「互に他人の行為を利用する」個人的共犯論の域を出ていない。

こうした理由なき無批判的な共謀共同正犯論肯定の判例の傾向に対しては、判例内部でも、共謀概念の濫用に対する反省の声もあり(28)、ついに、「共謀」概念の内容を明確に画する判例が出るに至った。世に謂う練馬事件判決である。曰く「共謀共同正犯が成立するためには、二人以上の者が、特定の犯罪

を行うため、共同意思の下に一体となって互いに他人の行為を利用し、各自の意思を実行に移すことを内容とする謀議をなし、よって犯罪を実行した事実が認められなければならない。したがって右のような関係において共謀に参加した事実が認められる以上、直接実行行為に関与しない者で、他人の行為をいわば自己の手段として犯罪を行ったという意味において、その間刑責の成立に差異を生ずると解すべき理由はない。……分担または役割のいかんは右共犯の刑責じたいの成立を左右するものではない」と[29]。そして、この判例が個人的共犯論の間接正犯類似論もしくは相互間接正犯論を採用したのではないかと話題になった。

なお、当判決が、「共謀」は「謀議」という客観的行為であり、したがって、共謀共同正犯における「罪となるべき事実」にほかならないから、これを認めるためには「厳格な証明」によらなければならないとして内容を限界づけながらも、謀議の行われた日時、場所またはその内容の詳細、すなわち実行の方法、各人の行為の分担役割等についていちいち具体的に判示する必要はないとしている点では、従来の判例と変わっていない。その後の判例は、この練馬事件判決に添う形で続き[30]、例えば、松川事件の大法廷判決では、共謀の有無について厳格な証明がないことを理由に、共謀共同正犯を認めた原審判決を破棄差し戻した。なお、下級審判決の中には、客観的な役割の評価や謀議の有無によらずに主観的要件に視点をおいて共謀共同正犯として起訴されたものを、狭義の共犯であると認定しているものがあることに注意を要する[31]。

第3節　学　説

共謀共同正犯論を支持する学説は、(a)共同意思主体説、(b)間接正犯類似説(相互間接正犯説)、(c)行為支配説、(d)価値的・実質的行為論がある。(a)説は、共同正犯の共犯性を重視して、団体的共犯論を基礎としており、(b)、(c)、(d)説は、あくまで個人的共犯論に立脚しながら共謀者の正犯性を説明しようと

している。
1　共同意思主体説
　この説は、「共同意思主体」なる観念をもって草野が共謀共同正犯論を擁護したことに始まる(32)。草野は、共謀共同正犯にも必要的共犯たる集団犯（騒乱罪）と同じ法理を認め、およそ2人以上共同して罪を犯したというには「先ず一定の犯罪を実現せんとする共同目的が存在し、而して其の目的の下に二人以上が同心一体と為りたる上（共同意思主体）、少くとも其の中の一人が犯罪の実行に着手したことを要する」(33) が、この共同意思の主体は、「必ずや二人以上の者が一定の犯罪を行ふに付て協議することから成立するものである。而してこの協議をなすことを通謀又は陰謀と云ふのである。……通謀者の一人が共同目的たる犯罪の実行に着手することによりて、そこに、はじめて、共同意思主体の活動がある」と主張する(34)。齊藤も、共犯の核心は、「二人以上の異心別体たる個人が、一定の犯罪を犯すと云う共同目的を実現するが為同心一体となる点」にあるとして(35)、共同意思主体説に拠るべきだと言う(36)。そして、植松は、共同正犯が成立するには、「共犯者の集団全体としてひとつの実行があれば足りるのであって、かならずしも共同者各自が実行行為を分担することを要すると解すべき根拠はない。……共犯者相互の間に主従正副の別を置き難い関係にあることが必要である」と言う(37)。基本的には共同意思主体説を支持する西原も、「共謀共同正犯は、これを是認すべきである」と言明する(38)。

2　間接正犯類似説
　藤木によれば、「二人以上の者が犯罪遂行について合意に達した場合、この二人の行動を全体的にみたときは、間接正犯における利用関係に対比すべき実体をそこに見出すことが可能である」とされる(39)。その理由は、第1に、実行共同正犯の場合に、自ら手を下さない結果に対して責任を負う根拠は「他の共同者と協力して、相互に相補い、相利用して共同の目的完遂に向って努力するところに存する」からであり、第2に、間接正犯の場合に、自ら手を下さずとも正犯性を認められる根拠が「他人の利用を実行行為の一つの方法

としてとらえ」、「被利用者の行動を、自己の規定した方向に向って意のままに動かすことに」存するならば、結局、共謀者の利用行為が、間接正犯が単独正犯と認められるのと並行した趣旨で、自ら手を下した者と価値的に同一に評価しうる以上、「そこに共謀者を、他人と合意の上共同して相互に利用しあって結果を実現したという意味で、共同の実行をした者と認めることが可能となる」からである[40]。そして、この合意は、自由意思に基づく「犯罪を遂行すべき、確定的な意思の合致」であるから、「事態を方向づけ、支配したということで正犯性を認められ」、その後の行動は合意により拘束されるから、「他の共犯者に拘束・支配されるのである」[41]。

3 行為支配説

この説の立場は、共同正犯の正犯性を、構成要件的行為に対する各自の共通包括的な行為支配に求め、自己の手による部分はもちろん、他の共同正犯の手による部分に対しても包括一体的な共同の目的的支配が存する以上、「極限的には自分としては何ら手を下さなくとも、他人の行為を支配して自己の犯罪をとげる共同正犯がありうる」と言う[42]。そして、共謀者の意思の現実的、客観的機能を重視するならば、謀議者が直接実行者の意思に現実に作用し、それを遂行せしめている以上、共謀者もまた共同正犯であるから、「共謀共同正犯の範囲を一がいに否定するのは正しくないと考える」と主張する[43]。

団藤も、「正犯とは、犯罪を実行する者すなわち基本的構成要件に該当する事実を実現する者」で、「構成要件該当事実について支配をもった者―つまり構成要件該当事実の実現についてみずから主となった者―」であるとして[44]、「本人が共同者に実行行為をさせるについて自分の思うように行動させ本人自身がその犯罪実現の主体となったものといえるばあいには、……実行行為をさせた本人も、基本的構成要件該当事実の共同実現者として、共同正犯となる」から、「共同正犯についての刑法60条は、改めて考えてみると、一定の限度において共謀共同正犯をみとめる解釈上の余地が充分にあるように思われる」と言う[45]。大塚も、共謀者に「優越支配」があれば共同正犯としてよいと言う[46]。

第7章 共謀共同正犯

4 価値的・実質的行為論

価値的・実質的行為論は、実行の概念を実質的に拡張し、規範主義的・価値的に「共謀」を実行行為ないしはその一部分担に等置しようとする。例えば荘子は、「実行行為の分担を本質的要素とする共同正犯を単独犯の法理によりまかなうことはできない」のであって、「共同正犯は、相互的な分担意思を通じて形成された全体意思のもとで、実行行為の一部を分担したという客観的事実すなわち実行の共同が認められる時に成立する」から、第1に、数人の間に犯罪事実のための意思の結合が認められ、第2に、現場に臨まなかった共謀者が、直接の実行行為者に対して指導的・積極的役割を果たし、この役割が現場の実行行為の一部分担と評価し得る程度の実質を備え、第3に、犯罪事実に対し極めて強烈な関心を有するならば、共謀者も共同正犯と解するべきだとされる[47]。

第4節　検　討

1　(a)説の問題点

共同意思主体説に対しては、集団犯を支える団体犯原理が、果たして数名の共同正犯関係に妥当するか否か疑問であるとか[48]、共同意思主体という犯罪主体の責任を個々人に転嫁しているから[49]、団体責任を認めることであって近代刑法の原則である個人責任の原則という責任主義に反する[50]、といった批判がある。共同意思主体説が共同正犯を2人以上の者による協働現象として捉えようとした点は正しい。実行共同正犯にせよ、犯罪共同説を基礎にして、一部実行＝全部責任を是認しているのであるから、団体犯原理を認めているのである[51]。ただ、共同意思主体説が共同正犯の共犯性を強調するあまり、共謀共同正犯の正犯性が、単独犯における正犯性と共通の構造を示し得なかったところに弱点がある[52]。

この批判を回避するために、植松や西原は、共同正犯の正犯性と単独犯の正犯性の同一性は必要でないとして、正犯性の二重構造化を図り、犯罪実現

に対する「重要な役割」=「単独正犯における実行行為と当罰性において同価値であると評価しうるもの」をもって共謀共同正犯の正犯性を肯定しようとする(53)。この見解は、傾聴に値するが、同価値と評価し得る基準を、①行為者の主観的意欲、②客観的な行動、③共同意思主体の活動に対するその役割、共同意思主体内部におけるその地位などに求め(54)、それでもって最終的に正犯性を決定しようとする限り、結局は個人還元主義に陥ってしまい、共謀共同正犯の共犯性を希薄化してしまっている。

2 (b)説の問題点

間接正犯類似説に対しては、共同正犯を道具として支配・拘束することは不可能だとか(55)、共謀者も実行者も正犯で共謀者は実行者を完全に支配していないから間接正犯とは言えないのにどうして間接正犯なのかとか(56)、背後者の心理的拘束が強ければ強いほど本来的な間接正犯であって、前面の実行者の正犯性は否定されるとか(57)、相互間接正犯はあり得ない(58)といった批判がある。確かに、「正犯の背後の正犯」の理論による共謀者の正犯性の基礎づけはあり得るが(59)、分担型ないし並列型の相互間接正犯形態というのは考え難いし(60)、もし藤木が、支配型ないし前後型の間接正犯形態の背後者の心理的拘束を、本来的な間接正犯のそれよりも弱いものをもって並列型に等置しようとするならば、その背後者はもはや正犯者ではなくて教唆者か幇助者にすぎない。いずれにせよ、この見解は、集団行動をさまぎまな個別行動に分解することになるので、共同正犯を一体的に捉えられない(61)。

3 (c)説の問題点

行為支配説は、行為支配概念の多義性と共に、「何を」「どのように」支配すれば正犯になるのかという点が明白でない。平場が、「行為に対する各自の共通包括的な行為支配」と言うとき、それは、各自がもっている構成要件的行為に対する支配を共同しているという意味であろうから、制限正犯概念説を基礎にした個人を中心とする形式的客観説（個人的共犯論）を離れておらず、どうして極限的にそのことが、何も実行しなくても個人の行為を支配すれば正犯になり得るのかはっきりしない。

大塚は、一定の社会的関係において圧倒的な優越的地位に立つ背後者が、受命者に心理的拘束を与え得る状況（優越支配）を正犯性の指標にするが、それはもはや典型的な間接正犯であって、受命者をも含む共同正犯の問題ではないし、仮に「それに準じる心理的拘束を与えうる状況」に緩和してみても、背後者は教唆者にすぎない。

　団藤によれば、「正犯」＝「犯罪実現の主体となったもの」＝「構成要件該当事実について支配をもった者」である[62]。これは、大塚の優越的共同正犯と同趣旨だと言うが[63]、ならば、大塚に対すると同様の疑問が残る。

　行為支配説は、いずれにせよ、個人のみを視点に据えた形式的客観説を固執するあまりに共同正犯の共犯性を軽視し、複数人による作業分担的協働事象としての正犯性を説明しきれていない。

4　(d)説の問題点

　価値的・実質的行為論は、この点で、単独犯の法理で共同正犯を説明することを非とし、「共謀」を実質的に実行概念に等置しようとするが、その理由を、直接の実行行為者に対する指導的・積極的役割に求めるのであるから、結局、その解決が個人に還元されてしまっている。

第5節　　新しい展望

1　思うに、(共謀)共同正犯は、正犯性を有しながらも、個人が行なう犯罪ではなくて、2人以上の者が一体となって行なう協働現象であるから、共犯性を有するのであり、そこに、共犯性を有しない単独正犯と異質の面があるから、従来の個人を中心とした形式的客観説では、共謀共同正犯を説明できるはずがない[64]。他方、単独正犯と共通の正犯性の樹立を放棄することも許されない[65]。

　構成要件的事実を実現する主体が正犯であることはそのとおりである。したがって、形式的客観説は、基本的には正しい。しかし、その主体とは何か。それは個人には限らないのである。行為主体は、システムである。人間個人

も、社会学的・生物学的にみてもひとつのシステムであることは今日否定する者はいない。しかも、行為システムである。この人間も、個人として行為する場合に、裸で行為することはむしろ稀である。殺人、傷害、放火、強盗、といった犯罪を実現する場合、凶器や火器といった道具とシステム形成する方が一般である。かかるシステムを社会学的には「人間－道具システム」と称する。通貨偽造罪を実現するときは、印刷機械とシステム形成するだろう。かかるシステムは「人間－機械システム」である。犯罪主体は、2人以上の複数人の場合もある。「人間－人間システム」である。共同正犯や集団強盗は、グループないし集団・組織というシステムが犯罪主体である。今日の法の主体は、むしろ「グループ主体」もしくは「組織主体」であって、共同正犯はまさに作業分担的な集団的行為支配、つまり2人の「集団人」の行為が問題なのである[66]。

2 こうしたシステム構成員の中で、当該システムを支配・制御している者が正犯である。個々人の責任は、第1に、社会的外界に対するシステム自身の違法な態度に応じて決定され、第2に、システム内の構成員の地位と役割に応じて決定される[67]。人間－道具システムや人間－機械システムでは、常に人間がシステムの支配・制御権限を完全に有しているので、システム論的理解をしなくても問題が生じなかっただけである。ヤコブスによれば、犯罪組織の統轄権限者が正犯であり、共同正犯の場合、構成要件的実行行為を遂行する形式的行為支配者も、組織の所為の是非を決定する決定支配者も、組織の所為形成をする形成支配者も、いずれも正犯者である[68]。単独正犯の場合には、これらの支配をすべてひとりで行うにすぎない。したがって、実行行為が正犯の唯一の指標ではない。正犯は、実行行為者の場合もあれば、それ以外の役割分担者もいるから、正犯＝実行ではない[69]。

3 かくして、単独正犯と同一の正犯概念を共同正犯にも樹立することができる。共謀者が主観的にも客観的にも犯罪システムもしくは犯罪組織の制御・支配的役割を果たせば、正犯である[70]。犯罪主体たるシステムの制御・支配者が正犯である[71]。以上のように、システム論的な理解をすることによっ

て初めて共謀共同正犯のような集団主体の犯罪行為の本質を矛盾なく解明することができる。

【注】
(1)　夏目文雄「共謀共同正犯の理論の批判的検討(I)—特に共謀者の責任の問題を中心として—」愛知大学法経論集53号2頁1967年。
(2)　夏目・前掲注 (1) 3頁は、これをもって共謀共同正犯と称するは誤りだと言う。
(3)　瀧川幸辰『犯罪論序説』（改訂版）有斐閣 1947年、227頁。佐伯千仭『刑法講義（総論）』（三訂版）有斐閣 1978年、351頁。中山研一『刑法総論』成文堂 1984年、467頁。米田泰邦「共謀共同正犯」中義勝編『論争刑法』世界思想社 1976年、238頁。曽根威彦『刑法総論』弘文堂 1987年、287頁以下。
(4)　平野龍一『刑法総論Ⅱ』有斐閣 1979年、402頁。最決昭和57・7・16刑集36巻6号687頁以下の団藤意見参照。
(5)　曽根・前掲注 (3) 248頁は、人権保障の点から形式的客観説を維持すべきと言う。
(6)　下村康正『共謀共同正犯と共犯理論』学陽書房 1975年、22頁。
(7)　植松正「共謀共同正犯」日本刑法学会編『刑法講座・第4巻』115頁、平野・前掲注 (4) 400頁参照。
(8)　瀧川「共謀共同正犯」同著『刑法の諸問題』有信堂 1951年、236頁。
(9)　夏目「共謀共同正犯と個人責任の原理」西原・藤木・森下編『刑法学・第3巻』有斐閣 1978年、135頁以下によれば、犯罪共同説＝共同（全体）責任論も純粋な個人責任を考えているわけではなく、団体責任との間に距離はないと言う。なお、植松・前掲注 (7) 120頁参照。
(10)　小野清一郎『新訂刑法講義』有斐閣 1962年、205頁。見張りにつき、松村格「共同正犯と幇助犯(1)」平野龍一ほか編『刑法判例百選Ⅰ総論』（第3版）、有斐閣 1991年、156頁参照。
(11)　小野・前掲注 (10) 206頁。
(12)　この点、共謀共同正犯は、幇助的役割者を共同正犯として重く処罰しているとの批判がある。佐伯「共謀共同正犯」竹田直平博士＝植田重正博士還暦祝賀『刑法改正の諸問題』有斐閣 1967年、95頁。米田・前掲注 (3) 243頁。
(13)　齊藤金作『総合判例研究叢書刑法(2)共謀共同正犯』有斐閣 1956年。なお、下村・前掲書も同じ4期に分けているが、夏目・前掲誌は、旧刑法時代、現行刑法下・大審院時代、現行刑法下・最高裁判所時代の3期に分ける。
(14)　大判明治4・4・27刑録明治24年4〜9月分45頁。
(15)　大判明治29・3・3刑録2輯3号10頁。

(16) 大判明治 43・5・19 刑録 16 輯 886 頁。前掲注（15）の判例も同旨。
(17) 大判明治 35・6・10 刑録 8 輯 6 号 68 頁、大判明治 32・6・1 刑録 5 輯 1 頁。
(18) 大判明治 40・9・3 新聞 449 号 8 頁、大判明治 41・3・31 刑録 14 輯 343 頁。
(19) 大判明治 43・5・19 刑録 16 輯 886 頁、大判大正 4・11・1 刑録 21 輯 1821 頁。
(20) 大判明治 44・10・6 刑録 17 輯 1618 頁、同旨大判昭和 9・11・20 刑集 13 巻 1514 頁。
(21) 大判大正 4・11・1 刑録 21 輯 1821 頁、大判大正 5・8・24 新聞 1173 号 31 頁。
(22) 大判大正 11・4・18 刑集 1 巻 233 頁。
(23) 大判昭和 3・7・21 新聞 2904 号 15 頁、大判昭和 4・10・28 新聞 3097 号 9 頁、大判昭和 4・11・29 刑集 8 巻 575 頁、大判昭和 5・5・26 新聞 3149 号 5 頁、大判昭和 6・11・9 刑集 10 巻 568 頁、大判昭和 8・11・13 刑集 12 巻 1997 頁。
(24) 大連判昭和 11・5・28 刑集 15 巻 11 号 715 頁。
(25) 大判昭和 12・5・29 新聞 4159 号 13 頁。
(26) 最判昭和 23・1・15 刑集 2 巻 1 号 4 頁。
(27) 最判昭和 24・2・8 刑集 3 巻 2 号 114 頁。
(28) 大判昭和 22・4・7 月刊判例 2 輯 66 号 0 頁、小野清一郎「共同正犯と共同謀議」刑事判例研究会編『刑事判例評釈集・第 7 巻』有斐閣 1951 年、127 頁以下参照。
(29) 最大判昭和 33・5・28 刑集 11 巻 8 号 1718 頁。
(30) 最判昭和 33・6・17 刑集 12 巻 10 号 2142 頁、最判昭和 34・5・7 刑集 13 巻 5 号 489 頁。
(31) 東京高判昭和 24・12・22 高刑集 23 巻 318 頁、千葉地裁松戸支部判昭和 55・11・20 判時 1015 号 143 頁、東京地判昭和 57・7・28 判時 1073 号 159 頁、東京高判昭和 57・12・21 判時 1073 号 159 頁、札幌高判昭和 60・3・20 判タ 550 号 315 頁。
(32) 宮本英脩『刑法学粋』弘文堂書房 1935 年、397 頁。草野豹一郎『刑法改正上の重要問題』巌松堂書店 1950 年、313-315 頁。
(33) 草野『刑法総則講義・第 2 分冊』勁草書房 1952 年、156 頁。
(34) 草野・前掲注（32）315 頁。
(35) 齊藤金作『共犯理論の研究』有斐閣 1954 年、190 頁。
(36) 齊藤金作『共犯判例と共犯立法』有斐閣 1959 年、34 頁以下。
(37) 植松正『全訂刑法概論 I 総論』勁草書房 1973 年、31 頁。
(38) 西原春夫『刑法総論』成文堂 1978 年、345 頁。
(39) 藤木英雄『可罰的違法性の理論』有信堂 1976 年、336 頁。
(40) 藤木・前掲注（39）334、335 頁。
(41) 藤木・前掲注（39）336、337 頁。
(42) 平場安治『刑法総論講義』有信堂 1974 年、155、157 頁。

(43)　平場・前掲注（42）158頁。
(44)　団藤重光『刑法綱要総論』（第3版）、創文社 1990年、372、373頁。
(45)　最決昭和57・7・16刑集36巻695頁の団藤意見。
(46)　大塚仁『刑法概説（総論）』（改訂版）、有斐閣 1986年、265頁。
(47)　荘子邦雄『刑法総論』（新版）、青林書院 1985年、440、441頁。
(48)　佐伯千仭「共謀共同正犯」同著『刑法改正の総括的批判』日本評論社 1975年、133頁以下。米田・前掲注（3）242頁。
(49)　瀧川・前掲注（8）231頁以下。西田典之「共謀共同正犯について」『平野龍一先生古稀祝賀論文集上巻』有斐閣 1990年、372頁以下。
(50)　平野・前掲注（4）401頁。
(51)　西原・前掲注（38）344頁以下参照。
(52)　中山研一「共謀共同正犯」中山研一ほか編『現代刑法講座・第3巻』成文堂 1979年、210頁。
(53)　植松・前掲注（37）120頁。西原・前掲注（38）346頁以下。なお、西田・前掲注（49）372頁以下によれば、植松、西原の両者の見解は修正された共同意思主体説だと言う。
(54)　西原・前掲注（38）347頁。
(55)　中義勝『講述犯罪総論』有斐閣 1980年、254頁。
(56)　平野・前掲注（4）401頁。
(57)　中・前掲注（55）254頁。西原「共同正犯における犯罪の実行」齊藤金作博士還暦祝賀『現代の共犯理論』有斐閣 1964年、146頁。西田・前掲注（49）374頁。
(58)　Günther Jakobs, Strafrecht. Allg. Teil, 2Aufl, Berlin/New York 1991, S. 616 (21 Abs. 40).
(59)　大久保隆志「共謀共同正犯に関する一考察(1)(2)」大阪市立大学法学雑誌28巻1号=2号参照。
(60)　平野・前掲注（4）402頁。
(61)　松村格『刑法学方法論の研究―存在論からシステム論へ―』八千代出版 1991年、370頁。
(62)　団藤・前掲注（44）373頁。
(63)　団藤・前掲注（44）401頁注（32）。
(64)　西田・前掲注（49）364-367頁。白木豊「正犯概念と共謀共同正犯論(1)」上智法学論集32巻1号87頁以下（1989年）参照。西田は、共同正犯の正犯性を他の共同者の行為から生じた結果との物理的・心理的因果性に求め、白木も、実行行為以外のメルクマールによる共謀共同正犯性を模索する。
(65)　橋本正博「『行為支配論』の構造と展開」一橋大学研究年報・法学研究18巻120頁以下（1988年）は、共同正犯、間接正犯、単独正犯の法的同価値性

を要求する。
(66) Günter Stratenwerth, Strafrecht, Allg. Teil, 3Aufl., S. 230.; Reiner Frey, Vom Subjekt zur Selbstreferenz. Rechtstheoretische Überlegungen zur Rekonstruktion der Rechtskategorie, Berlin 1989, S. 106.; Jan C. Joerden, Strukturen des strafrechtlichen Verantwortlichkeitsbegriffs.: Relationen und ihre Verkettungen, Berlin 1988, S. 78f.
(67) 西原・前掲注(38) 151頁以下参照。
(68) G. Jakobs, a. a. O. S. 594 (21Abs. 3), 604 (21Abs. 17), 613 (21Abs. 35), 同旨、夏目・前掲注(9) 140頁も同趣旨。
(69) 平野・前掲注(4) 404頁、同「正犯と実行」佐伯千仭博士還暦祝賀『犯罪と刑罰(上)』有斐閣 1968年、454頁以下。
(70) 石橋篤「共謀共同正犯論」富士大学紀要17巻2号26頁は、単なる共謀者を正犯にすることは団体責任を認めることで、刑法60条の法律概念を超越すると批判する。したがって、単なる共謀者も何らかの実行に役立つ行為をする必要があるというオバート・アクト論(田宮裕「共謀共同正犯をめぐって」法時38巻7号29頁参照)は傾聴に値する。
(71) なお、システム論的解明については、松村・前掲注(61) 319頁以下参照。

第8章

組織と犯罪
― システム理論と経営組織論からのアプローチ ―

第1節　はじめに

　1　犯罪論における組織論的な研究は、夏目文雄先生の「組織論的共犯論序説」（Ⅰ～ⅩⅣ）と題する膨大な論文があり[1]、到底それに匹敵するだけのものを書くことはできないけれども、夏目先生の古稀祝賀論文集に一筆を供する機会を与えられたので、私にとっても関心のある「組織と犯罪」について考えるところを述べ、それでもって夏目先生の古稀に対する祝辞に代えさせていただきたいと思う（以下敬称略）。

　本稿では「犯罪組織」を問題にする。「組織犯罪」は、その組織が行なった現象としての犯罪を問題にする具体的な現象的概念であるから、刑事政策のキー概念であり、犯罪学的研究の領域に属する[2]。その点からすると、組織犯罪に関しては、概念の理論的に有用な把握は必要でないかもしれない[3]。これに対して、「犯罪組織」は、犯罪を行なう主体を問題にしている概念であって、一般的な記述的概念である[4]。

　しかして、犯罪組織とは、夏目によれば、「二人以上の者によって特定の犯罪を実行することを目的として作られた組織のことで……犯人（成員）間の結びつきの明白で堅固な組織をもち、犯罪活動に従事することが目的の、団結した恒常的な犯罪結社となっている」集団ないし団体のことである[5]。組織は、社会システムの一類型であるし、「犯罪主体はシステムである」と規定すれば、組織は、犯罪主体の一類型にすぎない[6]。

　2　本稿では、かかる組織概念を、システム理論を念頭におきながら検討

していき、その犯罪組織の原理と構造・機能をシステム理論と経済学的・経営学的組織論を手がかりに分析したい。なぜなら、組織犯罪の領域は、経済犯罪や環境犯罪に係わっており、需要と供給という経済学的論理が支配するシステムが問題であり、合法的な企業と同様の合理的・作業分担的経営による利潤の最大化が意図され、合法的経営形式であるロジスティクスとマネイジメントが採用されているからである[7]。

そこで、まず最初にここで組織概念の枠組みと企業や組織の犯罪主体性に対する言及を簡単にし、第2節でシステム理論の概要と経営学的組織論へのその転用の有効性を検討し、第3節で経営学的組織論による企業と犯罪組織の比較をし、第4節で合法的組織と非合法的組織の分析を検討してみたい。その意味で、本稿のタイトルを「組織と犯罪」とした。しかし、残念ながら紙数の都合上、法人企業の犯罪主体性の検討については別の機会に発表することにした。以上の検討資料として、ストゥンツナーとベーゲルの興味のある2冊のドイツ文献を主として利用してみたので[8]、ドイツの犯罪組織事情が中心となった[9]。今日では、企業や組織が社会の主流的役割を果たし、社会をリードしており、自然人よりも法人の方がはるかに合理的に行動していると言われる[10]。それにもかかわらず、企業や組織の犯罪主体性に関する刑法学的な研究の遅れがかなり以前から指摘されていて[11]、なお研究が進展しないのは、やはり自然人の個人責任という個人還元主義に固執しているからである[12]。しかし、リュトルフが言うように、企業その他の法人の犯罪に関しては、自然人のシステムが問題であるから「集団刑法」が問題であって、「個人刑法」が問題なのではない[13]。

3 そもそも、刑法典における各構成要件の主体を表す「…した者」とは、個人だけを考えているわけではない[14]。自然人であれば、個人の他に、共犯・集団犯を考えている。むしろ、今日における法の主体は、「グループ主体」ないしは「組織主体」が重要であって、個人とグループとを本質的に区別することは妥当ではない[15]。

犯罪の主体はシステムであって、そのシステムが複数人によって構成され

ている場合には、各人の役割・地位によって、その責任の扱いが区別され、正犯か共犯か、あるいは刑罰の軽重が区別される。つまり、第1に、システム全体の行為によって、全体の行為主体としての確定がなされ、第2に、役割と地位によって扱いが区別されるのである[16]。現に、刑法典第65条は、第1項において、単独では正犯になれない非身分者についても、システムの構成員であることを理由にして、（共同正犯を含む）共犯としての連帯性が確定され、第2項において、各人の役割・地位（責任身分）によって責任と刑罰が個別化されている。第65条は、まさにシステム理論的発想の規定である[17]。

したがって、団体責任を容認することは許されないけれども、集団ないし組織の行為主体性を認めることはできる。団体責任とは、個人の行為責任をその行為と全く連関性のない他者に及ぼすことであるが、集団ないし団体・組織の行為能力とは、集団ないし団体・組織がシステムとして、個体（単体）として行為する能力のことである[18]。従来の研究は、個人としての個体と集団および組織としての個体の行為主体性に質的差異を認めたので、それが、「組織と犯罪」の研究を鈍らせている根源であった[19]。本稿の最終目的は、犯罪組織の行為主体性と個人の行為主体性の両者の同一性を帰結することにある。

第2節　組織のシステム理論的分析

第1項　システム理論の応用

1　組織とは、端的に言えば、「2人以上の人が同じ目的を持って協働するシステム」である[20]。つまり、複数の構成員から成り、その構成員相互の間に、①共通目的、②協働意欲、③コミュニケーションを有する「協働システム」(kooperatives System) である。換言すれば、「すくなくともひとつの明確な目的のために、2人以上の人々が共同することによって特定の体系的な関係におかれた、物的・生物的・個人的かつ社会的構成要素の複合体」で

ある[21]。そして、組織は、社会学的に見れば、社会システムの1類型であり、具体的には行為システムすなわち相互的な社会的プロセスによって生起する（組織構成員によって構成された）行為結合とコミュニケーション結合として理解される[22]。したがって、犯罪組織もまた1種のシステムとして理解する必要がある[23]。

2　他方、システム理論は、システムとして把握することができる現象をすべて解明し記述するものであるから、システムの1類型である組織問題の記述と解明には、システム理論が用いられなければならない[24]。もっとも、システム理論は一般的な理論の意味における形式科学であるので、現実と所与たる経験的事象に関わる組織研究にシステム理論を転用するためには、システム理論の「学際性」ないし「統合性」に依拠しなければならず[25]、システム理論的・経営学的組織研究も、システム理論の学際的・統合的な潜在能力の表現でなければならない[26]。なぜなら、システム理論そのものにおいても、さまざまなシステム理論が対立しているからである[27]。

第2項　一般的システム理論と組織

1　例えば故意の体系的地位というような体系（システム）概念を扱う伝統的なシステム理論は、外界との相互作用や適応作用あるいはフィードバック作用を伴わない静的な閉じられたシステムを問題にするが、これに対して、一般的システム理論におけるシステムは、その環境に対する相互作用関係を有し、外部から資料・情報・エネルギーをインプットして、それをシステム固有のプロセスへと加工・処理し、それを外界に向けてアウトプットすることによって自己保全をする[28]。したがって、このシステム理論は、開放性をテーマとし[29]、この開放性と動態性（ダイナミック性）がシステムの可変性を生み出し、この可変性がシステムの定常性（Stablität）ないし安定性もしくは流動的均衡性（Fließgleichgewicht）を維持する[30]。

この場合、全体は、その部分の集合（総和）以上のものであり、その部分にはない全く新しい性質をもつ[31]。例えば、さまざまな部分システムが集

合して自動車という全体システムが形成されるが、その全体システムは、部分システムだけでは不可能な「走行性」という別の特性を有することになる[32]。このような事態を「創発的進化」と称し、システム内部における中心的現象である[33]。こうしたユニバーサルな最広義の形式的なシステム定義からすれば、組織もまた、相互に結びつけられた部分から成るひとつの「単位体」（Einheit）として記述される[34]。

2　システムの最終的な目標は、システム自身の自己保全＝「生き残り」（Überleben）である。生きた個体も、活動を媒介とした自己準拠的な価値基準を通じて自分の構造を永続的に最善化することによって、自分の生き残りを組織化し、それでもって組織構造を規定する[35]。そのためには、システムと環境との間の複雑性を減少させなければならないので[36]、複雑性と生き残りは、システム理論的考量の中心的テーマである[37]。

したがって、社会システムの１類型である組織にとっても、複雑性は中心問題でなければならないし、その最終目標は生き残りというグローバルな目標であり、そのためには、組織も複雑性を克服しなければならない。それは組織的変化を通じてなされるが、その変化は、積極的フィードバックによって強化され、消極的フィードバックによって組織の定常性が可能となる。それはつまり、自由領域の創造、集中化と脱集中化、情報システムおよびコミュニケーションシステムを手段としたフィードバックによって実現される。このとき、構成員の行為と態度は組織のための調整メカニズムであり、この調整は、態度準則・価値・規範・見解・形式的ないし非形式的な相互作用関係から生まれるが、これらの準則は、複雑なフィードバックによって自発的に生起する。かくして、企業のマネイジメントもまた、複雑性克服のマネイジメントでなければならない[38]。

3　もっとも、海老澤の言うように、生体（生存）システムにせよ組織にせよ、生き残るということは、単なる自己保全ではなくて、相互依存ないし相互共生に基づかなければならない。他種の死滅と全滅は、自己の死滅を意味するからである。生き物はすべて有機的につながっており、人間もまた万

有の一端にすぎないからである。したがって、企業もまた、相互の違いを認知し、相互作用によって自己変革し、新しい全体を造り替えていかなければならない。持続可能な経営を営む企業こそが長生きするのである[39]。

　しかし、経営学的に見れば、企業組織は、自己目的のための合理主義的な手段であるから、その目的および使命の達成と業績の達成を合理的かつ効果的に実現するために、組織構成員の態度を目標に向けてコントロールしなければならないと同時に、作業領域を特殊化し分化するという意味における作業分担を通した「調整」(Koordination) が必要である。そうすることによって、組織は最善の手段となる[40]。

第3項　オウトポイエシスと組織

　1　オウトポイエシスは、生物学、特に細胞学から生まれた概念であるが、かかるシステムは、循環的方法によって独自の構成要素を生産し、それでもってシステムの構成部分そのものを産出し、それを通じて自分自身を産出するシステムであり、このシステムの構成要素は、その都度考察される構成要素の保全（維持）に必要なその他のすべてのシステムの構成要素の保全に協働することによって自分自身を保全するシステムである[41]。したがって、自己準拠的で自己生産的で自己保全的なシステムであると言われる。しかも、外部環境に対しては開かれたシステムを考えている一般的システム理論に対して、オウトポイエシス構想は、境界によって閉じたシステムを考えているので[42]、環境からシステムへの作用（インプット）はなく、システムと環境は、ただ構造的にカップリングしているだけである。そして、環境事象は、観察者という認知主体が諸連関を記述するために知覚によって形成された手段にすぎないので、システムは、①主体としてのシステム（観察者）、②客体としてのシステム（方法論上の補助手段）を観察する主体としてのシステム、③客体としてのシステムを観察する主体としてのシステムを言及する主体としてのシステムの三側面が考えられることになる[43]。

　2　かかるシステム構想に立脚すれば、組織は、「生きた」自己組織的シ

ステムとして把握されるので、サイバネティクス的システム原理と結合することによって、組織は、生物学的原理に依拠し社会的側面を有する「生きた」（社会的）システムとして理解される[44]。したがって、そこでは、生物学が経済学のベースとなり進化的マネイジメント構想が生まれる。人間も、細胞膜という境界によって閉じられた細胞システムによって形成されている。しかし、マトゥラナは、かかるシステムを生命体か最大限蜜蜂社会にしか言及せず、人間の社会システムに敷衍することはしなかった[45]。彼によれば、社会システムは、生きたアウトポイエティッシュなシステムの相互作用によって形成され、その生体システムが活動するメディアであって、「構成要素が生体システムであることが、社会システムにとって構成的なのである」[46]。したがって、社会システムは、人間という生きた個人が構成要素であり、構造的カップリングによってのみ生起することになる。

3 しかし、このように社会システムをメディアとみなす考え方は、社会システムが自己準拠的ではあっても、自己生産的・自己保全的なオウトポイエシスではないことを意味する[47]。なぜなら、「社会システムは、社会システムを構成するような生体システムを生み出しはしない」からである[48]。マトゥラナ的な考え方は、オウトポイエシス理論を社会システムにまでも及ぼし、社会システムの構成要素をコミュニケーションであるとしたルーマンやトイプナーの考え方とは異なる[49]。

したがって、社会システムとしての組織もマトゥラナ的なシステムであるとすると、組織は、コミュニケーション的要素を含んではいけないことになるし、かかる組織は意識も目標も持ち得ないので、目標を持ち得るのは個人だけということになる[50]。

果たしてそうであろうか。そもそも社会的なもの（コミュニケーション）といった社会的形象は個人がなければあり得ないから、個人とコミュニケーションを要素的に分離することは誤りであるし、他方、組織には、製品の生産とか生産機械の設置といったコミュニケーション的ではないプロセスも流れており、決定構造とヒエラルキー構造あるいは使命・動機づけ・権力・委任・経

営といった側面も無視できない(51)。しかも、コミュニケーションと決定の永続的な接合性は、組織の再生産と保全のための中心的なメカニズムであり、組織をアウトポイエティッシュな閉じた経済的サブシステムとして理解することによって、さらに他の文化的・政治的なサブシステムと共により大きい社会システムを形成しているとみなすことができる(52)。そして、この組織そのものも、さまざまなアウトポイエティッシュなシステムが統一的な意味に関係しながら構造的・機能的にカップリングすることによって成り立っている(53)。

4　しかし、既述のように、すべての自己準拠的システムが自己生産的・自己保全的であるわけではない。例えば、神経システムは、自分を形成する要素である神経細胞を自己生産することはできない。人間の脳は、自己保全のためには栄養と酸素の補給をしなければ死滅するから、環境に対して完全に閉じられているとは言えず、オウトポイエシス的システムも、資料とエネルギーに関しては、環境に対して開かれている相対的に自由なシステムであるとも言える(54)。したがって、生体システムも、資料とエネルギーと情報の交換に関しては開かれていなければならないから(55)、社会システムの一類型である組織もまた、環境の変化に適応し自己変革するためには開かれていなければならないことになる(56)。このようにオウトポイエシスの理解にさえ違いがあるから、システム理解の違いによって当然に組織理解も違ってくるので、組織研究に対するシステム理論の応用は、組織論の特殊性や問題性を尊重しながら、システム理論の統合性・学際性だけに頼ればよいのである。しかし、いずれにせよ、システム理論の転用の可能性は認めざるを得ない(57)。

第3節　　企業組織と犯罪組織

第1項　合法的組織と非合法的組織

1　ベーゲルによれば、フランス語に由来する組織（Organisation）という

名称は、利益社会的形象を合目的的に形成する活動とその活動の成果を記述している。社会形象に向けて組織化することは、人間と人間によって設定された目標の実現のために必要な時間・空間における物的手段との協働の制御に向けられた統合的構造化の調整的活動を意味する。そして、合法的な企業の構成は、抽象的に言えば、地位（機能領域）の形成・管理システムの創造（中央集権化と脱集権化）・管理部の配慮・コミュニケーションシステムの構築を包括しており、このコミュニケーションシステムが、各地位間の作業連関を適切な情報関係もしくは調整によって保障するのである。

組織に関するこの抽象的記述は、相互作用による諸要素間の複雑な諸連関を明示しており、企業におけるこの複雑性をわかりやすくするために、経営学の分野においてシステム研究が発展したのであるが、犯罪組織の分析においても、経営学で展開されたこの機能領域の研究が基盤として転用されるとベーゲルは言う[58]。

2 もっとも、企業組織と違って、犯罪組織（kriminelle Organisation）は、協働者がその場その場で使命領域や犯罪領域を交換するので、企業組織よりも流動的となるから、企業組織のような階層的に堅固な構造ではないが、犯罪者組織もまた、実質的な収益をあげるためにする活動は、基本的に企業と同じであって、①行為準備（企業における管理・人的経済・ロジスティクス）、②行為実現（調達・生産）、③獲得物の活用（需要・資金調達・投資）である[59]。したがって、組織犯罪（organisierte Kriminalität/organisiertes Verbrechen）は、組織と立案において経済企業と同じであるから[60]、経営学的な認識を、犯罪者組織に転用することができる[61]。そして、組織犯罪は、基本的には刑事犯罪者組織と独自グループの２種類に区別され[62]、犯罪者グループも大・中・小にグループ分けされるが[63]、いずれのグループも閉じたシステムではなく、相互的な結びつきの中で情報交換し、独自性を失うことなく作業分担的に協働するひとつの大きなネットワークに結びつけられており、このネットが情報・調達・カモフラージュに役立つと言われる[64]。

3 この構造化されたグループは、共通の目標達成のために、各構成員が

各自の役割（機能）を引受け、集中的な相互作用を継続し、構成員に効力を有する規範を生み出す価値システムを分かち合うのである[65]。例えば、侵入窃盗を目的として結合した集団もそうである[66]。彼らは相互に影響し合うので、個々人は普段よりもより強くなったと感じ取り勇敢になり、リスクを負う心構えができ、人的結合が緊密になればなるほど、そしてグループないし組織の保護が強ければ強いほど、大規模な犯行をするようになる。したがって、刑事訴追が困難になる[67]。

　4　以上のように、犯罪者グループないし組織と非合法市場への関与者は、合法的な市場へ参加する企業組織と同じようにして経済的原理に目的合理的に従っているのであり、その組織や構成員の態度様式もまた経済的に目的に向けられているので、一般的な経済的合理性と経営学的考量を犯罪者組織に応用することは実り多いわけである[68]。

第2項　企　業　組　織

　1　個人としての人間の活動も目的志向的であるように、企業の経済的活動もまた、最小限の資金投資によって一定の目標を達成するという合理的原理ないし経済的原理に従っている。この原理は、ベーゲルによれば、①質的定義（所与の資金によって最大の売上を達成し、一定の売上を最小の資金投資によって達成することを要求する）と②量的定義（所与の生産要因によって最大限の財産収益を獲得し、財産収益を生産要因の最小限の投資によって遣り繰りすることを要求する）によって定義づけられる[69]。そして、経済的単位体としての企業がこの原理に従って目標をオプティマルに実現する手段投入について行なう決定こそが、経営学理論の対象であると言う。

　2　経営学理論の部分科目は、ヴェーエによれば、管理・融資・投資・調達（供給）・貯蔵・業績提供・輸送・販売であるが、ベーゲルによれば、一定の企画に関して立案とコストに見合ったオプティマルな状態に達するためには、管理・融資・調達・生産・販売といった機能の間に相互依存がなければならず、この他に独自の機能領域として、人的経済（人的管理）・情報管理・

調査と開発・ロジスティクス（調達・生産・販売にも見られる）がある。そして、企画活動の中心領域である（市場に財とサービスを提供する）供給分野は、特に、調達[70]、生産、販売という３つの機能に分類される。

3 ①管理は、他のすべての機能の上位にあり、それらの機能に浸透している。特に企画管理し、目標設定と目標達成の基本的指針を決定する。②融資は、具体的には、資金調達と資金回収のあらゆる措置、したがって、支払い関係、情報関係[71]、操縦関係、保障関係という形態を含んでいる。③調達は、企業の製品を提供したり活用するのに必要な資財の獲得と手配に関して権限をもっている。具体的・個別的には、計画、決定、操縦、組織、監督が考えられる。④生産とは、財と価値の創造であり、最広義では、別の資財とサービスを産み出すために管理された資財とサービスの投資のことである。⑤販売という機能は、他の機関、通例は他の管理パートナーに資財を物理的任意的に転送することに係わる。販売を含むマーケッティングという概念は、それ以上に市場のアクティブな形態を包括するから、企画の活動性は、現実的・潜在的な市場に方向づけられる[72]。

⑥人的管理は、企業労働者の手配・態度操縦・管理に携わる。この分野としては、欲求の調査・調達・開発・教育・投資・管理・組織をあげることができる。⑦情報管理は、企業内部の情報の調達・評価・伝達・解釈に携わる。これは、しばしば独自の機能とはみなされずに企画管理の枠内に見られることがある。⑧ロジスティクスは、原料の流通に携わる。すなわち、受領時点が、適切な状態・適切な時点・適切な場所で、必要に応じて最小の必要経費になるように管理される。さらに、市場と関係して、例えば、調達市場・販売市場・(融資)資本市場・人的市場がある[73]。

4 ベーゲルによれば、非合法市場に対する関与者および組織もまた、合法的市場に対する関与者および組織と同様に目的合理的・経済的原理に従うので、経済的考量を犯罪者組織に応用することができる。なぜなら、犯罪者組織もまた、充分に計算された企業類似の行為によって特徴づけられるからである[74]。ベーゲルは、イタリヤやアメリカにおける組織犯罪の発展が合

法的な経済経営とパラレルであると言う[75]。

そこで、次には、犯罪組織における管理問題・人的問題・ロジスティクス問題・資金調達と資金洗浄問題・盗品利用販売問題を経営学的アプローチによって考察しなければならないのであるが、紙数の都合上、別の機会に考察する。

第4節　企業組織と犯罪組織の原理と構造・機能

第1項　管理機能

1　企業においては、管理は、人的管理と物的（企画）管理に区別されるが、前者は構成員（協働者）に対する態度影響を確定し、後者は利潤の最大化という企業目標の設定と政策決定に係わる。そして、管理の手段としては、立案・コントロール・組織・情報が考えられる。組織システムの要素は使命・人・物的手段であって、使命は企業目標から演繹される[76]。

2　かかる経営学的管理基準（立案・コントロール・組織・情報）は、犯罪組織に直ちに転用できる。組織には大小があり、民主的組織と権威的組織があるが、犯罪者組織の多くは民主的組織と権威的組織の中間にあり、大組織にとって情報システムは不可欠であるし、犯罪組織の共通目標は、犯罪成果（獲物）の最大化である[77]。

例えば、①国際的な自動車闇取引組織の場合、通常は権威的管理組織であり、特に、上位の管理構造ないし管理メカニズムは、合法的企業の構造に類似しており、下位の管理構造ないし管理メカニズムは構造化された命令システムと服従システムをもっている。そして上位者は、合法的企業のマネイジメントと同様の協働者組織を構築し、中心組織は自動車そのものの需要に係わり、下位の協働者に対して管理と情報が放射線状に流れ、また逆に下位者から情報が中心者に収集される。

②売春組織の場合、組織の最上位には「大物」がいて、大抵は複数の都市にひとりしかおらず、多種多様な非合法的儲けに係わり、外部的行動をしな

い。組織の中間には、売春宿経営者と影響力のある売春斡旋人がいて、売春婦からの搾取と所場代の取立をする。組織の最下位には、売春宿従業員と売春仲介人がいるが、影響力はない[78]。

第2項　人的経済

1　企業の全人員が企業に従事することができるようにする問題が人的経済の問題である。この機能領域は、人的需要・人的工面・人的展開・人的投入に分化する。そして、これと共に人的政策が企業の基本決定としてある。人的需要は、人員を思い通りにすることであり、人員の数を記述する。人的工面は、労働市場における新しい労働力の具体的雇用に係わると共に、企業内で思い通りの場所に労働力を移すことを操作する。人的展開は、企業構成員の指導能力の改善に携わる。人的投入は、企業内における量的・質的・時間的・場所的使用の決定である[79]。

2　犯罪組織の人的経済は、合法的な企業の人的経済からは基本において異なる面がある。なぜなら、組織構成員には、裁判によってでも履行させるような契約上の義務はないからである。したがって、構成員が私腹を肥やしたり、ライバルに寝返ったりしても、裁判による制裁はできない。そこで、構成員の忠誠を確保するためには、構成員の威嚇と秘密厳守を徹底しなければならない。そのためには、下位構成員の適材適所と犯罪組織の事業を隈無く見通す可能性を配慮すること、特殊な協働者を募ること、成果をあげたときには高めの報酬によって労をねぎらうことが必要である。さらには、威嚇と金の他に、家族的関係・民族的関係の利用または共犯者の「緊密な和」の利用も一役買っている。このような緊密性の維持のためには、構成員を統率する統率者が必要であるが、この統率者は、経営組織に対する深い洞察力のある人物で、かつ構成員に信頼される人物であるが、この信頼は、しばしば家族的結びつき・共同生活体験・共同の民族性・刑務所での共同生活が基礎となっている。国際的自動車闇取引にあっては、この統率者が、自動車生産の組織化・販売領域への輸送手配・自動車販売のすべてを統率する[80]。

第3項　ロジスティクス

1　企業においては、ロジスティクスの活動はあらゆる機能領域において必要である。本来は、軍需物資の輸送・補給などの後方支援に関する兵站学を根拠とするこの活動は、生産原料の製造から買手に対する完成品の引渡しやリサイクル可能な資財の生産への還元に至るまですべての供給プロセスを包括している。つまり、企業内部と企業相互の戦略的な輸送事象・保管（貯蔵）事象・積替事象のすべてが含まれている。特に大工場では、コスト面からして期日と質と量に見合った顧客に対する引渡しを確実にする資料と情報の流れを組織化しコントロールすることが使命の中心である[81]。したがって、ロジスティクスは、需要に見合った引受時点に、好都合な場所と時間と状態でなされた生産に基づく供給時点を、最小のコストでタイアップさせるように配慮することである[82]。

2　非合法な犯罪組織の場合でも、できる限り利潤を最大にするために、低コストの多種多様な輸送事象・倉庫事象・積替事象が必要である。例えば、低コストで非合法な輸送をするためには、刑事訴追機関の発見を避けなければならない。そのためには、輸送ルートが専門的に選択され、隠し場所やカモフラージュが準備されねばならないし、そのための要因としてスペシャリストである人物も導入されねばならない。つまり、犯罪実現を経済的にみて有効に形成するには、ロジスティクスの構築は不可欠なのである。このロジスティクスの機能領域としては、調達・製造・販売が考えられる[83]。

調達では、合法的もしくは非合法的市場から、合法的もしくは非合法的な財を、発見されずに有利なコストで獲得する構造が考えられる。この構造要素として、さらに、倉庫・隠し場所・輸送チェーン・役人との情報交換・そのコミュニケーションのための待合せ場所が考えられる。製造に係わる構成員の使命は、加工されるべき財を発見されずに有利なコストで加工センターに持ち込むことである。このための構造要素として、情報網と外部の接触組織が考えられる。販売では、非合法な財を合法的ないし非合法的市場で換金することであり、換金相手がライバル店ならば財や金を組織に返還すること

である[84]。

　例えば、麻薬取引の場合、発見の危険性が大きい場合には、できる限り多くの小さい取引人に分配されるが、それは、没収の危険性を少なくし、取引ルートをカモフラージュするためであるし、他方、安全な輸送ルートや隠し場所として倉庫が必要である[85]。

第4項　実行行為（調達・製造・販売）

　1　企業における「調達」は、狭義では生産と営業の資財を市場から企業へと確実にしかも有利なコストで仕入れることであるが、広義ではそれ以上の営業手段・労働力・資本準備を包括する[86]。調達における経営学的目標設定は、適切な納入時点・需要に応じた量・要求される品質水準・有利な原価である[87]。もっとも、これらの目標設定は相互に矛盾する場合もあるので、調達コスト（輸送コスト）・注文処理コスト・倉庫維持コスト・欠損コストを全体としてオプティマルに導くことで充分である[88]。

　犯罪的実行行為は、営業的犯行実現の場合には、製造過程でも財の非合法取得においても非合法なサービス提供にも見られず、市場との結びつきがあって初めて見られる。その場合、「調達」事象が刑事訴追者に発見されずに、しかも有利なコストで行なわれることが必要である[89]。

　2　企業における「製造」は、原料の獲得・製品の製造・原料の加工と生産・サービスの実現という構成要素による生産準備が考えられる。したがって、輸送・倉庫維持・製造も含まれるし、サービス実現と指導部門の行政とコントロールも含まれる[90]。

　犯罪組織における「製造」には非合法なサービス提供が含まれる。麻薬や偽造通貨に関しては、技術的意味での製造を犯罪実現の出発点とするようなサービス領域が考えられる。あるいは、通貨偽造とか商標変造に関しては、製造そのものが犯罪組織としては下位システムの行為プロセスではあるけれども、組織の円滑な行為プロセスのためには必要不可欠な役割を果たす犯罪領域である。いずれにせよ、これらすべての製造は非合法であるから、犯行

者は刑事訴追者から発見されないような手段を講ずる必要がある[91]。

3 企業における「販売」は、「企業の供給を通して、つまり財物の販売とサービスの提供を通じて、経営プロセスのなかに組み込まれた金銭の還元を導き、それによって生産の継続を可能にすることにより、経営上の価格流通を閉鎖する」が、主たる販売目標は、「生産された給付物を、需要の場所と時期に、需要者にとって好都合な量で、その需要者の望むままにさせることであり、それと共に、この財を望みのままにできることを潜在的な買手に情報提供することである」[92]。そして、この販売政策は、現在する需要の充足と新しい需要の創造を含む[93]。

利益を意図する犯罪組織もまた、資本を獲得するためには、非合法に獲得した財もしくは非合法な財を販売しなければならない。つまり、組織にとっては、利益を得るという中心目標のために、可罰的な行為をかなり販売に向けなければならない。したがって、覚せい剤のような非合法な財の製造とか盗品のような非合法な財の占有に携わる犯罪にあっては、組織の犯行者にとって、「販売」は、合法的企業にとっての販売と同様に重要な機能領域なのである[94]。

この「販売」を具体的に円滑に実現するためには、犯罪者組織は何らかの構造を構築しなければならない。例えば、顧客が供給についての情報を入手できる状況にしなければならない。このために、合法的な企業は、部門化と脱集中化を行い、多くの支社と倉庫を保持しようとするが、犯罪組織の場合は、逆に販売活動を都市部の産業密集地帯に制限しようとする。なぜならば、非合法な企業にとって、部門化は、さまざまな危険原因になるからである。例えば、①組織が複数の場所に散在することによって刑事訴追当局との対決が増えるし、②中央と部門の間ないしは部門相互の間におけるコミュニケーションが盗聴されたり発見されたりする危険が増大するし、③散在した組織がやがて独自のダイナミックを展開して母体組織に対抗してくる可能性があるし、④散在した組織が張り合うことになり、ライバルの活動について意図的に刑事訴追当局に情報提供することによって、警察の力を利用して相互に

相手方を排除しようとするし、さらに、⑤輸送コストを節約するために、一度に大量の財を輸送すればそれだけ危険と損害の度合いが増大するし、⑥刑事訴追当局によって大量の財が発見されれば、押収されることによる資本喪失がそれだけ大きくなるし、⑦それに比例して被逮捕者と有罪者も増えるから、その分だけ刑罰量も大きくなり、その結果、有罪者は再び当局の潜在的情報提供者となるからである[95]。

4 このように、犯罪組織にとっては、部門化によって収益と相殺することは困難となるので、部門化から多くの利益を引き出すことはできない。したがって、犯罪組織は、(例えばマクドナルドのような) 合法的企業組織と違って、非常に制限された範囲内でしか「のれん」分けを形成することはできない[96]。

もっとも、非合法市場でも、合法的市場と同様に、新製品の開拓による活動分野の拡張は可能であるから、新しい犯罪領域に侵入することはできるが、やはり組織の多様化によって多数の場所に身をさらすことになるから、刑事訴追当局に発見される危険は増大する[97]。

第5項　資金調達

1 企業の「資金調達」は、投資のための資本の工面と準備である。したがって、企業における資金部門は、出納義務を適宜に履行しながら投資に必要な資本を適宜に準備しておくことに注意を払う必要がある[98]。資金調達は、資産調達と資産返済のあらゆる処置を含んでおり、企業と資本投資家ないし資本市場との間における出納関係・情報関係・コントロール関係・保険関係の形成をも包括しているので[99]、企業の資金部門は、「出納関係ネットの中心点」にある[100]。

資金調達は、内部的調達と外部的調達が考えられるが、前者は、外部からの資本供給を必要としないので資本市場との結びつきはないが、後者は、外部からの資本供給を受けるので、クレジット市場で資本を受け入れたり、新しい株主を受け入れたりするが、どのような条件で資産を受け入れるかは、景気の変動と企業の経済的状況に依存する[101]。

2 非合法な犯罪組織の場合でも、「資金調達」は中心的な機能領域である。組織を大きくしたり多様化させるにも資金調達が必要である。例えば、麻薬取引とか武器取引によって事前に資金調達したり、グループによる自動車密売とか人身売買によって資金調達をするが、資本市場における資金調達のためのクレジット設定は、犯罪者組織の場合には、合法的企業よりも本質的に困難である[102]。

そこで非合法的組織は、合法的企業に算入してクレジット設定をして資金調達しようとする。しかし、非合法組織は、①独立の帳簿を作成しないので帳簿を提示できないし、②担保を提供することができないので、犯罪組織に属さないクレジット提供者は何らの保証も得られず、したがって信用を得られない。そうすると、犯罪組織はその構成員に頼らざるを得なくなるので、クレジット提供者は犯罪組織の運命に依存するしかなくなり、その分クレジット提供者の犯罪組織に対する利息が高くなるから、結局、犯罪組織は、資本市場で資金を獲得することを回避するようになる。帳簿をつけられないし提示もできなければ、株主を見つけることも困難である。他方、刑事訴追の危険を回避するために、合法的な経営者が協働しなくなる。こうして犯罪組織は、顧客に対する誠実保証もなければ職業別名称での信用もないから、市場価値を獲得することはほとんど不可能に近い[103]。

第6項 資金洗浄

1 したがって、犯罪組織の成長は、構成員が危険を冒して得た儲けによって調達されるしかない。つまり、犯行による資金調達は、別の犯行から得た利益によって行なわれ、資本市場からの受け入れに頼らない。しかし、例えばヘロイン取引の場合、成果が多いので資本を2倍にすることができるし、このための対外資本は取引を開始する分だけあればよいから、没収は何の効果もない。反対に、賭博の場合には、支払いのために常時高額の現金が予定されていなければならないから、それなりの資本のストックが必要である[104]。

2 問題は、①内部的な資金調達の場合に、刑事訴追機関が介入する前に

利益を保全しておく困難性、②犯行者が貯えた利益を別の人（例えば相続人）に渡す困難性、③非合法性から脱却する困難性である。この困難性を回避するために、利益を合法的な企業や合法的な資本市場に投資しなければならない。しかし、非合法な資金を合法的取引に投資したり、合法的な資本市場に投資することは、高度なノウハウを必要とする。したがって、「資金洗浄」もまた、犯罪者組織においては資金調達部門の本来的な重要使命なのであるが、この資金洗浄の使命は、犯行によって得られた財（特に現金）が非合法な活動による利益と同一視されないように、合法的な資金流通や経済流通にもち込むことである。そのためには、資金洗浄に係わるさまざまな国家の資金システムや法システムを知っていなければならないし、好都合なコネクション・偽造アドレス・偽造会社などが必要となる[105]。

したがって、資金洗浄を阻止するためには、こうした犯罪組織の回避手段を粉砕しなければならない。法や政治や経済のエキスパートナーおよびエキスパーテンシステムと犯罪組織との関係を遮断する方策をも講じなければならないであろう。しかし、その規制はかなり困難である。一般人の自由領域を拘束しかねないからである。

第5節　おわりに

1　合法的な企業組織をシステム理論的に分析し、犯罪組織の原理と構造と機能を経済的・経営的組織のそれと比較しながら検討してきたが、総論的な考察に終わってしまった。具体的な検討を引き続き発表するつもりである。その上、犯罪組織の動向をみるには、犯罪組織という非合法組織の外部に対する関係をも検討する必要がある。そのためには、非合法市場の構造と機能を別の角度から分析しなければならない。アルブレヒトもまた、下層階と上層階の共生関係や下位文化と支配層の共生関係の研究の必要性に加えて、闇市場の研究の重要性を訴えている[106]。しかし、この点についても、紙数の都合上、本稿で立ち入ることができなかった。別の機会に検討する予定であ

る。

　さらに、犯罪組織と犯罪組織化および犯罪活動に対する制裁規範と立法論の検討も別の機会に譲りたい。その他、犯罪組織の活動の実態についてのシステム理論的・組織理論的分析と諸国との比較研究も別の機会に残すことになった。

　2　本稿では、システム理論と経営組織論による犯罪組織の原理と構造・機能の分析の極めて総論的・理論的アプローチに止まることになったが、その意義だけは訴えたつもりである。しかし、本稿は質量共に夏目先生の研究にはおよそ及びもつかないので、本稿の分析方法が、夏目先生の方法論にいささかなりとも相応するものであれば光栄である。

【注】
(1)　愛知大学法経論集第99号〜第112号。夏目文雄「『『共謀共同正犯の理論』の批判的検討―特に共謀者の責任の問題を中心として―」（Ⅰ〜ⅩⅠ）愛知大学法経論集第53号〜第65号も同類の研究である。
(2)　Marion Bögel, Strukturen und Systemanalyse der Organisierten Kriminalität in Deutschland, Berlin 1994, S. 13.
(3)　Vgl. Hans Jörg Albrecht, Organisierte Kriminalität-Theoretische Erklärungen und empirische Befunde, in: (Hg. v. der Deutschen Sektion der Internationalen Juristen-Kommission, 以下 D. S. d. IJK と略す) Organisierte Kriminalität und Verfassungsstaat（以下 OK u. VS 略す), Rechtsstaat in der Bewährung, Bd. 33, Heidelberg 1988, S. 40.　最新のドイツにおける組織犯罪の調査と組織犯罪の撲滅および刑事訴追に関する研究としては、例えば、Norbert Pütter, Der OK Komplex. Organisierte Kriminalität und ihre Folgen für die Polizei in Deutschland, 1Aufl., Münster 1998. がある。
(4)　設楽裕文「『組織犯罪』と共犯」刑法雑誌第37巻第2号16頁は、合法的な企業組織体に関するものが組織体犯罪で、非合法な組織が行なう殺人のような個人レベルで考えるものが組織犯罪であると分類しているが、システム理論的にはこの分類は疑問である。なお、組織犯罪の犯罪学的研究として、例えば、加藤久雄『組織犯罪の研究』成文堂 1992年がある。
(5)　夏目・前掲論文(ⅩⅢ)第111号、75頁以下参照。夏目によれば、犯罪組織は、共同犯罪（共犯）の一形態であり、一般的共同犯罪（任意的共犯のすべて）に対置する特別共同犯罪（必要的共犯と犯罪集団）のひとつである（同論文、39

頁以下)。
(6) その点で、ヤコブスが正犯性の指標を問題にするときに「犯罪組織回路」とか「組織活動」の「統括権限者」ということを説く場合の「組織」概念は、むしろ、広義の組織概念であって、システム概念と一致することになる。Günther Jakobs, Strafrecht, Allg. Teil Die Grundlagen und die Zurechnungslehre, Berlin/New York, 21Abs. Rdn. 1, 2, 3. und Vorwort.
(7) Vgl. H-J Albrecht, a. a. O. S. 32, 35. なお、企業 (Unternehmen) と経営 (Betrieb) とマネイジメントについては、別の機会に言及するが、とりあえず、Gerd Eidam, Unternehmen und Strafe, Köln/Berlin/Bonn/München 1993, S. 15, 16, 18, 19, 20. 参照。
(8) Lilia Stünzner, Systemtheorie und betriebswirtschaftliche Organisationsforschung. Eine Nutzenanalyse der Theorien autopoietischer und selbstreferentieller Systeme, Berlin 1996.; Marion Bögel, a. a. O.
(9) 現行のフランス刑法典は、法人が事実として存在する共同体意思を所持し、その意思が構成員の個人意思からは区別されるという考え方に依拠しているとされる (Gerd Eidam, Straftäter Unternehmen, München 1997 S. 106. その根拠については、Achlles Mestre, Les personnes morales et le problème de leur responsabilitè pènale, 1899. 参照)。岡上雅美「ドイツ刑法典43条aの資産刑をめぐる解釈について」西原春夫先生古稀祝賀論文集 (第4巻)、成文堂 1998年、217頁以下 (ドイツの組織犯罪対策に関する日本の文献については、222頁注4参照)。
(10) 渥美東洋「社会構造の変容と犯罪化と非犯罪化」西原古稀祝賀 (第4巻)、1998年、187頁、190頁、191頁参照。さらに、渥美によれば、法人の行為が道徳的に中立であるとする見解は一種の「ごまかし」であると言う (193頁)。法人に対する社会倫理的非難可能性を肯定するロートベルグの見解について、Anne Ehrhardt, Unternehmensdelinquenz und Unternehmensstrafe. Sanktionen gegen juristische Personen nach deutschen und US amerikanischem Recht, Berlin 1994, S. 46.
(11) 伊東研祐「特集・企業犯罪をめぐる現代的諸問題・序言」刑法雑誌第36巻第2号242頁以下参照。
(12) Sandra Lütolf, Strafbarkeit der juristischen Person, Zürich 1997, S. 19. の引用によれば、シューネマンは、個人的パラダイムを企業犯罪に転換することは、「およそグロテスクと言ってよいほどに不適当」であると言っている。
(13) S. Lütolf, a. a. O. S. 18.; H-J Alblecht, a. a. O. S. 9, 33. もまた、通常の犯罪は個人に還元されるが、組織犯罪の場合にはそうではないにもかかわらず、ドイツでは、組織に関する学問的関心が欠如していて、個人中心的な犯罪学的分析の枠内に閉ざされてきたと言っている。夏目・前掲論文(I)第99号、(II)第

100号によれば、わが国においても、戦前・戦後を通して、共犯・集団犯・法人犯罪・組織犯罪の統一的研究があったが、いずれも組織論的な考察や集団機能の分析が欠如していた。
(14) 金沢文雄「英米法における法人の刑事責任」刑法雑誌4巻4号503頁以下によれば、イギリスではすでに「者」には法人をも含むと規定されていた由であるが、わが国でも解釈論としての可能性を新しい方法論によって模索すべきである。
(15) Reiner Frey, Vom Subjekt zur Selbstreferenz. Rechtstheoretische Überlegungen zur Rekonstruktion der Rechtskategorie, Berlin 1989, S. 106.; Jürgen Frese, Prozeße im Handlungsfeld, 1985, S. 188.; Thomas Raiser, Rechtssoziologie, Ein Lehrbuch, Frankfurt am Main 1987, S. 221. は、2人の関係・グループ・組織・制度の間で区別をしていない。
(16) 犯罪行為主体はシステムである点につき、松村格『刑法学への誘い』八千代出版 1997年、125頁以下および同『刑法学方法論の研究』八千代出版 1991年、338頁以下、376頁以下参照。なお、高橋則夫「共同正犯の帰属原理」西原古稀祝賀（第2巻）、360頁が、組織犯罪に関しては、システム自体が不法性を帯びていて、そのシステムを支配している者が実行正犯者であるとして、集合体の行為の存在を肯定する意味で共同意思主体説を正当化する見解も、私見と同じであると思われる（拙著・前掲書参照）。
(17) 松宮孝明「身分の連帯作用について」刑法雑誌第38巻1号82頁は、構成的身分の連帯性は「自明の前提ではない」、「特別の理由」によると言っているが、この「特別の理由」こそが「システム思考」でなければならないと思う。
(18) 例えば、草野豹一郎『刑事法学の諸問題』勁草書房 1951年、182頁以下および荘子邦雄「集団犯の構造」『刑法講座・第5巻』有斐閣 8頁以下は、騒乱罪における集団そのものの実行行為性を認めている。なお、集団システム自体の行為支配性について、松村『刑法学方法論の研究』355頁以下参照。
(19) 夏目・前掲論文(XII)第110号9頁以下も、従来から、共犯・共同正犯・組織犯を含む「共同犯罪」における「共同」の意義の分析が行なわれてこなかったことが、犯罪の共同形態の理論的・認識論的理解を遅らせたと言っている。
(20) 高柳曉編『現代経営組織論』中央経済社 1997年、8頁、31頁参照。高柳によれば、組織論は、伝統的な古典的組織論から、人間関係論・行動科学的組織論・意思決定論的組織論を経て、現代的組織論（コンティンジェンシー論・ポリティカル組織論・組織分化論）に達しており、他方、閉じたシステムとしての組織論から開かれたシステムとしての組織論へと展開してきたと言う（9頁、21頁、27頁、28頁）。この組織論の発展過程については、夏目・前掲論文(III)第102号、(IV)第102号、(V)第103号に詳述。
(21) Chester I. Barnard, The Function of the Executive, Harvard University

Press, 1938, p. 23. 山本・田杉・飯野共訳『新訳・経営者の役割』ダイヤモンド社 1985 年、25 頁。もっとも、これは公式組織の定義であるが、組織は、公式組織と非公式組織の相互作用関係がなければ自己保全できないから（岡本・笹川・山下・渡辺共編、『現代組織の基本問題』税務経理協会 1997 年、27 頁参照）、本稿においても、公式組織と非公式組織がカップリングした全体組織を問題にする。

(22)　Vgl. Talcott Parsons, Grundzüge des Sozialsystems, in: St. Jensen (Hg.), : Talcott Parsons-Zur Theorie sozialer Systeme, Studienbücher zur Sozialwissenschaft, Bd. 14, Opladen 1976, S. 165. 夏目・前掲論文(Ⅵ)第 102 号、2 頁もまた、現代組織論がシステム理論とコンティンジェンシー理論とによってアプローチされるものとしている。

(23)　Stünzner, a. a. O. S. 159.; 組織が「社会－技術システム」である点に関しては、E. Grochla, Systemtheorie und Organisationstheorie, in: Grochla (Hg.), Organisationstheorie, Bd. 2, Stuttgart 1975, S. 2. (Stünzner, a. a. O. S. 159. より参照)。桑田耕太郎・田尾雅夫『組織論』有斐閣 1999 年、21 頁以下によれば、E・ケネス・ボウルディングは、システムを①静的構造・②動的システム・③サイバネティクスシステム・④オープンシステム・⑤遺伝－社会システム・⑥動物システム・⑦人間システム・⑧社会システム・⑨超越的システムに分類し、組織は、①から⑦までの特徴を有する⑧番目のシステムで、「社会－技術システム」であるとした。「社会－技術システム理論」についての詳細は、夏目・組織的共犯論序説(Ⅳ)第 102 号、16 頁以下参照。

(24)　Stünzner, a. a. O. S. 151.
(25)　Stünzner, a. a. O. S. 150, 152, 153.
(26)　Stünzner, a. a. O. S. 168.
(27)　一般的システム理論は、Ludwig von Bertalanffy, General System Theory, New York 1968. に代表される。アウトポイエシス理論および自己準拠システムの理論についてはマトゥラナ、ヴァレラ、トイブナー、ロート、ヘイル、ルーマンなどの理論があるが、それらの理論の比較研究は、Werner Kirsch, Kommunikatives Handeln, Autopoiese, Rationalität. Sondierungen zur einer evolutionären Führungslehre, München 1992, S. 185ff. に詳しいし、便利である。その簡単な概略として、松村「認知科学と刑法的行為論―アウトポイエティッシュなシステム論を顧慮して―」駒澤大学法学論集第 50 号 103 頁以下および同「認知科学と故意・過失論」下村康正先生古稀祝賀『刑事法学の新動向』（上）、成文堂 1995 年、275 頁以下参照（本書第 6 章と第 4 章に所収）。
(28)　Vgl. Stünzner, a. a. O. S. 40.
(29)　Vgl. M. Wollnik, Systemtheoretische Ansätze, in: A. Kieser/H. Kubicek (Hg.), Organisation, 1Aufl., Stuttgart 1978, S. 79. (Stünzner, a. a. O. S. 40. よ

り参照。)
(30) Vgl. Stünzner, a. a. O. S. 40.
(31) Vgl. Bertalanffy, a. a. O. 1972, S. 18.
(32) 松村『刑法学への誘い』126頁参照。したがって、法もまた、さまざまな種類の規範や準則ないし指針から成る公法・私法・社会法という部分システムが集合した全体システムであると同時に、経済システム・政治システム・文化システムと共により大きい社会(国家)システムを形成する部分システムなのである。法をシステムとして分析したものに、Torstein Eckhoff/Nils Kristian Sundby, Rechtssystem. Eine systemtheoretische Einführung in die Rechtstheorie, Berlin 1988. がある。これには、都築・野崎・服部・松村共訳『法システム―法理論へのアプローチ―』、ミネルヴァ書房 1997年がある。
(33) Vgl. K. Türk, Soziologie der Organisation, Stuttgart 1978, S. 27. (Stünzner, a. a. O. S. 40. より参照。)
(34) Stünzner, a. a. O. S. 19.
(35) Axel Ziemke, System und Subjekt, Wiesbaden 1992, S. 6.
(36) Vgl. Helmut Willke, Systemtheorie. 2Aufl. Stuttgart/New York 1987, S. 2.
(37) Stünzner, a. a. O. S. 41.
(38) Stünzner, a. a. O. S. 162-166. 藤嶋暁『生命の組織論』白桃書房 1999年、98頁によれば、組織は、生き残りのために、環境の変化に適応し自分自身を変化させねばならず、「諸要素の組合せ源の配分方法など自らのノウハウやシステムを常に新しくするとともに、外部との関係においては新しい関係を構築して、自らの生存エリアを確保している」。なお、夏目・前掲論文(XII)第110号18頁、19頁以下は、「共同」(Kooperation)(本稿の「協働」)と「共働」(synergy; Synergie) とでは区別している。
(39) 海老澤栄一『生命力のある組織』中央経済社 1998年、33頁、45頁、59頁参照。ただし、海老澤は生存システムを問題にしている。松村『刑法学方法論の研究』25頁参照。
(40) Stünzner, a. a. O. S. 20, 21.
(41) Andreas Metzner, Probleme sozioökologischer Systemtheorie. Natur und Gesellschaft in der Soziologie Luhmanns, Opladen 1993, S. 96.; Kirsch, a. a. O. S. 198, 199.
(42) Vgl. Kirsch, a. a. O. S. 199.; Stünzner, a. a. O. S. 39.
(43) Vgl. Bögel, a. a. O. S. 181.
(44) Stünzner, a. a. O. S. 160.
(45) Vgl. Kirsch, a. a. O. S. 190.
(46) Humberto R. Maturana, Biologie der Sozialität, in: S. J. Schmidt (Hg.), Der Diskurs des Radikalen Konstruktivismus, 3Aufl. Frankfurt am Main

1990, S. 292f.（Stünzner, a. a. O. S. 172. より参照）。
(47) Vgl. Stünzner, a. a. O. S. 172.; Metzner, a. a. O. S. 96, 97.; Gerhard Roth, Autopoiese und Kognition, in: S. J. Schmidt（Hg.）, a. a. O. S. 283.（Stünzner, a. a. O. S. 172. より参照）。
(48) Peter M. Hejl, Konstruktion der sozialen Konstruktion: Grundlinien einer konstruktivistischen Sozialtheorie, in: S. J. Schmidt（Hg.）, a. a. O. S. 323.（Stünzner, a. a. O. S. 172. より参照）。
(49) Vgl. Kirsch, a. a. O. S. 190.; Niklas Lumann, Die Wirtschaft der Gesellschaft als autopoietisches System, in: Zeitschrift für Soziologie, Bd. 13, 1984, S. 311. は、「社会は、意味に満ちたコミュニケーションを基礎にしたアウトポイエティッシュなシステムである。社会は、コミュニケーションから成り、コミュニケーションからのみ成るのであって、あらゆるコミュニケーションから成る」と言明している。Walter Kargl, Handung und Ordnung im Strafrecht. Grundlagen einer kognitiven Handlungs-und Straftheorie, Berlin 1991, S. 249. は、「社会的なシステムを生体システムのひとつのグループとして理解しなければならない」と説いている。
(50) Vgl. Stünzner, a. a. O. S. 173, 174.
(51) Vgl. Stünzner, a. a. O. S. 174.
(52) Vgl. Stünzner, a. a. O. S. 173.
(53) Vgl. Stünzner, a. a. O. S. 195, 196.
(54) Vgl. Metzner, a. a. O. S. 96, 97. Fn. 236.; Vgl. Kargl, a. a. O. S. 225.; Vgl. Kirsch, a. a. O. S. 199, 201. ちなみに、Luhmann, a. a. O. S. 311. によれば、「社会は、閉じたシステムであると同時に開かれたシステムである」と言明している。
(55) Vgl. Ziemke, a. a. O. S. 24.
(56) 桑田・田尾・前掲書もまた、組織の境界は自明でもなければアプリオリに決定もされておらず、環境から諸資源を獲得する必要性から、完全に自己完結的ではあり得ず、「オープンシステム」でなければならないと言っている（49頁以下、特に54頁、55頁）。池内了『宇宙からみた自然』新日本新書1995年によれば、宇宙も人間も資料やエネルギーに関しては、開かれたシステムでなければならない（68頁、136頁、158頁）。
(57) Vgl. Stünzner, a. a. O. S. 175, 177, 179.
(58) 以上、Bögel, S. 89. なお、共同犯罪に対する経営組織論によるアプローチは、夏目・前掲論文(Ⅲ)第101号、(Ⅳ)第102号に詳しい。ついでながら、社会学的組織論によるアプローチは、同論文(Ⅵ)第104号、(Ⅶ)第105号に詳述。
(59) Bögel, a. a. O. S. 90.
(60) Bögel, a. a. O. S. 42. 企業類似の組織的行為による利益獲得という意味で

第8章　組織と犯罪　189

は日本とドイツにおける組織犯罪の定義が異ならないことにつき、1996年の日本刑法学会ワークショップ「暴力団犯罪」（高橋則夫報告）刑法雑誌第36巻第3号502頁参照。ただし、高橋によれば、犯罪領域と組織構造については、両国で異なると言うが、組織の構造と原理に関する一般論については、システム理論的にみて異ならないと言える。

(61) Bögel, a. a. O. S. 77.
(62) Erich Rebscher/Werner Vahrenkampf, Organisierte Kriminalität in der Bundesrepublik Deutschland, Wiesbaden 1988, S. 181.（Bögel, a. a. O. S44. から参照）。なお、小グループとグループダイナミックスについて、夏目・前掲論文(Ⅶ)第105号、(Ⅷ)第106号、(Ⅸ)第107号に詳述。
(63) Eugen Weschke/Karla Heine Heiß, Organisierte Kriminalität als Netzstrukturkriminalität, FHSVR. Berlin 1990, S. 29.（Bögel, a. a. O. S. 44. から参照）。
(64) Bögel, a. a. O. S. 45.
(65) Pio Sbandi, Gruppenpsychologie, München 1973, S. 107.（Bögel, a. a. O. S. 36. から参照）。したがって、犯罪組織にも公式組織の側面はある。なお、集団の構造に関する①地位・役割論、②対人構造論、③序列論、④行列・グラフ論からの分析については、夏目・前掲論文(Ⅹ)第108号に詳述。
(66) Bögel, a. a. O. S. 35.
(67) Vgl. Bögel, a. a. O. S. 37.
(68) Vgl. Bögel, a. a. O. S. 86.; Manfred Kanter, Die Entwicklung der organisierten Kriminalität in der Bundesrepublik Deutschland und geplante Maßnamen zu ihrer Bekämpfung, in: (Hg. v. DS d. IJK) OK u. VS, S. 59. もまた、組織犯罪が利益志向的であり、合法的な経済と市場の構造と組織原理に従うことを認めている。
(69) Vgl. Bögel, a. a. O. S. 79, 80.
(70) Vgl. Bögel, a. a. O. S. 80, 81.
(71) 夏目・前掲論文(Ⅺ)第109号は、指導（本稿ではFührungを「管理」と訳した）の集団機能と指導力および指導の特性の研究こそが、共同犯罪における首魁・主犯・行為支配を考えることに参考になるとしている。同旨・拙著『刑法学方法論の研究』399頁以下。
(72) Vgl. Bögel, a. a. O. S. 81, 82.
(73) Vgl. Bögel, a. a. O. S. 82, 83.
(74) Vgl. Bögel, a. a. O. S. 86.; Günter Kaiser, Kriminologie, 7Aufl., Heidelberg 1985, S. 214ff. および Hans von Hentig, Der Gangster, Berlin 1959. もまた、犯罪組織を利益社会の需要あるいは経済市場を利用するものとしている。Armand Mergen, Die Kriminologie, 2Aufl., München 1978, S. 241ff. は、組織

化された犯罪者層を、「犯罪の実現によって金を稼ぐことを目的とする経済的観点から創られた会社組織および経営組織」として定義している。

(75) Vgl. Bögel, a. a. O. S. 87, 88.; Kaiser, a. a. O. S. 214. および Hans Jürgen Kerner, Professionelles und organisiertes Verbrechen, Wiesbaden 1973. および Hans Göppinger, Kriminologie, 4Aufl., München 1980, S. 564ff. は、アメリカ合衆国型の「シンジケートに似た犯罪組織」は、ドイツを含むヨーロッパ型の犯罪組織には存在しないとして両者を区別している。同旨として、H-J Alblecht, a. a. O. S. 16. また、Bögel. a. a. O. S. 86. は、ドイツにおける犯罪組織の犯罪領域として、次のようなものをあげている。麻薬犯罪・武器の密輸と取引・夜の歓楽と関係する犯罪（売春の斡旋・売春・人身売買・非合法賭博）・用心棒・無許可の労働斡旋と就労・外国人の非合法な密入国・商標偽造・金の密輸・補助金詐欺・脱税・投資詐欺・非現金支払い手段の偽造と不正使用・偽造通貨の製造と準備・高度の運搬装置の密売・保険金詐欺・住居侵入窃盗・非合法な特殊ゴミ処理・非合法な技術移転である。
(76) Bögel, a. a. O. S. 91, 92.
(77) Bögel, a. a. O. S. 92, 93.
(78) Bögel, a. a. O. S. 94, 96.
(79) Bögel, a. a. O. S. 99, 100.
(80) Bögel, a. a. O. S. 100, 101.
(81) Bögel, a. a. O. S. 105. なお、吉田・大橋著『基本経営学用語辞典』（改訂増補版）、同文舘出版 1999 年、294 頁参照。
(82) Fans-Cristian Pfohl, Logistiksystem, 3Aufl. Berlin 1988, S. 12. (Bögel, a. a. O. S. 105. より参照）。
(83) Bögel, a. a. O. S. 106, 107.
(84) Bögel, a. a. O. S. 107.
(85) Bögel, a. a. O. S. 109.
(86) Bögel, a. a. O. S. 110.
(87) Vgl. Hans Arnolds/Franz Heege/Werner Tussing, Materialwirtschaft und Einkauf, 5Aufl., Wiesbaden 1986, S. 20. (Bögel, a. a. O. S. 110. より参照）。
(88) Bögel, a. a. O. S. 110.
(89) Bögel, a. a. O. S. 111.
(90)(91) Bögel, a. a. O. S. 115.
(92) Günter Wöhe, Einführung in die Allgemeine Betriebswirtschaftslehre, 17Aufl., München 1990, S. 619.
(93) Bögel, a. a. O. S. 121.
(94) Bögel, a. a. O. S. 121.
(95) Bögel, a. a. O. S. 122.

(96) Bögel, a. a. O. S. 123. しかし、イタリヤのマフィヤの場合には、その経済力がかなり大目に見られていたので、「のれん」分けが可能であったらしい。Henner Hess, Mafia, Diss. Tübingen 1970, S. 3ff.; Michele Pantaleone, Der mafiose Geist (Die Verfilzung von Mafia und Politik) NZZ Folio, 9/1991, S. 20.; Thomas Kreyenbühl, Von der Scholl an den Börsenring (Wie die Mafia die italienische Wirtschaft unterwandert), NZZ Folio, 9/1991, S. 41. (以上 Bögel, S. 123. より参照)。

(97) Bögel, a. a. O. S. 123.

(98) Bögel, a. a. O. S. 128.

(99) Vgl. Franz Xzver Bea/Erwin Dichtl/Marcell Schweitzer, Allgemeine Betriebswirtschaftslehre, Bd. 3, Stuttgart 1991, S. 258. (Bögel, a. a. O. S. 128. より参照)。

(100) Bögel, a. a. O. S. 128.

(101) Bögel, a. a. O. S. 128, 129.

(102) Bögel, a. a. O. S. 129.

(103) Bögel, a. a. O. S. 129, 130.

(104) Bögel, a. a. O. S. 130.

(105) Bögel, a. a. O. S. 130, 131.

(106) H-J Albrecht, a. a. O. S. 34f., 40.

第9章

企業法人の犯罪主体性

第1節　はじめに

　1　現代社会は、「会社社会」と言っても過言ではなく、企業法人が善悪いずれの意味でも活躍しており[1]、自然人よりも法人の方がはるかに社会をリードしている[2]。それにもかかわらず、法人の犯罪主体性に関する刑法学的研究の遅れははなはだしく、以前からその点が指摘されながら[3]、なお研究が進展していないのは、自然人という個人への還元主義に対する固執に起因している[4]。しかし、企業その他の法人の犯罪に関しては、自然人のシステムである「集団刑法」が問題であって、「個人刑法」が問題ではない[5]。

　2　刑法典における各構成要件の主体を表す「…した者」にしても、自然人の個人だけを考えているわけではない[6]。個人のみならず、共犯や集団犯を考えているし、むしろ、今日における法の主体は、主として「グループ主体」ないしは「組織主体」であるから、個人とグループとの間に本質的差異はない[7]。

　犯罪の主体はシステムである。そのシステムが複数の自然人によって構成されている場合には、各人の役割・地位によって、その責任が個別化される。つまり、第1に、システム全体の行為によって、全体の行為主体としての確定がなされ、第2に、役割と地位によって扱いが区別されるのである[8]。現に、刑法典第65条は、第1項において、単独では正犯になり得ない非身分者についても、システムの構成員であることを理由にして、（共同正犯を含む）共犯としての連帯性が確定され、第2項において、各人の役割・地位（責任

身分）によって責任と刑罰が個別化されている。この第65条は、まさにシステム理論的発想の規定である[9]。

3 もちろん、団体責任を容認することは許されない。しかし、集団ないし組織の行為主体性を認めることはできる。両者は別問題である。集団ないし団体・組織は、システムという個体（単位体）（Einheit）として行為するのである[10]。従来から、「個人としての個体」と「集団ないし組織としての個体」との間に質的差異が認められ、そのことが、「組織と犯罪」の研究を鈍らせてきた[11]。

法人の犯罪主体性については、従来から、①その是非に関する理論上の問題と、②現行法においてそれが認められているか否か、③認められているとすればどの範囲で認められているか、という観点から議論されてきた。本稿では、理論上のみならず、現行法解釈論においても法人の犯罪主体性を肯定し得る可能性を主張し、それに関して、イギリス、アメリカ、フランスの現状を、アイダムとエアハルトの研究を紹介する形で垣間見ることにした[12]。

第2節　企業法人の行為能力

第1項　法人の行為能力

1 公法人もまた法背反的行為をするが、本稿では、主として私企業という合法的な法人組織の犯罪行為主体性を考察する。

この法人という組織は、簡潔に言えば、「2人以上の人が同じ目的を持って協働するシステム」である[13]。つまりそれは、複数の構成員から成り、その構成員相互の間に、①共通目的、②協働意欲、③コミュニケーションを有する「協働システム」（Kooperatives System）である。換言すれば、「すくなくともひとつの明確な目的のために、2人以上の人々が共同することによって特定の体系的な関係におかれた、物的・生物的・個人的かつ社会的構成要素の複合体」である[14]。

2 本稿では、法人の行為能力についての賛否を検討することはしない。

なぜなら、今日では反対論者も、法人の当罰性については否定することができず、したがって、何らかの理論操作によって行為能力を肯定しなければならない現状にあるからである。確かに、現行の法人処罰規定の存在を理由に、法人の犯罪能力に関する論争の無益さを主張する見解もあるし[15]、反対に、法人の責任能力の問題性を重視して、法人の行為能力については当然のようにして何も疑問を提示しない見解もあるが[16]、刑法が行為刑法である限り、刑法にとって行為の概念が中心的意義をもつのであるから、法人についても「行為」を論ずることは必要であり実益がある[17]。

　3　しかし、法人の行為能力を認める大抵の理論操作は、①機関もしくは代表者の行為を法人に帰属させる「帰属モデル」に頼るか、②民法理論から類推するかであって、法人が自分で直接に行為する能力を認めるものではない。しかも、帰属モデルが日本でもドイツでも通説的地位にあるが[18]、本稿では、この帰属モデルを批判し、理論的にも解釈論的にも、③法人に主体的・直接的な行為能力を認めることができることを主張する。

第2項　帰属モデル批判

　1　帰属モデルは、ある行為者の態度を他者に帰属させるのであるから、帰属モデルの採用は、伝統的な個人刑法と訣別して集団刑法に一歩近づいたことを意味する。それにもかかわらず、帰属モデル論者が、共同正犯とか間接正犯の例を盾にとって、帰属モデルと個人刑法の結合を擁護しようとしても、共同正犯や間接正犯は、実際の行為者と他人とが具体的な決意を媒介として結びつけられているシステムであるから、このような擁護は的外れである[19]。

　帰属モデルの論者は、法人のために責任をもって行為する人間の法的に重要な態度は法人に帰属しなければならないと主張する[20]。この考え方の底辺には「同一視理論」(Identifikationslehre) がある[21]。つまり、企業は機関や代表者と同一視されなければならず、そうすることによって企業は一般的な法的行為に参加できると考えるのである。

2 しかし、この考え方の底辺には問題がある。第1に、機関ないしは代表者の行為が原則として団体固有のものとして帰属されるとなると、それは不特定な集団責任や偶然責任に門戸を開くことになる。第2に、この考え方には、機関ないし代表者の「対外的」行為に対しては団体が責任を負うべきであるという思想があるから、もし企業の枠内で対内的悪業が行なわれた場合には、企業にとって経済的利得はないので、同一視理論は破綻することになる。例えば、ある企業が、だらしない大量の不始末によって環境破壊をしたとしよう。しかし、これは対内的な利益のない行為なので、この考え方によれば不可罰になってしまう[22]。他方、機関決定に反したひとりの取締役の背任行為を法人の犯罪行為とすることもできないし、その取締役の対外的詐欺行為を法人の詐欺行為とすることもできないはずである。

3 そこで、犯罪的不法を行なう権力と権限が付与され、犯罪的不法を阻止する義務のある機関ないし代表者の行為だけを団体に帰属させる限定理論が考えられるが、この思想にも問題がある。なぜなら、刑法上だれも答責的な者がいない場合の企業は、組織的に無答責となるので、そうした事例を解決することができないからである[23]。その上、機関ないし代表者ではなくて、団体の下部組織の末端にいる現業職員の不法行為が団体の犯罪になる場合の説明ができない。監督責任論を持ち出しても、当該職員と機関ないし代表者の関連が、主観的にも客観的にも離れすぎていては、監督責任論も破綻せざるを得ない。

エンギッシュが言うように、「行為の帰属は、行為そのものとは何か違ったもの」であり、「帰属は、法律的な図式で法律的な構成であるが、これに対して行為は、自然現象である」し[24]、帰属はいわばフィクションであって、「法律上の苦し紛れの方便」にすぎない[25]。やはり、帰属モデルや民法原理の類推は問題が多いと言える[26]。したがって、自然人と同様の自然現象としての法人独自の行為能力を検討する必要がある。

第3項　法人独自の直接的行為能力

1　今日、法人を社会生活における「行為する主体」として考えることは、いかなる法秩序も見過ごすことはできない(27)。例えば、イェシェックは、「団体は、政党として政治活動を支配し、企業・雇用団体もしくは労働組合として経済活動を支配し、銀行として信用組合を支配し、出版・新聞業務もしくは情報代理店としてマス・メディアの様相を決定する」と言っている(28)。今日のほとんどの法システムは、法人のような団体的組織が法の担い手すなわち財産権の担い手であること、自然人と同じ方法の権利を獲得し、義務を果たすことを認めている。つまり法人は、法生活と経済生活の幅広い領域で「行為しながら」参画する状況におかれている(29)。このような法人の実態と刑法上の行為能力とは必然的な相関関係になければならない(30)。

2　法人は、現実の日常生活の中で、契約を締結することができる。リストによれば、「契約を締結することができる者は、詐欺的な契約も不当な契約もすることができるし、締結した契約を守らないこともできる」(31)から、法人の行為能力に関しては、民法領域であれ刑法領域であれ、基本的には同一でなければならない。

このリストの考え方は民法上の行為概念と刑法上の行為概念の同置であるから、刑法上の法人の行為能力の問題には何も答えていないという反論もあり得る(32)。しかし、藤木も言うように、「会社制度という法律機構をいわば犯罪の道具として使う個人犯罪」の場合は別として、法人が「ひとつのシステムとして社会生活上権利、義務の主体として行動し、かつ同時に……個人あるいは公衆に経済上の損害を加え……共同生活の安全を阻害する加害行為をなしうるもの」が固有の刑法犯にもあるはずである(33)。

もちろん、法人が刑法上のすべての犯罪を実現できるわけではない。その点は、個人であっても同様である。これは、「行為の幅」(Handlungsspielraum)の問題である。行為の幅の相違が法人の行為能力否定論の根拠になるわけではない。両者は次元の異なる問題である。藤木の言うように、法人が窃盗や放火をすることはできないが、名誉毀損罪やわいせつ文書販売罪の行為主体

になることはできるし、被害者になることもできる(34)。

3 かくして、「法人は自分で直接に行為をする」のであって、このことは、「法人の行為能力が機関の行為の帰属を通して基礎づけられるのではなくて、特別な帰属規範がなくても……法人に当然与えられる完全な権利能力に基づいて、法人がまさに自分で直接に行為することができることを意味する」のである(35)。なぜなら、法人が法秩序によって是認されている限り、その論理的な帰結として法人に行為能力が当然与えられなければならないからであって(36)、帰属の問題からは区別されなければならないからである(37)。

法人固有の直接的な行為能力を肯定するためには、法人固有の意思が認められなければならない。なぜなら、刑法上の行為は、いかなる場合であっても、意思と態度という主観的・客観的な2つの構成要素から成るからである。したがって、法人が自分で直接に行為する能力というのは、特殊な団体意思を形成し、それを外部的な態度に転換する能力である(38)。ハフターは、法人が個人意思の総和から切り離された意思を所持していることを具体的に示していたし(39)、完全に自己充足的な団体意思を否定していたザイラーでさえ、終局的には法人固有の意思を是認することが「できるかもしれない」という余地を示している(40)。なぜなら、法人固有の意思が認められなければ、誰の名義において機関は法人のための行為をするのかという疑問が出てくるからである(41)。

4 個人が結合し、個々の意思が組み合わされることによって、構成員の総和とは違った新しい存在（単位体）が生起する。この単位体である存在は、個々の人間とは違ってはいるけれども、自然の生きた単位体であり、現実的な単位体である(42)。これがシステム理論からの帰結である。こうして組織は特別な意味を獲得し、組織によって統一的な団体意思が形成され、自然人同様に法人も機関を通して意欲し行為するのである(43)。

第3節　諸国の現状

第1項　イギリス

1　アングロアメリカ言語圏の法システムおよびその影響下にある法秩序は、企業の純粋な刑事責任を予定している。イギリス圏では、刑事責任は、違法な構成要件実現という客観的要件（actus reus）と、行為者の精神的態度という主観的要件（mens rea）から構成され、基本的には、内部的態度に有責性がある者だけを有罪とすることが許されるのであるが、法人の刑事責任に関しては、この基本的前提が排斥されている[44]。

なぜなら、イギリス圏における現代の刑法制度は、倫理的根拠に基づく責任刑から出ているのではなくて、公共の安全・公共の秩序・公共の福祉のためという純粋に実務的な考量から規定されているからである[45]。

このような理由から、「無過失責任・厳格責任」（strict liability）つまり責任なき可罰性と「代位責任・使用者責任」（vicarious liability）が認められ、それによって、自然人の刑事訴追が単純化され、同時に、企業の可罰性を肯定するための障害が排除されたのである[46]。こうして、法人の可罰性は、単なる1社員が可罰的行為をした場合にも、責任に係わりなく考慮され、下位の労働者の違法行為は、特定のコモン・ロー犯罪とりわけ環境法違反（公的ニューサンス）の場合と（アルコール類の密売のような）制定法犯罪の場合に、企業の可罰性を実現している[47]。

2　他方、（責任に基づく）メンズ・レア犯罪の場合には、いわゆる「同一視理論」（Identifikationstheorie）つまり「分身の理論」（alter-ego-doctrine）により[48]、団体の「頭脳」的人物が客観的・主観的な構成要件を実現することによって、企業が責任を負う。これらの人物とは、法人の社長もしくは責任ある機関すなわち「ブレイン」であり、これら指導者の心理的能力と共に客観的・主観的行為面が、団体の固有の答責的な過失態度とみなされる[49]。

この「同一視理論」を認めたのが、House of im Tesco Supermarkets

Ltd. 対 Natrass 事件（1972）（AC153）であり、この理論は、当該事件判決で「heads and minds-Doktrin」と称された(50)。

3 事実はこうである。クレメント氏が経営するスーパーマーケットのチェーン店で、商品の安売り宣伝がされ、実際にそれが実施された。通常、値下げ販売の場合には、古い値札の商品を売場から撤去するか、新しい低価格表示を付して売り出すかすべきところ、当該スーパーチェーン店では、値下げ商品もなく、宣伝された商品を通常価格で販売した。しかし、経営者であるクレメント氏は、この事実を知らなかった。

そこで、法人の社長・商店の経営者・法人の秘書・法人の機関などの同意によって行なわれた行為が非難されるべきときには法人にも可罰性があるとする「商品表示法」（Trade Description Act 1968（34））に違反するかどうかが争われ、被告側は、他人の行為と責任を理由に免責主張をしたところ、クレメント氏は同法律の「他人」であることを理由に免責の立証をしたが、他方、次のような分析がなされた。

「自然人は、決意を実行するために、知能を持っているし……を持っている。法人は、それらの何も持っていない。つまり、法人は、自然人によって行為しなければならない。……そのとき自然人は、法人のために語ったり行為するのではない。自然人は、法人として行為するのであり、自然人の知能は、法人の知能である。その場合、法人の代表責任が問題とされるのではない。当人は、社員として・代表者として・全権委任された者として行為しているのではない。当人は、法人の身体なのである。……当人は、法人という人を通して聴き語り、その精神的態度は、法人の態度なのである。それが、有責な精神的態度であるならば、この責任は法人の責任である。特定のことを行なう人が法人とみなされるか、あるいは法人の従業員とみなされるか、それとも法人の代表者とみなされるかということが法的な問題でなければならない」と(51)。

4 この分析から、法人と同一視できる「ブレイン・エリヤ」の人々の違法行為があった場合には、法人固有の刑法的責任と並んで、他の労働者に関

する企業の代表者責任が問題となる。この代位責任の原則によれば、雇用者は、被雇用者が委託された義務を履行するときに為した損害行為に関して責任があり、委託者は、代理人が委託された義務を履行するときに為した損害行為に関して責任がある[52]。もちろん、下位の労働者の行為が企業に帰属されるのは、自然人もまた他人の犯行に対して賠償しなければならない場合に限られる[53]。

5　ところで、代表的地位者の責任を肯定するには、法人は、行為者として客観的構成要件を自己の人格において実現する必要はなく、法人には、任意の被雇用者の actus reus が帰責されるが、法人の幇助者は、有責に行為したことが必要である（監督義務違反）[54]。もちろん、法律が無過失責任を意図していれば責任は要らないが、企業は、充分な監督とコントロールをしたことを立証すれば免責される。しかも、法人の処罰は、違法行為者である労働者の有罪判決を排斥しない。

問題は、企業の可罰性である。つまり、企業の刑事責任は、原則として、罰金刑によって制裁される犯罪に制限されるということである。したがって、例えば、身体傷害・殺害のような有形力の行使による犯行については、企業の処罰は阻却されることになる。

しかし、フェリーの前部ハッチが出航前に正常に閉じられなかったことが原因で、193人の溺死者を出した1987年3月6日のイギリスの海峡フェリー"Herold of Free Enterprise"号の事故については、1990年に過失殺人罪で起訴されて話題になり[55]、裁判では、被告全員が無罪にはなったけれども、有形力の行使による犯行の場合でも、企業の可罰性を原則として認める方向が示されたのである[56]。

第2項　アメリカ

1　20世紀の初頭まで、ドイツと同様に、法人の責任能力と受刑能力を否定していたアメリカが、その方向を転換した契機は、1909年のニューヨーク・セントラルとハドソン河鉄道対合衆国事件における連邦最高裁判所判決

(212 U. S. 481, 495-496 (909)) であった。この判決によって、不法行為に基づく民法的責任に関して展開された「代位責任」(respondeat superior) の原則が刑法に転用され、被告の鉄道会社の管理者スタッフが乗客に不当な値下げをしたことについて被告会社に罰金刑の判決が下された。この判決において、企業のために行なった労働者の犯行については、企業は「人格的企業責任」(personal corporate liability) を負うことが決定されたのである[57]。

2 しかしながら、この代位責任の原則からすれば、上位の管理者スタッフでなくとも、無名の下位の従業員もまた、法人の刑事責任をもたらすことになるはずであるが[58]、実際に代位責任を採用しているのは 21 州ほどで、しかも、高度なマネイジメントに携わる人々の協働による場合にだけ企業の責任を認め[59]、その上、企業は、その従業員の有責な過失態度に関してのみ責任を負う。

3 もっとも、初期の判例では、厳格な客観的結果責任の傾向があり[60]、企業の場合には一種の集団責任を基礎とする基準が形成された。そして、多くの連邦裁判所によって「集団認識」(collective knowledge) という教義が認められ、企業は、たったひとりの従業員が法律上要求されている認識を欠いていたとしても有罪とされた[61]。

しかし、この場合でも、企業罰は、労働契約上の義務の枠内で行為したり、企業の利益のために行為する従業員の違反行為を前提にしていたが、この団体制裁の基本的な前提条件もまた柔軟化し、例えば、「スタンダード石油会社対合衆国事件」(Standard Oil Company v. U. S. 事件 307 F. 2d., 120, 128f. (9th Cir. 1962)) は、会社が犯行によって実際に利益を得なかった事例であり、結局、企業の刑事責任は、企業が損害を被ったときでさえも発生するとされた。

4 さらに、「合衆国対基礎工事会社事件」(U. S. v. Basic Construction Co. 事件 711 F. 2d, 507, 573 (4th Cir. 1960)) の判決では、法人が、企業労働者の行為について何も知らず、その労働者の行為もしくは不作為が会社の政策や会社の命令に反しているときにも処罰された。遂には、「合衆国対ヒルトンホテル会社事件」(U. S. v. Hilton Hotel Corp. 事件、467 F. 2d, 108 (9th Cir. 1972)) により、

企業の処罰は、非難される行為をした従業員が無罪判決を受けたときでさえ阻却されなかった。

　しかも、企業の制裁は、刑事訴追の簡略化によって増加し(62)、企業の犯行の立証は、被雇用者の誰かある者が可罰的行為を行なったということで充分となった。その結果、刑事訴追が民事訴訟に優先するほどになってしまった。こうして、固有の過失がなくてもその他人の態度に関して資本会社の刑事責任があることは、アメリカ合衆国の立法や判例の確固たる一部になってしまっている。

　5　例えば、インディアナ州における1978年8月施行「未必の故意もしくは認識ある過失による殺人および同行為に関する法律」(reckless homicide and reckless conduct statutes) は、法人に対して3万ドルまでの罰金を科すことにし(63)、衝突事故の際に自動車のタンクが爆発し3人の若い女性が焼死した事件で、州検察庁は、（企業の自動車メーカーのフォード会社は無罪にはなったものの）合衆国では初めて、企業の欠陥製品による未必の故意もしくは認識ある過失による殺人 (reckless Homicide) を理由に起訴した(64)。

　この刑事手続きを拠り所にして、カリフォルニア州では、1991年1月1日に、1990年の「カリフォルニア刑事責任法」(California Criminal Liability Act) が施行された。この法律によると、経営上秘密にされた重大な危険 (serious concealed danger) について知っている企業および管理スタッフに対して、15日以内に、そのことについて権限ある州当局に報告し、当該労働者に対してこの危険について文書で情報提供をする義務が課され、これに反すると重罰が科される(65)。

　6　この法律制定の契機は、フォード自動車会社が、自社で生産されたPintoタイプの自動車が火災を引き起こすかもしれないという製品欠陥を理由に返品させようかと考えたが、しかし、コストと利益の分析をしたところ、返品コストの方が、損害があったとき保障する要件や手続きコストよりも高くつくことが判ったので、結局なにもしなかったということを裏付ける文書が民事訴訟に提示されたことである。

そして、団体制裁の種類と程度に関して、1991年11月1日に、「資本会社に関する処罰基準」が施行され、この基準には、一定の刑罰枠の犯行がリストアップされた。

7 この基準による刑罰の算定は、以下のように4段階で為される(66)。

①第1段階では、犯罪の種類と数に従って算定される。これを基礎にして、

②第2段階では、基本刑罰の確定が、儲けた企業利益や惹起された損害の最高金額に従って為されたり、もしくは予定された基本刑罰に従って為される。

③第3段階では、責任の要因が調べられる。ここでは、刑罰を厳しくする要因が見いだされたり顧慮されたり、刑罰を軽減する種類の要因が見いだされたり顧慮されたりする。

④第4段階では、責任要因が基本刑を乗じる除数を決定する。その場合、精確な損害の価値が、行為の重大性・損害の程度・会社が得た利益・企業の同罪の前科などのような基準によって決定される(67)。

こうして、アメリカにおける企業処罰が、長期間に亘って独自性を維持するようになったのである。

第3項 フランス

1 1992年12月23日に公布され、1994年3月1日に施行された新しいフランス刑法典（NCP）の第121-2条によれば、法人は、既遂もしくは未遂の犯行の正犯もしくは共犯として（第121-4条から第121-7条）、「法人の機関もしくは代表者によって」、法人の利益のため、または「法人の計算で」(pour leur compte) 行なわれた場合に限り、刑事責任を負うことになった。そして、関連行為の構成要件もまた、法人の可罰性を明文で指摘され、それは例えば、詐欺罪や文書偽造罪（第313-1条、第441-12条）などに見いだされる(68)。

もっとも、1978年の新刑法典予備草案においても、法人の集団意思・法人の故意または過失の行為能力・法人の受刑能力は肯定されていたが、今回の改正により、法人の可罰性が(69)、独自の正犯性と責任の表出であること

が明確にされた。

　なぜなら、この規定は、それに先行する121-1条を受けており、その121-1条では「何人も、自己の行為についてのみ刑事責任を負う」とされていて、人格的責任が明言されているのであるから、このことは、法人自身の行為能力と責任能力を裏付けていることになるからである。

　2　1978年の予備草案の構成要件では、「法人の名義において」もしくは「法人の集団的利益のために」とされていたが、新刑法典121-2条では、「法人の計算において」とされており、「集団的利益」の内容確定の困難性が排除された。しかも、新しい要件によれば、自然人が自分自身の計算において行なった行為について法人は刑事責任を負わないことが明瞭に読み取れる。

　さらに、「法人の計算において」という要件からは、さまざまな犯罪類型のバリエーションが考えられるので、身体と生命に対する犯行・所有権と財産に対する犯罪・故意の違反行為ならびに過失の違反行為が考えられる。

　このメルクマールは、アイダムによれば、客観的側面（利潤という目標値）と主観的側面（有責な）から成っている[70]。両方の基準は、事態によっては（例えば、詐欺罪のような故意の財産犯の場合のように）邂逅し、あるいは、（人格の自由に対する故意犯、例えば人種差別の場合のように）主観的（有責な）側面が優越するケースと、（環境違反のような過失の犯行に際して存在する）客観的（利潤の）側面が優越するケースがある。

　他方、第121-2条の表現からすると、法人の「機関と代表者」の違反行為が企業独自の過失行為として帰責されるのであって、それ以外のある企業従業員の瑕疵ある行動については、法人の刑事責任は原則として阻却されている[71]。

　3　しかし、機関や代表者の監督義務違反によって助長された従業員の犯行については、その下位の労働者の違反行為を、注意深い選任とコントロールによって回避し得た場合には法人の責任が出てくる[72]。しかも、監督義務違反と違法行為との間の因果関係の立証は必要ではない。もっとも、当該の責任領域が完全に従業員に権限委譲されていたとか、営業の構造上監視の

可能性が全くなかったということを立証すれば、企業の機関は免責される(73)。
　このような特殊ケースを度外視する限り、法人は、その機関と代表者についてだけ責任を負うのである。この場合の代表者は、アイダムによれば、法律上の企業代表者と法律行為によって全権を付与された企業代表者である(74)。さらに、取締役機関でない代表者がその代表権の外部で行為したとしても、法人の可罰性は免れない。さもないと、可罰性の大きな間隙を生み出すからである(75)。

　4　他方、事実上の取締役権をもった者もまた法人の可罰性を生み出すかどうかについては、見解の争いがある。この場合、企業は「行為者というよりはむしろ被害者と思われる」という理由から、法人の可罰性を否定する見解と、やはり可罰性の間隙を生起させないためにも、形式上の名義人であっても企業の取締役に任用された以上、法人を制裁すべきだとする肯定論に分かれる(76)。

　この点、フランスの判例は、別の関係ではあるが、法的取締役と事実上の取締役の同じ地位性を肯定しているようであるが、しかし、少なくとも後者は、予め会社の了解を得ることによって、行動から判断できるような暗黙の任務活動が必要であるとされる(77)。

　こうしたことから、さらに、管理上の営業指導と技術上の営業指導との違いがわかる。前者の指導者は純粋に（完全な）決定権者であり、その者の作為と不作為によって企業の可罰性が出てくる。一方、後者の指導者は、単純な決定権者として代表権を委任された者であるから、企業における彼の違反行為は、彼自身の可罰性をもたらすにすぎない(78)。

　5　新刑法典では、法人の可罰性と自然人の可罰性との関係も明白にされている。第121-2条および第121-4条から第121-7条によれば、行為する機関と代表者は、法人と共に共同正犯者として訴追され処罰される。刑罰の程度は、新刑法典の第131-37条以下に規定されている。それによれば、過失殺人罪の罰金額は通常30万フランで安全義務違反の場合は50万フランあるが（第221-6条）、法人に対しては、自然人に対する罰金刑の5倍の額に達す

る罰金刑の判決を下すことができるので（第131-38条）、結局、法人に対しては、罰金刑として150万フランもしくは250万フランの判決を下すことができる（第221-7条②項1号）。

その他、新刑法典では、罰金刑と並んで、「法人の解散」「職業活動の禁止」「司法監視」「事業所の閉鎖」などを考えている（第131-39条）[79]。

第4節　おわりに

1 紙数の制約上、多くの問題点の検討を残しながら、本稿を閉じなければならない。本稿は、本来、別の機会に発表した「組織と犯罪―システム理論と経営組織論からのアプローチ―」と題する論稿[80]の中のひとつの章として収める予定であったもので、これまた紙数の関係上、包括発表することができなかったものである。したがって、上記論稿「組織と犯罪」と本稿とを合わせて目にしていただければ幸いである。なお、かかる事情から、両論稿の「はじめに」の主張には、若干の重複がみられることをお許し願いたい。

両論稿における主張の核心は、法人もその他の犯罪組織も、システム理論から検討する限り、自然人と同様にシステムであり、いずれも犯罪主体性を有しているという点にある。かかる理論的整合性を基礎にすれば、「…した者は」という刑法上の構成要件要素の解釈もまた、「…したシステムは」と解釈することが可能であり、さすれば、現行法上も、法人その他の組織の犯罪主体性が理論上のみならず解釈論的に可能となる。

2 社会システムは、自然現象として出現することがないにもかかわらず、しばしば人間の設計や意志の産物ではなく、人間の行動の産物として出現する。そして、自己組織化は、物理的システムや生物システムにおいても、また社会システムにおいても観察できる現象であるし、集団システムもまた社会の中で自生的に生起する[81]。法人もまた、この社会システムの一種である。

システムは、目的をもって行為し、目標や環境に自らを適応させ、さらに存続つまり生き残りのために自己制御する[82]。この点では、生命システム

も企業法人も同じである。そして、この社会システムは、一般化して言えば、環境から要求される財とサービスの生産と供給として記述することができよう[83]。

このようなシステムは、環境の中で実態として、つまり「人」として出現することができる。このために、法律学は「法人格」という概念を創出した。企業は、自然人そのものではないが、自然人を要素として、自然人の個人と同様の権利や義務を引受けることができる。契約を締結し履行することができる。その場合、契約代表者の氏名が誰であるかは取るに足りない問題である[84]。こうして法人が社会の中で行為主体として活動していることがわかる。

2 もちろん、犯罪主体としての「行為の幅」の制限、死刑や自由刑のような刑罰の不適合性の問題は残る。その意味では、「…した者」には法人も含まれるとする特別立法、およびフランス新刑法典のように、死刑や自由刑に当たる「解散」「職業活動の禁止」「事業所閉鎖」等の刑罰（第131-39条）の新設、あるいは罰金の増額規定（第131-38条）といった立法的解決をすべきである。

【注】
(1) 金沢文雄「法人の犯罪能力と刑事責任―証券取引法の両罰規定改正の機会に―」同著『刑法の基本概念の再検討』岡山商科大学 1999年、16頁。
(2) 渥美東洋「社会構造の変容と犯罪化と非犯罪化」西原春夫先生古稀祝賀論文集（第4巻）1998年、187頁、190頁、191頁参照。さらに、渥美によれば、法人の行為が道徳的に中立であるとする見解は一種の「ごまかし」であると言う（193頁）。金沢・前掲書、20頁もまた、法人に対する社会倫理的非難を肯定する。同旨、Anne, Ehrhardt, Unternehmensdelinquenz und Unternehmensstrafe. Sanktionen gegen juristische Personen nach deutschem und US-amerikanischem Recht, Berlin 1994, S. 46.
(3) 伊東研祐「特集・企業犯罪をめぐる現代的諸問題・序言」刑法雑誌第36巻第2号242頁以下参照。
(4) Sandra Lütolf, Strafbarkeit der juristischen Person, Zürich 1997, S. 19. によれば、シューネマンは、個人的パラダイムを企業犯罪に転換することの不適当性を強調している。

(5) S. Lütolf, a. a. O. S. S. 18.; Hans Jörg Albrecht, Organisierte Kriminalität-Theoretische Erklärungen und emprirische Befunde, in: Rechtsstaat in der Bewährung, Bd. 33, Organisierte Kriminalität und Verfassungsstaat, Deutsche Sektion der Internationalen Juristen-Kommission, Heidelberg 1998, S. 33. もまた、通常の犯罪は、個人に還元されるが、組織犯罪の場合にはそうではないにもかかわらず、ドイツでは、組織に関する学問的関心が欠如していて、個人中心的な犯罪学的分析の枠内に閉ざされていたと批判している。夏目文雄「組織論的共犯論序説」(愛知大学法経論集・第 99 号から第 121 号) の(Ⅰ)第 99 号、(Ⅱ)第 100 号によれば、わが国においても、戦前・戦後通して、共犯・集団犯・法人犯罪・組織犯罪の統一的研究があったが、いずれも組織論的な考察や集団、機能の分析が欠如していた。
(6) 金沢文雄「英米法における法人の刑事責任」刑法雑誌第 4 巻第 4 号 503 頁以下によれば、イギリスではすでに「者」には法人をも含むと規定されていた。
(7) Reiner Frey, Vom Subjekt zur Selbstreferenz. Rechtstheoretische Überlegungen zur Rekonstruktion der Rechtskategorie, Berlin 1989, S. 106.; Jürgen Frese, Prozeße im Handlungsfeld, 1985, S. 188.; Thomas Raiser, Rechtssoziologie, Ein Lehrbuch, Frankfurt am Main 1987, S. 221. は、2 人の関係・グループ・組織・制度の間で区別をしていない。
(8) 犯罪行為主体はシステムである点につき、松村格『刑法学への誘い』八千代出版 1997 年、125 頁以下および同著『刑法学方法論の研究』八千代出版 1991 年、338 頁以下、376 頁以下参照。なお、高橋則夫「共同正犯の帰属原理」西原古稀祝賀 (第 2 巻)、360 頁が、組織犯罪に関しては、システム自体が不法性を帯びていて、そのシステムを支配している者が実行正犯者であるとしている。
(9) 松宮孝明「身分の連帯作用について」刑法雑誌第 38 巻第 1 号 82 頁は、構成的身分の連帯性は「特別の理由」によるとしているが、この「特別の理由」は、すなわち「システム思考」でなければならないと思う。
(10) 例えば、草野豹一郎『刑事法学の諸問題』勁草書房 1951 年、182 頁以下および荘子邦雄「集団犯の構造」『刑法講座・第 5 巻』有斐閣 8 頁以下は、騒乱罪における集団そのものの実行行為性を認めている。なお、集団システム自体の行為支配性について、松村『刑法学方法論の研究』355 頁以下参照。
(11) 夏目・前掲論文(Ⅻ)第 110 号 9 頁以下も、従来から、共犯・共同正犯・組織犯を含む「共同犯罪」における「共同」の意義の分析が行なわれてこなかったことが、犯罪の共同形態の理論的・認識論的理解を遅らせたと言っている。
(12) Gerd Eidam, Straftäter Unternehmen, München 1997. (以下、Straftäter と略す)。なお、アイダムが引用・参照した文献は、そのまま本稿でも脚注に示して紹介することにした。

(13)　高柳暁編『現代経営組織論』中央経済社 1997 年、8 頁、31 頁参照。高柳によれば、組織論は、伝統的な古典的組織論から、人間関係論・行動科学的組織論・意思決定論的組織論を経て、現代的組織論（コンティンジェンシー論・ポリティカル組織論・組織分化論）に達しており、他方、閉じたシステムとしての組織論から開かれたシステムとしての組織論へと展開してきたと言う（9 頁、21 頁、27 頁、28 頁）。この組織論の発展過程については、夏目・前掲論文(Ⅲ)第 102 号、(Ⅳ)第 102 号、(Ⅴ)第 103 号に詳述。なお、企業（Unternehmen）と営業（Betrieb）との比較検討については、Gerd Eidam, Unternehmen und Strafe, Köln/Berlin/Bonn/München 1993, S. 15, 16, 18, 19, 20. 参照。

(14)　Chester I. Barnard, The Function of the Executive, Harvard University Press, 1938, p. 23.／山本・田杉・飯野共訳『新訳・経営者の役割』ダイヤモンド社 1985 年、25 頁。もっとも、これは公式組織の定義であるが、組織は、公式組織と非公式組織の相互作用関係がなければ自己保全もできないから（岡本・笹川・山下・渡辺共編『現代組織の基本問題』税務経理協会 1997 年、27 頁参照）、本稿においても、公式組織と非公式組織がカップリングした全体組織を問題にする。

(15)　神山敏雄「企業に対する制裁の在り方と内容について—新たな制裁システム体系—」刑法雑誌第 36 巻第 2 号 279 頁。

(16)　Ernst Heinitz, Empfielt es sich, die Strafbarkeit der juristischen Person gesetzlich vorzusehen?, in: Verhandlungen des vierzigsten Deutschen Juristentages, Bd. 1, Tübingen 1953, S. 84ff.　なお、Lütolf, a. a. O. S. 117. によれば、ドイツでは、法人の行為能力の問題は、統一的に決定されていないようである。

(17)　Vgl. Günter Stratenwerth, Schweizerischesstrafrecht, AT.: Die Straftat, 2. Aufl., Bern 1996, §7, N. 2.　なお、佐伯仁志「法人処罰に関する一考察」松尾浩也先生古稀祝賀論文集（上）、有斐閣 1998 年、657 頁は、多くの法人処罰規定の存在を根拠に、解釈論上肯定説の必然性を説く。そして、田中利幸「法人犯罪と両罰規定」『現代刑法講座・第 1 巻』、成文堂 1980 年、271 頁は、法人システム全体の欠陥から生じた犯罪の領域を認めている。

(18)　神例康博「企業の刑事責任に関する法理について」刑法雑誌第 36 巻第 2 号 284 頁および神山・前掲雑誌 271 頁は、帰属モデルを通説としている。なお、Lütolf, a. a. O. S. 120, bes. FN. 605.　ちなみに、金沢も帰属モデルを正しいとしている（金沢「法人の犯罪能力と刑事責任」18 頁）。

(19)　Vgl. Eidam, a. a. O. S. 103.; RGSt. Bd. 58, S. 279. および Bd. 66, S. 236, 240. は、共同正犯者には、共通の行為決意の枠内でなされたすべての行為寄与が相互に帰属されねばならないことを説いている。この論理を法人の行為能力に援用する者に、Klaus Tiedemann, die „Bebußung" von Unternehmen nach dem 2. Gesetz zur Bekämpfung der Wirtschaftskriminalität, in: NJW, Bd. 41, 1988,

S. 1172.
(20) 例えば、Harro Otto, Die Strarfbakeit von Unternehmen und Verbänden: Vortrag, gehalten vor der Juristischen Gesellschaft zu Berlin am 26. Mai 1993, Berlin/New York 1993, S. 14f.
(21) Eidam, a. a. O. S. 101.
(22) Eidam, a. a. O. S. 102.
(23) Eidam, a. a. O. S. 102f. この点、板倉宏「法人に対する告発」松尾古稀祝賀（上）、692頁以下は、個人従業者の刑事責任を特定することができなくても法人の責任を肯定するべきであると主張する。
(24) Karl Engisch, Referat, in: Verhandlungen des vierzigsten Deutschen Juristentages, Bd. Ⅱ (Sitzungsberichte), Tübingen 1954, S. E7ff.
(25) Walter Seiler, Strafrechtliche Maßnahmen gegen Personenvebände, Freiburg (Schweiz) 1967, S. 60.
(26) 佐伯・前掲書、658頁も、帰属モデルに対して疑問を呈している。しかし、法人固有の行為主体性のみを肯定することに反対している（686頁）。
(27) Vgl. Hans Eberhard Rotberg, Für Strafe gegen Verbände! Einige Grundsatzfragen, in: Hundert Jahre Deutsches Rechtsleben, Festschrift zum hundertjärigen Bestehen des Deutschen Juristentages 1860-1960, Bd. Ⅱ, Karlsruhe 1960, S. 197.
(28) Hans-Heinrich Jescheck, Zur Frage der Strafbakeit von Personenverbänden, in: DÖV6, 1953 (S. 539ff.), S. 541.
　なお、Markus Brender, Neuregelung der Verbandstäterschaft im Ordnungswidrigkeitenrecht, in: Recht-Wirtschft-Gesellschaft. Bd. 25, Reinfelden/Freiburg/Berlin 1989. 参照。
(29) Vgl. Bruni Ackermann, Die Strafbarkeit juristischer Personen im deutschen Recht und in ausländischen Rechtsordnunge, in: Europaische Hochschulschriften Reihe Ⅱ Rechtswissenschaft, Bd. 1 Vol. 362, Frankfurt am Main/Bern/New York 1984, S. 207.
(30) Vgl. Eidam, a. a. O. S. 105.
(31) Franz von Liszt, Lehrbuch des Deutschen Strafrecht, 23Aufl., Berlin 1921, § 28, 1, 2, S. 125, Fn. 3.
(32) Reinhart Maurach/Heinz Zipf, Strafrecht, Allg. Teil, Teilband 1, 8Aufl., Heidelberg 1992, 15, Ⅱ A. S. 187f.
(33) 藤木英雄「法人の犯罪、法人の処分行為」平場安治博士還暦祝賀『現代の刑事法学』有斐閣 1977年、53頁以下。
(34) 藤木・前掲書、54頁以下、57頁以下。
(35) Lütolf, a. a. O. S. 119. 彼は、この他に法人の直接的な行為能力を肯定す

る者として Rotberg, a. a. O. S. 197f.; Ernst Hafter, Die Delikts- und Straffähigkeit der Personenverbände, Berlin 1903, S. 75ff.; Hartmut Hamann, Das Unternehmen als Täter im europäischen Wettbewerbsrecht, Freiburg 1991, S. 160.; Günther Jakobs, Strafrecht, Allg. Teil, 2Aufl. Berlin/New York 1991, §6, RN. 44., S. 149.; Hans Joachim Hirsch, Die Frage der Straffähigkeit von Personenverbände, Opladen 1993, S. 10. und ders, Strafrechtliche Verantwortlichkeit von Untemehmen, in: ZStW. Bd. 107, (1995) S. 288f. を挙げている。しかし、ヒルシュは、1995年の論文で帰責可能な行為が問題であるとしているので矛盾しているとリュトルフは批判している。なお、ヤコブスは、自然人も法人も、行為の確定は、自然主義的にされるのではなくて、評価的決定によるものであって、内部的には変わりないと言い、心身から成る自然人と定款と機関から成る法人とでは、システムとして同じであるとしている。Claus Roxin, Strafrecht, Allg. Teil, 2Aufl. München 1994, §8, Rnd. 55, S. 202. は、法人の活動は行為ではないと言う。

(36) Hamann, a. a. O. S. 160.
(37) Rotberg, a. a. O. S. 603.
(38) Anne Ehrhardt, a. a. O. S. 42. ただし、エアハルトは法人行為能力否定論者である。
(39) Hafter, a. a. O. S. 44f.
(40) Seiler, a. a. O. S. 54, 56.
(41) Lütolf, a. a. O. S. 125.
(42) Eidam, a. a. O. S. 95, 96.; Hafter, Lehrbuch des schweizerischen Strafrecht, Allg. Teil, 2Aufl. Bern 1946, S. 47.
(43) Eidam, a. a. O. S. 96.
(44) Eidam, Straftäter, S. 30.; Vgl. Ehrhaldt, a. a. O. S. 92ff.
(45) Eidam, Industrie-Straf-Rechtsschutzversicherung. Kommentar zu den Sonderbedingungen. Köln/Berlin/Bonn/München 1994, RdNr. 1. 1. 51.（以下 Industrie と略す）。
(46) もっとも、無過失責任に関する原則は、犯罪の実現が懲役刑で威嚇される場合には、適用されない。Bruni Ackermann, a. a. O. S. 81.
(47) Eidam, Straftäter, S. 31.
(48) これについては、Günter Heine, Die strafrechtliche Verrantwortlichkeit von Unternehmen. Von individuellem Fehlverhalten zu kollektiven Fehlentwicklungen, insbesondere bei Großrisiken, Baden-Baden 1995, S. 217, Fn. 14. 参照。
(49) Heine, a. a. O. S. 217.
(50) Vgl. Eidam, Straftäter, S. 31.; Eidam, Industrie, RdNr. 1. 1. 50, Fn. 35.

(51) Eidam, Straftäter, S. 32, 33.
(52) Ackermann, a. a. O. S. 84.
(53) Eidam, Industrie, RdNr. 1. 1. 50.
(54) Heine, a. a. O. S. 228, 389.
(55) Eidam, a. a. O. RdNr. 1. 1. 53.
(56) Joachim Schmidt-Salzer, Vereinigtes Königreich: Strafrechtliche Unternehmens- und Mitarbeiterverantwortung: das Zeebrügge-Strafverfahren in: PHI 1991, S. 122ff. (124/125).
(57) Eidam, Straftäter, S. 34. この事件と代位責任の原則について、Vgl. Ehrhardt, a. a. O. S. 100ff.
(58) Ackermann, a. a. O. S. 115.
(59) Albin Eser/Günter Heine (Hg.), Umweltstrafrecht in England, Kanada und USA. Freiburg 1994, S. 506.
(60) Heine, a. a. O. S. 233, Fn. 74.
(61) Eidam, Straftäter, S. 35. によれば、このようなケースは、組織構造が脱集中的で、主観的要素がさまざまな人々に分散している場合である。合衆国対ニューイングランド銀行事件 (U. S. v. Bank of New England, N. A., 821F. 2nd, 844.)。そして、企業が企業にとって可能な監督責任はすべて果たしても行為が不可避であった場合でも企業側の異議は却下された (Heine, a. a. O. S. 231, 392.)。集団認識について、Vgl. Ehrhardt, a. a. O. S. 103.
(62) Peter Ries, Starfrechtliche Verantworlichkeit von Kapitalgesellschaften in den USA, in: RIW. 1993, 545.
(63) Schmidt-Salzer, Produkthaftung, BI: Strafrecht 2. Aufl., Heidelberg 1988, RdNr. 2. 330.
(64) Pulaski Circuit Court, 13. 3. 1980, Cause NO. 11-431 (Pinto); Siehe Schmidt-Salzer, a. a. O. RdNr. 2. 330, 232.
(65) Eidam, a. a. O. S. 37.
(66) Ries, a. a. O. S. 546.
(67) Eidam, Industrie, RdNr. 1. 1. 82.
(68) これに対して、附随刑法では、このような関係は、例えば、環境刑法の構成要件のような比較的わずかな構成要件に制限されているようである。Vgl. Delmas-Marty, Die Strafbarkeit juristischer Personen nach dem neuen französischen Code Penal, in: Bausteine des europäischen Wirtschaftsstrafrecht, Madrid-Syposium für Klaus Tiedemann (S. 305ff.), Köln/Berlin/Bonn/München 1994, S. 305.
(69) Eidam, Industrie, RdNr. 1. 1. 42.
(70) Eidam, Strafäter, S. 40.

(71) Eidam, Industrie, RdNr. 1. 1. 44.
(72) Heine, a. a. O. S. 223, 388.
(73) Heine, a. a. O. S. 224.
(74) Eidam, Straftäter, S. 40.
(75) Delmas-Marty, a. a. O. S. 308.
(76) Deimas-Marty, a. a. O. S. 308.
(77) Eidam, a. a. O. S. 41.
(78) Eidam, a. a. O. S. 41.
(79) 以上、新刑法典条文は、新倉修等の労作による法曹会発行の訳本『フランス新刑法典』（1995年）参照。
(80) 夏目文雄先生古稀記念論文集『刑事法学の新展開』中部日本教育文化会 2000年、25頁以下所収。
(81) H. ウルリッヒ／G. J. B. プロプスト編／徳安彰訳『自己組織化とマネージメント』東海大学出版会 1992年、編者序文Ⅳ頁、122頁。
(82) 徳安訳・前掲書、89頁参照。
(83) 徳安訳・前掲書、121頁参照。
(84) 徳安訳・前掲書、121頁参照。

第10章

ドイツ環境刑法の概観

第1節　は じ め に

　1　ドイツの環境刑法（Umweltstrafrecht）については、今までにもいくつかの紹介・論究がなされたので[1]、いまさら目新しい興味をそそるものではないかもしれない。しかし、第31回刑法改正法における第2回環境犯罪対策法を通じて1994年に制定され、6月27日に施行されたドイツ環境刑法は、当時の司法大臣によって「世界で最も厳しい環境刑法」と称賛されたにもかかわらず[2]、「この外見のすばらしさは欺瞞である」というような批判もあり[3]、未だ環境刑法を有しない日本としては、ドイツ環境刑法をモデルにして立法化する上でも、このドイツ環境刑法の長短を見極めておかなければならない。本論文は、かかるドイツ環境刑法の長短の究明に主眼があり、その意味では、論究する意義があると思われる。

　2　そこで、1994年のドイツ環境刑法の条文を紹介し、それについて総論的検討と各論的概観をしていくつもりであるが、総論的検討においては、①環境法原理と環境刑法の関係、②環境刑法の特徴、③環境概念と環境汚染概念の確定、④環境刑法の保護目的と保護法益、⑤環境刑法における侵害犯と危険犯、⑥過失犯の問題、⑦不作為犯の問題、⑧行政従属性の問題、⑨無権限の問題、⑩企業犯罪の問題等を検討し、各論的概観では、各条文の構成要件を逐次概観するが、1980年の第18回刑法改正法における第1回環境犯罪対策法を通じて制定された環境刑法との異同を垣間見ながら進めていきたい。

最後に、以上の検討・概観を通じて、企業犯罪や組織犯罪によるボーダレスな環境犯罪現象に対して、どのような刑事立法と刑事政策が必要であるかということを、システム理論を視座に据えて考究していきたい。21世紀は、環境問題の世紀であると言って過言ではない。その問題を解決するという社会的要請にも資するに値する論究を心がけたい。

第2節　環境法原理と環境刑法

1　従来から、「環境法」という独自の法領域が存在したわけではなく、古典的な民法・刑法・行政法という領域で散発的に見いだされたにすぎない。そして、環境保護を内容とする、例えば原子力法[4]（AtomG）1条や水管理法[5]（WHG）のような古い法律では、常に人間の保護と人間の健康と物質的完全性が考えられていたが、やがて連邦汚染（イミッション）防止法[6]（BImSchG）1条や廃棄物法[7]（AbfG）2条では、人間の保護に付加して環境の保護が考えられ、人間中心主義に転換が見られ、この経緯の中で環境刑法も生起してきたと言える[8]。

ライナー・シュミットによれば、環境法原理には、現代の環境政策の実質的な指導原理である①予防原理（Vorsorgeprinzip）と②惹起者原理（Verursacherprinzip）および③協働原理（Kooperationsprinzip）があり、これらの徴候と並行して、自己答責性の原理、共同負責の原理、持続性の原理、生態学的熟慮の原理等の環境政策的原理がある。予防原理は、予測的行動を通じて、発生し得る環境負荷を早期に発見して汚染を予防し、自然の資源に自由にかつ思いやりをもって接することによって生態学的基盤を長期に渡って保全することを目標値としている[9]。あるいは、予防原理は、現在する環境存続の特性を悪化させないように悪化を禁止することも含んでいる[10]。予防原理は、危険領域の前面に安全ゾーンを設定し、自由な自然利用領域を維持するという、2つのシステムバリエイションで生起する。

もっとも、このような理解の仕方には限界もあると思量する。やや人間中

心的発想だからである。予防原理の中に、生態学的定常性そのものの保全という視座が包括されなければ、本来的かつ最終的意義が活かされない。その点で、シュミットの見解には不充分さが看取できる。

2　これに対して、刑法は、原則として環境の状態の改善に寄与することはできず、単に環境の広範囲な悪化に対する保護をすることができるにすぎない。つまり環境刑法は、環境の現実の現在状態（Ist-Zustand=status quo）を保護するが、仮想的な最善状態を保護するわけではない。理想的な最善状態の保護は、環境行政法の役割である。このように解することによって、汚染された水域の汚染の可罰性の根拠や「病人」の刑法的保護の必要性が明白になる。

環境政策の本来的使命は、限界値超過の回避というよりは、限界値確保状態でも果たされなければならない。例えば、ライン河の汚染の原因は、非合法な有害物質の流入というよりは、日常的かつ合法的な有害物質の流入である。かかる政策に対して、環境刑法は側面的で補充的な機能しかないのである。

その限りで、環境刑法の使命は、環境行政法の効率化であり、その点で、別稿で検討する環境行政法の優位性と環境刑法の後順位性が肯定される。つまり、環境刑法は、「環境保護に際しては、全く最後に初めて役割を果たす」のであり、最後の手段（ultima ratio）であることに変わりない。この点が検討されねばならない。もっとも、環境刑法に対する環境行政法の優位を是とするにせよ、環境刑法は、一般市民の環境に対する意識形成の作用と規範定常化の作用があることを忘れてはならない[11]。

いずれにせよ、現行のドイツ環境刑法は、抑止的な法として断片的な環境保護を追求しているが、予防原理に依拠する「統合的」な環境保護法と必然的な緊張関係にあることは否定できない[12]。他方、環境刑法が「最後の手段」であるとしても、一般市民の環境に対する意識形成を通じて、環境汚染を一般的に予防していることも否定できないであろう。その点では、一般予防機能は果たしていると思われる。

3 しかしながら、環境刑法がこの一般予防作用を発揮するためには、威嚇刑が実際に科されている事実が背景になければならない。つまり、市民が規範すなわち刑法上の命令に服従し、規範違反者が制裁を受けるという現実がなければ、一般予防作用が発揮されない。

ところが、刑事訴追に際しては、往々にして単純な犯罪の方が複雑な行為構造と行為者構造をもった犯罪よりも解明されやすいという危険性がある。環境犯罪においても、かかる「不法における不平等」[13] が事実として存在する限り、環境保護措置の必要性の洞察も危険にさらされることになる。ブッシュとイブルクは、この事態を「環境刑法の危機」と称する。

彼らは、環境刑法は、科学的・実践的・経験的研究によれば、ある意味で、環境保護規範の効率化という目標設定において今まで失敗してきたと言う。つまり、環境犯罪の全体数の増加率も、職業的で私的な日常の些細な違反の訴追に負うことが多く、工業や企業による環境侵害や経済犯罪による環境犯罪はブラックボックス状態にあり、滅多に訴追されなかったからである[14]。今日、環境刑法上の捜査や制裁の対象となるのは、経営上の環境侵害の責任を組織的に負う企業や企業の指導的地位にある環境犯罪者ではなくて、低地位にある従業員や農業経営者、私人中小企業者だということが現実であると言う。かかる現状の打開を模索しなければ、ドイツ環境刑法をそのまま日本に継受しても意味はないであろう。規範と事実は相互作用的な回路システムを形成しているから、この規範と事実の誤差をフィードバックした立法化が望まれる。

第3節　ドイツ環境刑法の特徴

1 第2回環境犯罪対策法の基礎にある政府案のガイドラインは、環境行政法の優位性と最後の手段 (ultima ratio) の思想による環境刑法の単純な並列的機能であると言われている[15]。この点で、ミヒャルケは、環境刑法は現存する附随刑法の規定をほとんど言葉どおりに継承することによって環境

構成要件を行政従属的に形骸化し、それをその従来の内容と行政法的規制範囲に副って広範囲に規範化することにより、刑法典における環境処罰規定の形態化が不統一になり、そのことが個々の行政従属性に関係していると批判している[16]。

　もっとも、1970年初頭以来高揚してきた基本的資源の独自法益化という要求が実現された点では注目すべき成果があった。つまり、環境財益（Umweltgut）という法益の存在が確認されたことである。刑法典324条以下がそれを証明している。政府案の理由書も、「刑法上の環境保護は、環境の危険から人間の生活と人間の健康を保護することだけに制限されてはならない。人間の生活空間の構成要素としての水域・大気・大地といった基本的な生存基盤の保護をも組み込まなければならず、このような生態学的な保護法益を法益としても容認しなければならない」ということを表明している[17]。

　2　この点、従来から個々の環境法規は、極めて漠然とした目標基準値しか示していなかった。例えば、「公共の福祉」（流通経済法と廃棄物法 KrW-/AbfG のⅣ項[18]）とか「人間の生存基盤」（連邦自然保護法 BNatSchG の1条aの1項[19]）である。あるいは、目的が具体化されていても、保護範囲の限界値の種類の目的が回避されていたりした[20]。

　しかし、シュミットによれば、このような状況にあっても、あらゆる環境法に共通する一般的目標だけはあったようである[21]。それは、1971年の連邦政府の環境プログラムである。それは、①人間の健康な生活と人間の尊厳ある現存在を指導することを可能にする環境を人間に確保すること、②植物界と動物界のような環境財益を、人間による不利益な侵襲から保護すること、③環境侵害によってすでに発生している被害もしくは不利益を最大限除去することであった。これが、環境法典の総則第1条で下記のように定式化された。

　1項　法典の目的は、環境と人間と人間の健康及び人間の福祉状態の保護である。
　2項　環境の保護は、自然の生命基盤の予防的継続的な保全に資する。

特に、
　1 生物学的な多様性を含む、自然管理の機能能力と　2 自然資源の有用性の保全である。
　3項　この法典は、国際秩序の枠内で、外国や統治権の及ばない領域における環境と人間の保護に資する。

　3　環境刑法は、このような理念に立脚して制定されたと思われる。そして、行政従属性などの問題点は別として、立法者は、①大地汚染と大気汚染に対する刑法的保護と危険物質の無責任な処理による危険および危険財益の輸送に伴う危険に対する刑法的保護の強化を顧慮した。その上、特徴的なのは、②危険な廃棄物の輸出と輸入の禁止、および認可のない輸出と輸入の禁止であり、原子力法と放射線保護法の改善であり、その部分的な刑罰枠の拡大であった。更に、③「行政法に対してあまりにも緊密に刑罰法規を結びつける危険」に対応すべく、権利濫用による行為もまた無認可行為と同値されるとされた。

　4　第18回刑法改正法（第1回環境犯罪対策法）では、未遂の可罰性の拡大（324条2項・326条4項）と刑罰威嚇の峻厳化（324条）および抽象的危険犯の構成要件化（326条）と潜在的危険犯の構成要件化（328条の3項、4項）が実現されたが、第31回刑法改正法（第2回環境犯罪対策法）では、本質的改正はなされず、大地汚染に対する構成要件の新設（324条a）と大気汚染に対する構成要件（325条）および騒音防止の構成要件（325条a）の独立化と拡張がなされ、水と大気と大地が同価値的に保護されることになった。

　特に、環境を危殆化する廃棄物処理（326条）、設備の許されない操業（327条）、危険な物質と財物の許されない交流（329条）、保護の必要な領域の危殆化（329条）などの刑罰枠の改善がなされた点も特徴的である。

　そして、330条（特に324条から329条の行為の重大事例）と325条aの軽率による場合の拡大が形成され、行為による悔悟（330条b）没収（330条c）および330条dの概念決定が拡張された。

第4節　環境概念と汚染概念

1　「環境」という概念の一般的な拘束力のある定義は未だ欠如していると言われるが[22]、別稿にても紹介したように[23]、ライヒャルトによれば[24]、環境概念は、1800年に作詞された「ナポレオン」頌歌の中で、デンマーク系ドイツ人の詩人であるバゲッセン (Jens Immanuel Baggesen, 1764-1826) によって初めて使用されたらしいが、その場合の環境概念は、詩人の読者層を示していた。やがて、バルト地方の生物学者であるウュクスキュル (Jakob von Uexküll, 1864-1944) が、20世紀の初頭に、この概念を自然科学の中に導入した。

ウュクスキュルは、「環境」を主体関係的に感覚界として知覚される動物種の特殊な周界 (Umwelt) とみなし、動物が反応する周界の要因の全体を現実界とみなした。もっとも、この主体関係的な理解は、今日では放棄され、客観的なメルクマールによって置き換えられている。

現代的意義における「環境」ないし「環境保護」は、アメリカで表現された environment(al) protection として定着し、1970年代の始めに、ドイツ連邦内閣に、このテーマに携わる部局が設置されたときに、ドイツの法言語に導入されたようである[25]。「環境保護」については、従来から長い間に亘って問題にされてきたが、しかし、それが第1目的ではなくて、他の目標設定の反映にすぎず、それ自体を表わすことはなかった。

かかる環境概念にも、拡張的概念と制限的概念があり、環境刑法が問題にする概念は、制限的概念である。

2　拡張的環境概念における「環境」とは、同胞と社会的・文化的・政治的仕組みのすべてを含む人間の全周界である[26]。したがって、一般的に定式化すれば、環境とは、「生命統一体の（例えば動物もしくは植物の）その特殊な周界に対する諸関係の複合」を言い表わしている[27]。一般的な言語使用における環境概念は、ほとんどこの広い意味で使用されているが、しかし、ライヒャルトによれば、環境保護という特殊な使命を精確に枠付けするため

には、この概念では役に立たない(28)。

　これに対して、政治的・法律的領域において支配的な環境概念は、「自然環境」だけを包括している制限的環境概念である。1971年の連邦政府の環境プログラムは、人間の社会的環境と建築－技術的環境をも大幅に除外することによって、環境政策を次のように定義づけた。すなわち、環境政策とは、「人間が健康のためや人間的尊厳のある現存在のために必要とするような環境を人間に確保し、大地・大気・水、植物界や動物界を人間の介入による悪影響から保護し、人間の介入による侵害ないし不利益を排除するために必要なあらゆる処置の全体である」と(29)。そして、このような比較可能な定義は、ドイツの法文や外国の法文で無数に使用されているようである(30)。ライヒャルトによれば、この概念の同じような限界づけは、国際的な協定の全体考察からも明らかであるし、国際法に関する国際的組織や団体のそれ相応の作業からも明らかである。したがって、「環境とは、人間の（物理的な）生存基盤すなわち（海水を含む）水・大気・大地、フローラ（植物相）とファウナ（動物相）の全体を包括しているのであって、これに対し、例えば社会学的な環境概念の尺度によるような社会的な Umfeld/Milieu（環境）を含むものではない。」(31)

　3　上述のように、「環境」概念の一般的拘束力のある定義が未だ欠如しているにもかかわらず、ライヒャルトによれば、「環境汚染」(Umweltverschmutzung)、「環境汚濁」(Umweltverunreinigung)、「環境侵害」(Umweltbeeinträchtigung) などとドイツ語に翻訳される「pollution」という概念に関しては、国際的に広く是認された定義が存在し、すでに多くの文書に導入されていることが見いだされる(32)。

　この定義は、1977年5月23日における OECD 協議会で採択されたことに遡る（Empfehlung C (77) 28; abgedruckt in: ILM1977, S. 977ff.）。この採択によれば、環境汚染とは、「人間が資源やエネルギーを直接ないし間接に環境に導入することによって、人間の健康の危殆化・生命のある天然資源と生態システムと素材価値の棄損・環境の快適さやその他の合法的な利用の侵害といっ

た有害な作用 (Wirkung)」である (übersetzung nach Heintschel v. Heinegg, in: Ipsen, Völkerrecht, S. 810.)。

　この定義は、他の一連の諸規定と同様に、有害な環境影響のメルクマールを含んでいるが、ライヒャルトによれば、このような環境侵害は可罰的な環境侵害になるので、単純な有害性を凌駕する幅広い基準が必要である。そして、この基準は、国内刑法においても国際刑法においても一致していなければならないと言う。したがって、国際法的環境刑法の使命のひとつは、環境侵害が国家共同体からの刑罰要請なしに受け入れられる限界線を確定することである。けれども、有害性の判断は、―人間中心的に方向づけられた法システムにおいては今もなお―従来から第1に人間に対する影響に合わせられていて、自然環境を脅かす危険についてはほとんど顧慮されないままであるので、環境的に重要な態度の可罰性を根拠づける基準の確定に際しては、自然の本来的価値が今後もっと強力に重要視されることが必要である。そうすることによってのみ、危険分析やさらには危険評価に際してのエコロジー的な作用関係の充分な顧慮が達成され得るとライヒャルトは言う[33]。当然の見解であると思う。

第5節　　保護目的と保護法益

　1　ドイツ環境刑法の保護法益は、一般的見解によれば[34]、第29章の「環境に対する犯行」という表題からして全体としての環境ではあるが、環境それ自体でも、包括的な環境でもなくて、環境の媒体（大地・大気・水域）と現象形式（動物界・植物界）である。部分的には、「静寂」というような個々の環境要因も保護されているが（325条 a）[35]、環境刑法の国家的目標設定は間接的意義にあり、したがって環境刑法は抑止的形態であり、基本法103条2項の規定の原則に服しているので、包括的な環境概念を基盤に据えることができないのである[36]。したがって、第324条以下の構成要件の法益は、基本法20条 a の国家目標である「自然の生命基盤」と同一ではない。基本法

20条aは、明らかに法律と権利の留保の下にある公権力に対する拘束的な委任を含んでいる。

　この自然の生命基盤の概念は、基本法103条2項に従った刑法上の構成要件と違い、媒体に波及した「統合的」な環境概念に起因するので、それを充分な形で規定された可罰構成要件に置き換えることは、必然的に欠陥を有することになると言う。かかる現行の環境刑法は、抑止的な法として、断片的な環境保護を追求するだけなので、必然的に環境刑法は、予防的に構想された「統合的な」環境保護法と緊張関係にある[37]。

　したがって、ドイツ環境刑法の扱う環境は、人間的な環境条件の保全に対する現在と未来に向けられた人間の利害に関してのみ、固有の法益である（生態学的－人間中心的法益理解）。特に、自然の財益の生態学的均衡性という利益において豊富な種の保存に対する立法者の関心事を鮮明にするために、自然管理（Naturhaushalt）という概念を使用する法規や禁令の自然保護法的な保護目的の維持に対する人間の利害に関してのみ、環境が固有の法益である[38]。

　こうして第29章は、（324条の水域・324条aの大地・325条の大気のような）部分領域で環境保護に奉仕し、あるいは（326条から328条までの）全体においては、一部は汚染されやすい領域（329条）もしくは環境汚染されやすい保護対象に制限し、330条、330条aでは人間の生命と健康に拡大している。

　2　かつて純粋に人間中心的見解が支配した時代もあった。1971年の刑法典対案では、環境犯罪を「人的危殆化」という表題に組み入れ、「環境の保護が問題なのではなくて、ただ環境の危険から人間の生命と人間の健康を保護することだけが問題である」とされた[39]。しかし、このような極端な人間中心主義は、今日では時代遅れであることは明白であろう。このような行為者と被害者の個別化された関係に還元する「古典的な」法益刑法は、環境汚染もしくは環境危殆化の行為者と被害者が多元的関係で結びつけられている場合には限界に陥るからである。つまり、環境犯罪の場合、行為者と被害者が統計的に補足されるので、古典的法益刑法では法益保護の補足が遅れてしまうからである[40]。

ならば、純粋な生態学的アプローチはどうであろうか。クレプファーとフィアハウスは、かかるアプローチは環境という「観念的な財益」を専ら環境自体のために保護されるものとみなしており、人間によって形成される法秩序の意味創設的な関係点は常に人間にあるという基本法の精神を誤解していると言い、例えば、「動物保護法」の17条における動物虐待の可罰性でさえ、専ら社会的道義観念に基づいていると言う(41)。

　こうして、1980年の改正に際しては、刑法上の環境保護は人間の保護に制限されてはならないこと、生態学的な保護法益も独自の法益として容認しなければならないことを明白にして、両「純粋説」に絶縁を告げて折衷的解決を描き、第2回環境犯罪対策法では、「環境に対する犯行」という第29章の表題によって生態学的な保護方向に重要性を与え、判例もまた、いくつかの構成要件について「生態学的方向の解釈」をしている(42)。

　ところが、支配的見解が、現行の環境刑法は「生態学的－人間中心的視座」という折衷的視座であると言っても、構成要件によっては、ときには個人的保護が強く、ときには超個人的保護が強いので、折衷的接点が不均等であるとクレプファーとフィアハウスは言う(43)。

　彼らによれば、例えば、①水域の純粋性を保護する324条および第2回環境犯罪対策法によって拡張された自然保護領域の保護に関する329条3項、人の健康・動物・植物と重要な物を保護する大地と大気に関する324条aと325条は、第1次的に生態学的解釈が要求され、②毒物の放散による人の生命または健康に対する危殆化を処罰する330条aおよび騒音・振動・放射線発生による人の健康危殆化を処罰する325条a1項は、人間中心的規定であり、③人と動物に共通の危険性がある廃棄物の許されない処理を処罰する326条1項、設備の操業等または危険物の搬送等による人の健康・動物や重要な物に対する危殆化を処罰する328条3項および4項の未遂規定、人の健康・動物や重要な物を危険にさらす毒物放散を処罰する325条a2項は二重の折衷的保護方向の構成要件である(44)。

　3　人間の健康を中心に考えるとしても、環境犯罪に関しては、それ自体

の保護よりも事前(時前)に、大地・大気・水域の絶対的ないし相対的な純粋性の保護が必要であり、それらの純粋性という保護法益が必要である。さらに、人間もまた自然の一部であるという生態学的見地に立てば、人の健康も動植物の健康も同価値的でなければならない。その意味での「二重の法益保護」として理解すべきである。なぜなら、生態学的観点で保護されるべき人間の自然的生命基盤である水・大気・大地は、同時に人間の生存基盤だからである[45]。したがって、生態学的システム全体の定常性が保護法益として把握されなければならない。この点については、別稿にて説いた[46]。そして、ドイツ環境刑法が、構成要件により、ときには人間中心であり、ときには生態中心であるのは、立法者が行政法に対する環境構成要件の不統一な拘束を設定した点に原因があると言われるので、この環境刑法の行政従属性についての検討が必要となる[47]。

第6節　侵害犯か危険犯か

1　かつて自然環境の侵襲は、戦争という武力闘争によってなされたが、今日では平和国家においても環境破壊がなされており、むしろ戦争による在来型の環境侵害よりも悪質な犯行が見受けられる。経済的理由だけに依拠する利益追求型の環境破壊は、その典型事例であろう。したがって、武力闘争による環境犯罪は抽象的危険犯でもよいが、平和時における環境犯罪は侵害犯であるべきだという理解は意味がないであろう。反対に、平和時における環境危殆化が、それだけで可罰的である場合もあるからである。人類の平和と安全の保証という最大目標からすれば、両者を区別する実益はない[48]。

もっとも、316条の交通刑法のように、一般予防の見地から、わずかな要件で環境犯罪を肯定するべく、環境犯罪をすべて抽象的危険犯にすることも問題である。抽象的危険犯の拡大は、犯罪化と処罰範囲の拡大に通じるので、謙抑主義からすると好ましくないからである。この点、第2回環境犯罪対策法の施行により、現行の環境刑法では、侵害犯の要素と危険犯の要素が共に

構成要件によって示されている。

　2　侵害犯としては、324条、324条a、325条1項が考えられる。もっとも、324条は、水域汚染を「不利益に変更する」(nachteilig verändert) ことが構成件要素なので、この解釈を拡張解釈すると危険犯に近似してくるから、324条は危険犯であるという少数意見もある[49]。さらに、325条1項は、大気汚染すなわち「大気の変更」という結果の発生を要求しているので侵害犯と解釈することができるが、その変更は、「人の健康、動物または植物その他重要な価値ある物を害するに値する (geeignet sind) 程の大気の変更」であるので、健康その他の侵害の単なる「適性」(Eignung) があれば充分とも解釈すれば、その限りでは抽象的危険犯でもある[50]。

　この点は、324条aが、その1項で「侵害するに値する方法で」として侵害犯を明示し、2項で「汚染もしくは不利益に変更するに値する」として危険犯とも解釈できる規定をしていることから、危険と危殆化の融合もしくは侵害と危殆化のコンビネーションというヤヌスの頭を有する環境構成要件を立法者が意識していたのかもしれない[51]。いずれにせよ、立法者の意図は、一定の作用をもたらすに値する水域変更・大地変更・大気変更をパラレルに処罰し、水域・大地・大気という環境媒体を同価値的に保護しようとしたことは確かなようである[52]。

　3　具体的危険犯については、設備等の操作の際の騒音・振動・放射線の防止に関する行政法上の義務に反して、人の健康・動物または植物・その他重要な価値のある物を危険にさらすことを処罰する325条a2項、毒物放散による人の健康の危殆化および致死を処罰する330条aがある。もっとも、後者は結果犯にも組み入れられる。

　抽象的危険犯としては、設備等の操作の際に行政法上の義務に反して有害物質を放散した者を処罰する325条2項、設備等の操作に際して人の健康を害するに値する騒音を発生した者を処罰する325条a、危険な廃棄物の不当な処理を処罰する326条、核技術設備等の不当な操作を処罰する327条、放射性物質その他危険な物質および財益の不当な処理を処罰する328条、保護

を必要とする地域の危殆化を処罰する329条がある。

これらの抽象的危険犯には、「潜在的」危険犯も含まれるが、潜在的危険犯は、抽象的危険犯と具体的危険犯の要素から成る混合物として、専ら危険犯の構成要素をカバーするものであって、侵害犯の構成要素をカバーはしていないので、侵害犯と危険犯のコンビネーションである324条や324条a1項1号および325条は、潜在的危険犯を含むものではないことに注意を要する(53)。

4 ところで、環境侵害は、エコシステムにとっては結果無価値的であっても、人間側から見れば行為無価値的であるから、環境犯罪と環境刑法を論ずる場合、行為無価値か結果無価値かという二者択一はあまり意味がないように思われる。環境を損傷すれば、その結果として人や動植物や物に必ず被害が及ぶからである(54)。そこで、環境侵害を危険犯として捉えるならば、過失による侵害は排除する方が謙抑主義からすると妥当であるかどうか、特定の物質や技術の使用制限条項に意図的に違反しても、環境侵害に対する直接的故意がなければ環境犯罪とすべきではないかどうかが次に問題となる。

第7節　　ドイツ環境刑法条文(55)

§324（水域汚染）

1　権限もなく（unbefugt）水域（Gewässer）を汚染し、またはその他の方法でその特性（Eigenschaft）を不利益に（nachteilig）変更した者は、5年以下の自由刑もしくは罰金刑に処する。
2　その未遂は罰することができる。
3　過失によって行為した者は、3年以下の自由刑もしくは罰金刑に処する。

§324a（大地汚染）

1　行政法上の義務を犯して大地に物質を持ち込み、浸食させもしくは放置した者及び次の各号の者は、5年以下の自由刑または罰金刑に処する。

1. 物質の持ち込み・浸食・放置によって、他人の健康、動物・植物その他重要な価値ある物または水域を害するに値するような方法で汚染したりその他不利益に変更した者
  2. あるいは重要な範囲でそれらを汚染したりその他不利益に変更した者
2　その未遂は罰することができる。
3　行為者が過失によって行為した場合には、3年以下の自由刑か罰金刑に処する。

§325（大気汚染）
1　設備（Anlage）の操業、特に操業所（Betriebsstätte）もしくは機械の操業をするに際して、行政法上の義務に違反し、設備に属する領域の外部で、他人の健康、動物・植物その他重要な価値ある物を害するに値するほど大気の変更を生ぜしめた者は、5年以下の自由刑もしくは罰金刑に処する。その未遂は罰することができる。
2　設備の操業、特に操業所もしくは機械の操業をするに際して、行政法上の義務にはなはだしく（grob）違反し、有害物質（Schadstoff）を重大な範囲で操業敷地の外部にある大気に放散（freisetzen）した者は、5年以下の自由刑もしくは罰金刑に処する。
3　過失によって行為した者は、3年以下の自由刑もしくは罰金刑に処する。
4　第2項の意味における有害物質とは、次の各号に規定する物質である。
  1. 他人の健康、動物・植物その他重要な価値ある物を害するに値する物質
  2. 水域・大気あるいは大地を持続的に汚染する物質もしくはその他不利益に変更する物質
5　第1項から第3項までは、自動車・鉄道車両・航空機・船舶には適用しない

§325a（騒音〔Lärm〕・振動〔Erschütterungen〕・非電離的放射線の惹起）

第10章　ドイツ環境刑法の概観　　229

1　設備の操業、特に操業所もしくは機械を操業するに際して、行政法上の義務に違反し、設備に属する領域の外部で他人の健康を害するに値するほどの騒音を生ぜしめた者は、3年以下の自由刑もしくは罰金刑に処する。
2　設備の操業、特に操業所もしくは機械を操業するに際して、騒音・振動・非電離的放射線の防止に尽くす行政法上の義務に違反し、他人の健康、人に帰属しない動物もしくは重要な価値のある他人の物を危険に晒した者は、5年以下の自由刑もしくは罰金刑に処する。
3　過失によって行為した者は、次の刑に処する。
  1. 第1項の場合には、2年以下の自由刑もしくは罰金刑
  2. 第2項の場合には、3年以下の自由刑もしくは罰金刑
  3. 第1項から第3項までは、自動車・鉄道車両・航空機もしくは船舶には適用しない

§326（危険な廃棄物〔Abfall〕による許されない処理〔Umgang〕）
1　権限もなく次の各号の廃棄物を、許容された設備の外部で又は指定されもしくは許容された手続きを基本的に逸脱して、処分し、貯蔵し（lagern）、堆積し（ablagern）、排出し（ablassen）その他除去（beseitigen）した者は、5年以下の自由刑もしくは罰金刑に処する。
  1. 毒物あるいは人または動物共通に感染し得る危険性がある病気の病原体（Erreger）を含有する廃棄物もしくはそれらを産出し得る廃棄物
  2. 人にとって発ガン性があるか、産児（Frucht）に有害的であるか、あるいは遺伝質を変更する廃棄物
  3. 爆発（explosion）の危険があるか、自然発火性があるか、軽微といえない放射能のある廃棄物
  4. 種類・性状または量によっては、
    a　持続的に、水域、大気または大地を、汚染しあるいはその他不利益に変更するに値する廃棄物

b 動物もしくは植物の現状を危険に晒す廃棄物
2 第1項の意味における廃棄物を、禁令に反しあるいは必要な許認可なしに、本法の適用範囲の内外へ運びもしくは通過させた者は、同様の刑に処する。
3 放射性廃棄物を行政法上の義務に違反して届出（abliefern）しない者は、3年以下の自由刑もしくは罰金刑に処する。
4 第1項および第2項の場合には、未遂を罰することができる。
5 過失によって行為した者は、次の刑に処する。
  1. 第1項および第2項の場合には、3年以下の自由刑もしくは罰金刑
  2. 第3項の場合には、1年以下の自由刑もしくは罰金刑
6 環境への有害な影響、特に人間・水域・大気・大地・必要動物あるいは必要植物に対する影響が、廃棄物が微量なので明らかに排除されてしまった場合は、その行為は罰することができない。

§327（設備の許されない操作）
1 必要な許可なしに又は遂行可能な差止め（Untersagung）に反して次の各号の行為をした者は、5年以下の自由刑もしくは罰金刑に処する。
  1. 核技術の設備を操業するか、整備済みないし停止された核技術の設備を占有したりあるいは全部もしくは一部を解体するか、もしくはこのような設備ないし設備の操業を本質的に変更した者
  2. 核燃料が使用される操業所もしくは操業所の状況を本質的に変更した者
2 次の各号の設備を、その都度の法律によって必要とされる許可または計画確定なしに、もしくはその都度の法律に依拠して遂行可能な差止めに反して操業した者は、3年以下の自由刑もしくは罰金刑に処する。
  1. 危険からの保護のために操業が差押えられてしまっている許認可を必要とする設備もしくは連邦環境汚染防止法の意味におけるその他の設備

2. 水管理法の意味において水を危険に晒す物質を搬送するため（zum Befördern）の許可を必要とする配管（Rohrleitung）設備または届出義務のある配管設備
3 過失によって行為した者は、次の刑に処する。
  1. 第１項の場合には、３年以下の自由刑もしくは罰金刑
  2. 第２項の場合には、２年以下の自由刑もしくは罰金刑

§328（放射能物質その他の危険な物質および財益の許されない処理）
1 次の各号の行為をした者は、５年以下の自由刑もしくは罰金刑に処する。
  1. 必要な許可なしに、もしくは遂行可能な差止めに反して、核燃料（Kernbrennstoff）を保存、輸送、細工（bearbeiten）、加工し（verarbeiten）、その他使用し、輸入（einführen）もしくは輸出（ausführen）した者
  2. その種類、性状または量によっては電離的放射線によって他人の死もしくは重大な健康被害を生ぜしめるようなその他放射能物質について同様の行為をした者
2 次の各号の行為をした者は、前項と同様の刑に処する。
  1. 原子力法に基く届出義務のある核燃料を遅滞なく届出ない者
  2. 核燃料または第１項第１号に表記された物資を、権限なき者（Unberechtigte）に譲渡し（abgeben）、もしくは譲渡を権限なき者に仲介した者
  3. 核爆発（nukleare Explosion）を生ぜしめた者
  4. 他人を、第３号に表記した行為に誘惑し、又は助長した者
3 行政法上の義務にはなはだしく違反し、次の各号の行為をすることによって、他人の健康、人に帰属しない動物あるいは重要な価値のある他人の物を危険に晒した者は、５年以下の自由刑もしくは罰金刑に処する。
  1. 設備の操業、特に操業所もしくは技術的装置（Einrichtung）の操業に際して、放射能物質または化学製品法の意味における物質を貯蔵し（lagern）、細工し、加工しその他使用した者

2. 危険な財貨を輸送し（befödern）、発送（versenden）ないし梱包し（verpacken）、積載（verladen）ないし積み降ろし（entladen）、受領ないし引渡し（überlassen）した者
4 これらの未遂は罰することができる。
5 過失によって行為した者は、3年以下の自由刑もしくは罰金刑に処する。
6 第4項および第5項は、第2項第4号による行為には適用しない。

§329（保護を必要とする地域の危殆化）
1 大気汚染または騒音（Geräusche）による有害な環境影響から特別な保護を必要とする地域、あるいは交互性の乏しい（austauscharm）気象状況の期間中に大気汚染による有害な環境影響が強力に増大する恐れのある地域についての連邦イミッション防止法に基づいて発せられた法令（Rechtsverordnung）に反して、地域内で設備を操業した者は、3年以下の自由刑もしくは罰金刑に処する。

このような地域の内部で、第1項に表記された法令に基づき発布（ergehen）されている遂行可能な命令に反して設備を操業した者も同様に罰する。

第1項および第2項は、自動車、鉄道車両、航空機あるいは船舶には適用しない。

2 水質（Wasser）保護または鉱泉（Heilquelle）保護のために発せられた法令または遂行可能な差止めに反して、次の各号の行為をした者は、3年以下の自由刑もしくは罰金刑に処する。公企業における設備もまた、第1項の意味における設備である。
 1. 操業的設備を、水を危険に晒す物質の処理のために操作した者
 2. 水を危険に晒す物質を搬送するための配管設備を操作した者もしくはこのような物質を搬送した者
 3. 一般営業（Gewerbebetrieb）の枠内で、砂利（Kies）、砂、粘土（Ton）もしくは他の固形物質を解体（採掘）（abbauen）した者

3　自然保護領域の保護のため、または暫定的に（einstweilig）自然保護領域として保安される平原もしくは国立公園の保護のために発せられた法令ないし遂行可能な差止めに反して、次の各号の行為をすることによって、その都度の保護目的を少なからず侵害し（beeinträchtigen）た者は、5年以下の自由刑もしくは罰金刑に処する。

1. 地下資源（Bodenschätze）その他の大地構成部分を採掘しあるいは採取し（gewinnen）た者
2. 掘削（Abgrabung）または土盛（Aufschüttung）を企画した者
3. 水域を創造し、変更しまたは除去した者
4. 泥炭地（Moor）、沼沢地（Sümpf）、採石場（Brüche）あるいはその他の湿原地域から脱水した者
5. 森林を開墾し（roden）た者
6. 連邦自然保護法の意味で特別に保護されている種の動物を殺害し、捕獲し、これらを待ち伏せし（nachstellen）た者、あるいはこれらの卵の全部または一部を破壊または除去した者
7. 連邦自然保護法の意味において特別に保護されている種の植物に被害を与えた者または除去した者
8. 建造物を構築した者

4　過失によって行為した者は、次の刑に処する。
1. 第1項と第2項の場合には、2年以下の自由刑もしくは罰金刑
2. 第3項の場合には、3年以下の自由刑もしくは罰金刑

§330（環境犯行の特に重大な場合）

1　第324条から第329条までの故意行為が特に重大な場合には、7月以上10年以下の自由刑に処する。特に重大な場合とは、行為者が次の各号の行為をした場合である。

1. 水域、大地または第329条第3項の意味における保護領域を侵害した場合において、侵害を異例の経費によらなければ除去することがで

きず、または長期間後にようやく除去することができる場合
 2. 公共の給水（Wasserversorgung）を危険に晒した場合
 3. 絶滅の危機にある種の動物ないし植物の現状に不利益な被害を与えた場合
 4. 利欲にかられて（aus Gewinnsucht）行為した場合
2 第324条から第329条までの故意行為によって、次の各号の行為をした者は、第1号の場合には1年以上10年以下の自由刑に処し、第2号の場合には、行為が第330条a第1項から第3項までにおいて処罰されていないときは、3年以上の自由刑に処する。
 1. 他人に死の危険または重大な健康被害をもたらした者、あるいは大多数の人々に健康被害の危険をもたらした者
 2. 他人の死を生ぜしめた者
3 第2項第1号の重大性が軽微な場合には、7月以上5年以下の自由刑が、第2項第2号の重大性が軽微な場合には、1年以上10年以下の自由刑が宣告される。

§330a（毒物の放散による重大な危殆化）
1 毒物を含みまたは毒物を生み出し得る物質を蔓延させ（verbreiten）または放散し、因って他人の死の危険または重大な健康被害を生ぜしめ、あるいは多数の人々の健康被害の危険を生ぜしめた者は、1年以上10年以下の自由刑に処する。
2 行為者がその行為によって他人の死を生ぜしめたときは、3年以上の自由刑に処する。
3 第1項の重大性が軽微な場合は、7月以上5年以下の自由刑を宣告し、第2項の重大性が軽微な場合には、1年以上10年以下の自由刑に処する。
4 第1項の場合において、過失によって危険を生ぜしめた者は、5年以下の自由刑もしくは罰金刑に処する。

5　第1項の場合において、軽率に行為し、過失によって危険を生ぜしめた者は、3年以下の自由刑もしくは罰金刑に処する。

§330b（行為による悔悟〔Tätige Reue〕）

1　裁判所は、第325条a第2項、第326条第1項から第3項、第328条第1項から第3項、第330条a第1項第2項および第3項の場合において、著しい（erheblich）被害が発生する前に、行為者が自由意思によって危険を回避し、または自己が生ぜしめた状態を除去したときは、裁量によって刑を減軽するか（第49条2項）もしくは処罰しないことができる。

　　同じ条件により、行為者は、第325条a第3項第2号、第326条第5項、第328条第5号および第330条a第5項によって処罰されない。

2　行為者の助力なしに危険が回避され、あるいは違法に惹起された状態が除去されたときでも、この目標を達成するために行為者の自由意思による真摯な努力があれば処罰されない。

§330c（没収〔Einziehung〕）

　　第326条、第327条第1項または第2項、第328条、第329条第1項第2項または第3項による犯行、第4項と結びついたこれらによる犯行が行なわれたときは、次の各号の客体は没収する。第74条aが適用される。

1. 行為によって生ぜしめられた客体、あるいは行為の実行もしくは予備に用いられ、またはそのために規定された客体
2. 行為が関係する客体

§330d（概念規定）

この章において、

1. 水域とは、地上水域、地下水（Grundwasser）、海水である。
2. 核技術的設備とは、核燃料の製造のため、もしくは細工または加工

あるいは分裂 (Spaltung) のため、放射した核燃料の再生 (Aufarbeitung) の設備である。

3. 危険な財益とは、危険な財益の運送についての法律およびその法律に依拠する法令の意味における財益、そして、その都度の適用領域における危険な財益の国際的な運送についての法令の意味における財益である。

4. 行政法上の義務とは、a) 法令、b) 裁判所の決定、c) 遂行可能な行政活動、d) 行政活動によっても義務が負わされる限度で公法的契約から生ずる義務および環境、特に人間・動物または植物・水域・大気または大地に資する義務である。

5. 認可、計画確定あるいはその他の許可のない行動とは、脅迫、贈収賄または共謀 (Kollusion) によって手に入れた (erwirken) か、あるいは不正または不完全な申告 (Angabe) によって不正入手 (erschlichen) した許可、計画確定またはその他の許可に基づく行動である。

【注】
(1) 1994年以降の論稿に限定するが、伊東研祐「環境刑法における保護理論(1)(2)」奈良法学会雑誌6巻2号・7巻2号。丸山雅夫「原子力・放射線等と刑法―環境刑法の一場面―」南山大学18巻1号。平良木登規男「環境分野における刑事規制」宮澤浩一先生古稀祝賀論文集・第3巻、2000年。町野朔「環境刑法と環境倫理（上）（下）」上智法学論集42巻3～4号・43巻2号。同「環境刑法の展望」現代刑事法3巻4号。丸山雅夫「大気環境に対する刑法的保護」上智法学論集42巻2号。伊藤司「環境（刑）法各論(1)―特に鶏の大量「飼育」と野鳥の保護に関して―」法政研究67巻1号。金尚均「環境刑法における蓄積犯罪―水域汚染を中心に―」龍谷法学34巻3号。橋本佳幸「環境危険責任の基本構造―公害無過失責任の再構成へ向けて―㈠㈡㈢㈣㈤㈥」法学論叢151巻1～6号参照。なお、これらの文献についての論評は別稿に譲る。
(2) 司法大臣キンケルの評価について、Vgl. ZRP1991, S. 409ff. (414).
(3) 「欺瞞」批判について、Ralf Busch/Ulrich Iburg Umweltstrafrecht. Berlin 2002, S. 59. なお、Hans Peter Vierhaus, in: Breuer (Hg.), Jahrbuch des Umwelt- und Technikrechts, 1992, S. 79ff. (80) は、キンケルの評価は、「よそよそしい決まり文句を伴うプロフィール造りの試み」であると批判している。

(4) Gesetz über die friedliche Verwendung der Kernenergie und den Schutz gegen ihre Gefaren.（略称は原子力法 Atomgesetz）
(5) Gesetz zur Ordnung des Wasserhaushalt.（略称は水管理法 Wasserhaushaltsgesetz）
(6) Gesetz zum Schutz vor schädlichen Umwelteinwirkungen durch Luftverunreinigungen, Geräusche, Erschütterungen und ähnliche Vorgänge.（略称は連邦汚染防止法 Bundes-Immissions-schutzgesetz）
(7) Gesetz über die Vermeidung und Entsorgung von Abfällen.（略称は廃棄物法 Abfallgesetz）
(8) Mattias Reichart, Umweltschutz durch völkerrechtliches Strafrecht. Frankfurt am Main/Berlin/New York/Wien 1999, S. 17.
(9) Reiner Schmidt, Einfürung in das Umwelt. 6Aufl., München 2001, S. 4.
(10) Gesetz über Naturschutz und Landschaftpflege von Berlin v. 10. 7. 1999. では、自然と風景の環境特性を顧慮していると、シュミットは言う（a. a. O. S. 5.）。
(11) Michael Kloepfer/Hans-Peter Vierhaus, Umweltstrafrecht. 2Aufl., München 2002, S. 1ff.
(12) Tröndl/Fischer, Strafrechtgesetzbuch, 50Aufl., Vor § 324, 3 (S. 1900).
(13) Ralf Busch/Ulrich Iburg, Umweltstrafrecht. Berlin 2002, S. 60.
(14) Busch/Iburg, a. a. O. S. 59. ちなみに、Matthias Krusche, Verschärfung des Umweltrechts-Konsequenzen für die Unternehmen, JR 1989, 489ff. (489) は、工業の大規模産業が環境汚染のナンバーワンであると言う。
(15) Kloepfer/Vierhaus, a. a. O. S. 9.
(16) Regina Michalke, Verwaltungsrecht im Umweltstrafrecht. Die Legaldefinition „verwaltungsrechtlichen Pflicht" in § 330d Ziff. 4StGB. Baden-Baden 2001, S. 33. 確かに、環境刑法は、水管理法・流通経済と廃棄物法・連邦大地保護法・原子力法の刑罰法規が、かなり変更されて広範囲に借用されたし、第1回環境犯罪対策法の行政従属性は第2回環境犯罪対策法でも維持された。Vgl. Tröndl/Fischer, Vor § 324. なお、伊東「刑法の行政従属性と行政機関の刑事責任―環境刑法を中心に―」および立石雅彦「環境保全法の罰則について」中山研一先生古稀祝賀論文集・第2巻、1997年。前野育三「現在の環境問題と刑罰の役割」西原春夫先生古稀祝賀論文集・第3巻、1998年。京藤哲久「行政と環境刑法」現代刑事法4巻2号参照。
(17) Begründung des Entwurf der Bundesregierung. BT-Drucks. 8/2382, S. 9f.
(18) Kreislaufwirtschafts- und Abfallgesetz.
(19) Gesetz über Naturschutz und Landschaftpflege.（略称は連邦自然保護

法 BNatSchG)
(20) シュミットによれば、連邦自然保護法では、第 1 条で有害な環境影響からの保護が目標とされ、第 2 条の 1 項で有害な環境影響の概念が詳細に定義されている。
(21) Reiner Schmidt, a. a. O. S. 3.
(22) Matthias Reichart, a. a. O. S. 19.
(23) 拙稿「21 世紀刑法学の視座―システム思考の必要性―」佐藤司先生古稀祝賀『日本刑事法の理論と展望』信山社 2002 年参照。
(24) Matthias Reichart, a. a. O. S. 14ff.
(25) Matthias Reichart, a. a. O. S. 14.
(26) Kloepfer, Umweltrecht, S. 11.
(27) Umweltgutachten 1987 des Rates von Sachverstädigen für Umweltfragen, BT-Drucks. 11/1568, S. 15.
(28) Matthias Reichart, a. a. O. S. 15.
(29) BT-Drucks. Ⅵ/2710, S. 6.
(30) Reichart, a. a. O. S. 16 によれば、ドイツ文献については Vgl. Michael Kloepfer, Umweltrecht, München 1989 S. 12./外国文献については、Vgl. v. Lersner, „Umwelt", in: Kimmnich/v. Lersner/Strom, HdUR Ⅱ, Sp. 551.
(31) Heintschel v. Heinegg, in: Ipsen, Völkerrecht, S. 809.
(32) Matthias Reichart, a. a. O. S. 19. Fn. 17.
(33) Matthias Reichart, a. a. O. S. 20. なお、田中利章「国際環境刑法」現代刑事法 4 巻 2 号参照。
(34) Tröndl/Fischer, a. a. O. S. 1899. Vor § 324ff.; Kloepfer/Vierhaus, a. a. O. S. 11ff. なお、齋野彦弥「環境刑法の保護法益」現代刑事法 4 巻 2 号参照。
(35) Kloepfer/Vierhaus, a. a. O. S. 12.
(36) Kloepfer/Vierhaus, a. a. O. S. 12.
(37) (38) Tröndl/Fischer, a. a. O. S. 1899, 1990.
(39) Regina Michalke, a. a. O. S. 30.
(40) Jürgen Baumann, Alternativ-Entwurf eines Strafgesetzbuches, 1971, Bes. Teil, Tübingen 2Halbband, S. 49.; Vgl. Olaf Hohmann, Das Rechtsgut der Umweltdelikte. Grenzen des strafrechtlichen Umweltschutzes, Frankfurt am Main/Bern/New York/Paris 1991, S. 179ff.
(41) Kloepfer/Vierhaus, a. a. O. S. 13.
(42) Kloepfer/Vierhaus, a. a. O. S. 13.; Vgl. BGH, NStZ, 1987, 323.
(43) Kloepfer/Vierhaus a. a. O. S. 13.; 同様に、Regina Michalke, a. a. O. S. 31.
(44) Kloepfer/Vierhaus, a. a. O. S. 13.; なお、①のグループの「水域純粋性」については、BGH, NJW 1992, 3247, 3249 参照。

(45) Regina Michalke, a. a. O. S. 30.
(46) 前掲拙稿参照。「次世代の生命」を保護法益とする者に、長井圓「環境刑法の基礎・未来世代法益」神奈川法学35巻2号。
(47) Regina Michalke, a. a. O. S. 31.
(48) Vgl. Matthias Reichart, a. a. O. S. 536, 537, 538.
(49) Vgl. Kloepfer/Vierhaus, a. a. O. S. 17.
(50) Vgl. Kloepfer/Vierhaus, a. a. O. S. 17.
(51) Vgl. Kloepfer/Vierhaus, a. a. O. S. 18.
(52) Vgl. Kloepfer/Vierhaus, a. a. O. S. 17.
(53) Vgl. Kloepfer/Vierhaus, a. a. O. S. 17, 18.
(54) Ulrike Hartmann, Die Entwicklung im internationalen Umwelthaftungsrecht unter besonderer Berücksichtigung von erga omnes-Normen. Frankfurt am Main 2000, S. 96, 97.; この点、伊東もまた、古典的な行為無価値論と結果無価値論を排斥し（伊東「環境保護の手段としての刑法の機能」団藤重光博士古稀祝賀論文集・第3巻、1983年）、抽象的危険犯説を擁護する（伊東・前掲論文）。これに対し、平良木・前掲論文は、刑法の倫理的機能を肯定し、行為無価値論を主張する。
(55) ドイツ環境刑法の条文訳としては、山中敬一「1978年西ドイツ環境犯罪対策法草案・邦訳㈠㈡㈢」関西大学法学論集37巻1号・37巻4号・38巻4号、横山潔「ドイツの環境刑法」下村康正先生古稀祝賀『刑事法学の新動向』1995年（但し1980改正刑法）、松本・西谷・佐藤編『環境保護と法』信山社1999年参照。

なお、文献によっては、次の言語の邦訳が分かれている。Lebensgrundlage＝生命基盤・生存基盤・生活基盤／schaden＝侵害する・棄損する／Schaden＝侵害・棄損・損傷・被害／Boden＝大地・土壌／Anlage＝設備・施設／Betrieb・Betreiben＝操業・稼働／Vorsorge＝配慮・予防／geeignet＝適した・値する／Genehmigung＝許可・認可

第11章

21世紀刑法学の視座
── システム思考の必要性 ──

第1節　はじめに

1　本稿において、システム思考に基づく刑法学を主張したい。およそ刑法（学）は現実の犯罪現象に対処しなければならない限り、刑法（学）そしてその基盤である刑法学方法論は、現下の犯罪現象に相応すべきである。刑法学にとって犯罪学のもつ意義は大きい。両者は不断の相互作用関係を有するより大きい回路システムの部分システムである。

クラヴィーツの言うように、そもそも法的内容を有するあらゆる現実的情報は、社会構造的にみれば偶発的なものつまり変数であるから、法は、創発進化的にみれば情報構造であり、コミュニケーション構造として理解されねばならず、法は社会システムの中で生起する社会システムの部分システムである[1]。刑法もまた、かかる法システムである限り、刑法学にとってシステム思考は必然的である。

2　しかして、20世紀後半から21世紀にかけて、特に経済活動のボーダレス化とグローバル化の現象が増大した。それは、多国籍企業や外資系企業の巨大化に象徴されている。アメリカ流の経済グローバル化には問題も多いが、この現象は今世紀も更に継続するであろう。犯罪現象もまた、かかる経済社会の変遷に応じてグローバル化しボーダレス化してきた。その典型として組織犯罪と環境犯罪に注目したい。なお本稿では、ボーダレスとは、あらゆるシステムの境界を凌駕するという最広義の意味で用いる。

前者に関してみれば、EU社会における経済的・政治的・法的なグローバ

ル化とボーダレス化のみならず、世界的傾向にある商品流通・労働市場・資本活動・現代技術と情報のグローバル化とボーダレス化は、諸国家を横断する市民の自由領域を拡大した(2) 反面、ギュンターの指摘どおりに、犯罪による脅威の感情の増長、特に犯罪組織の活動の余地を拡大した(3)。犯罪組織もダイナミックなシステムであるから(4)、犯罪組織と組織犯罪に対応する刑法学は、システム思考を回避することはできない。

　他方、後者に関してみれば、戦争から派生する環境破壊よりも、経済活動に伴う環境破壊のグローバル化とボーダレス化が顕著である。しかも、環境侵害の影響には国境がない。1国における環境影響が周辺諸国や地球全体の環境にも影響を及ぼす。チェルノブイリ事件やオゾン層破壊はその象徴的出来事である(5)。環境破壊に対しては、個人責任のみならず国家責任を問題にしなければならない。そこで、環境犯罪は、危険犯か侵害犯か、行為無価値的か結果無価値的かという刑法固有の問題のみならず、第1に、地球もひとつの「システム」であり、人間自体もシステムであって、地球システムのサブシステムである生態系（エコシステム）の一部であること(6)、第2に、環境保護を人間中心に考えずにエコ中心に考えるべきであること、第3に、国家というシステムの責任を国際的にどのように基礎づけるべきか、という問題を論じなければならない(7)。ましてや、犯罪組織が企業組織を利用して環境侵害する可能性を考えれば、もはや刑法観そのもののパラダイム転換は必然でなければならない。

　3　なお、本稿では、上位概念としてのシステムは、「複数の諸部分が何らかの有意味的関係によって結びつき、相互作用し、より大きい全体として統合されたもの」であり、「諸部分と全体という繋がりにおいて諸部分の活動が統合されたものとして認知された全体」すなわち「多数の異なる要素によって構成され、それら要素が互いに物質やエネルギーおよび情報のやりとりをしている一定の集合体」とする。なぜなら、閉鎖されたコミュニケーションシステムだけに固執すると、開かれたエコシステムの説明に窮するからである(8)。

本稿では、紙数の都合上、組織犯罪と環境犯罪を中心に刑法学的視座の転換の必要性だけを強調し、諸国の立法論や実定法には言及しないが、刑法学と犯罪学の両分野に亘って研究業績を残された佐藤司先生の古稀をお祝いするに相応しい論稿であれば幸いである。

第2節　組　織　犯　罪

第1項　組織犯罪の概念

　1　犯罪組織の構造と機能についてのシステム理論的解明は、すでに別の機会に論じた(9)。ここでは、組織犯罪がボーダレス化とグローバル化の命運を背負ってきたことを概観する。

　ランペによれば、「組織犯罪」の概念は、統一的な理解と概念規定が欠如し無規定なので、研究対象を限界づけることはできず、結局は、組織犯罪概念の背後にある歴史的・経験的な諸関係や相互依存関係を分析するしかないと言う(10)。組織犯罪とは本来何なのか誰も知らないと言っても過言ではない(11)。もちろん、組織犯罪概念のメルクマールは、犯罪グループやその行為組織および社会システムと等置されることも事実である(12)。

　2　「組織犯罪」の初源的形式は、植民地政策時代の海賊に見いだされるという見解もあるが(13)、20世紀初頭にイタリヤ人の「ゆすり屋」組織「ブラック・ハンド」(Black Hand)をめぐる議論に関連して初めて使用され、この概念の定立の起源は、ニューヨークでは1906年に、シカゴでは1919年に遡り、この組織犯罪の特徴づけは、シカゴ犯罪委員会によるとされる(14)。この委員会の組織犯罪概念は、当時1万と推定される「職業犯罪者」の全体に関するものであり、それは、社会的・政治的諸関係の産物であった(15)。つまり、「犯罪と警察の不始末と政治的陰謀の協働」の所産であった。司法関係者は買収されて不道徳化し、訴訟法の不備・保釈手続きの不備・裁判所の許容能力の限界・公務員や裁判官の怠慢・汚職と刑事手続きに対する政治的影響・刑事訴追機関に対する世論圧力の弱さ等々による警察と司法の無機

能が組織犯罪を増長させた(16)。職業分野を横断するボーダレス化とグローバル化が当初から存在していたと言えよう。

　3　この「組織犯罪」の概念内容は、1930年代にも使用されていたが、1920年代終期には、「ラケッテリング」概念（Racketeering）に取って代わられた。この「ラケッテリング」は、部分的には独自の現象として、部分的には「組織犯罪」の特殊な表現として現われたが、1920年代中期にシカゴで初めて明らかになった「ラケッテリング」は、当初、地方市場の統制・商人からの「ゆすり」を目的とした組合ないし企業結社における犯罪者活動を表現していた(17)。

第2項　歴史的背景

　ところで、かかる組織犯罪現象が生起した歴史的背景は何であろうか。ランペは、①農業国から工業国への転換、②離村と移住と都会化、大都市密集地帯の形成、③移民の増加と移民の民族的・文化的合成の変化を考えている(18)。具体的に見ると、1840年代と1850年代のカトリック系アイルランド人の大量移住は、古い先住移民である北西ヨーロッパ系のプロテスタント住民の恨みを買ったのである。さらに両者の葛藤に拍車をかけたのは、1880年代以降の東ヨーロッパおよび南ヨーロッパからの移住現象であった。しかも、これら葛藤の原因は、宗教的な差異だけではなかった。民族的な相違や文化的な相違も原因していた。特に、後続移住者は、先住者のような英語を自由に話せなかったことも原因していた。かかる人種偏見によって社会的同化のメカニズムは機能せず、社会から疎外された大都市の人々によって、スラム的・民族的な形態の居住地域が形成され、この地域において、権力カルテルすなわち「マシーン」（machine）発生の社会的基盤が形成され、やがて組織犯罪の温床となっていった(19)。組織犯罪者のルーツそのものが、ボーダレスであり、グローバルなものであったのである。

第3項　組織犯罪の要素

　1　民族的諸関係が組織犯罪の中心的要素になってることは否定できないが[20]、組織犯罪の背景要因はそれに限定されない。例えば、現実が映画やテレビに影響を及ぼし、メディアが作り上げたギャングパターンないしマフィヤパターンが実際の犯罪者の発生に作用し、現実の犯罪者がこのメディアをモデルにして踏襲していく実際のプロセスが存在する。かかる現象をヘンナーは、「神話と現実の回路的相互作用」（zirkuläre Interaktion von Mythos und Realität）と称した[21]。現に、「コーザ・ノストラ」の構成員は、映画「ゴッドファーザー」を幾度も見て、その独創的感覚と礼儀作法を、あたかも教材のようにして修得したようである。こうしたマフィヤ映画を手本にした犯罪者は、イタリヤ系人だけではなく、刑事施設収容者のアフリカ系人もまた、映画「ゴッドファーザー」のコルレオーネ家族構造を真似したようである[22]。

　すなわち、組織犯罪には、民族的要因を問わず、別の「下層階」出身者という要因がある。彼らは、合法・非合法を問わず、自分の帰属環境で、暴力的自己防衛を通じて、札束と高価な「物」によって自己顕示欲を満たしたのである[23]。しかし、組織犯罪の関与者がすべて下層階（サブカルチャー帰属者）であるわけではない。一方では、需要と供給の関係からすれば、「正常な」市民の顧客としての協動的行為もまた相互依存関係にある[24]。他方、アメリカでは、民族国家としてのヨーロッパ諸国と異なり、法服従よりも、個人的な成功志向が高く評価され（それ故に、逆にアメリカ刑法はヨーロッパ諸国よりもモラル原理を強調している）ので、合法的に昇進する道のない者は、犯罪的経験に魅力を感じ、中流階級の人々といえども、組織犯罪に手を染めていく傾向があった[25]。

　2　このようにして見ると、犯罪組織と社会の間には、明確な境界線はなく、極めてボーダレスである。ポッターが「組織犯罪」を「機能的必然性」を示す「社会システム」の一部とみなしているのも、その意味であろう。かく解すれば、「組織犯罪」は、何らかの行為に向けて行為者とその行為が組織化されていることを表現していると言ってもよい[26]。合法的な財の非合

法な提供活動であれ、非合法な経済活動であれ、それに関与する行為者とその行為が組織化されていればよい。なぜなら、組織犯罪は、ますます合法的な経済と市場の構造と原理に従っているからである(27)。

第4項　西欧の組織犯罪

1　アメリカで生起し発達した組織犯罪は、ドイツや西ヨーロッパでも極めてダイナミックに展開している。カンターによれば、20世紀初頭以来の組織犯罪の恐るべき拡大の原因は、第1に東ヨーロッパの崩壊であり、第2にテレコミュニケーションの息を飲むような発達であり、第3に商品・サービス・現金・人間の世界規模的な変動の飛躍的増大である。そして、この組織犯罪は、組織（Bande）による国境を越えた国際的な職業的犯罪である(28)。既述のごとく、この組織犯罪は、当然にマフィヤとかカモラのようなイタリヤ人による犯罪組織に限定されない。今や、組織犯罪は、二重の意味で国際的犯罪と言える。なぜなら、組織犯罪は、一方では国境を越えて輸入された犯罪であり、他方では国内において外国人が行う犯罪だからである(29)。日本でも、中国の蛇頭やロシヤのマフィヤの暗躍がメディアを通して耳に入る。

2　ちなみに、1997年におけるドイツの犯行容疑者は、100民族からの出身者であり、1992年の組織犯罪領域における外国人容疑者の割合は、およそ50パーセントであったのが、最近では60パーセントに達しており、組織犯罪領域の外国人容疑者の割合が一般犯罪の2倍になったと言われている(30)。こうした傾向は、経済的国境がなくなったEU圏のみならず、大陸続きのヨーロッパ諸国では、同様に見られる(31)。かかる組織犯罪のボーダレス化とグローバル化に対しては、国内法による対処だけでは応じられない事態にあるので、国際法による対処が必要であるが、どのような思想によるべきか、その思想の模索が重要である。本稿の目的はそこにある。

第3節　環境犯罪

第1項　環境概念

1　ライヒャルトによれば、「環境」(Umwelt) という概念は、1800年に作詞された「ナポレオン」頌歌の中で、デンマーク系ドイツ人の詩人バゲッセン (Jens Immanuel Baggesen) が初めて用いたようであり、詩人に対する読者層にこの概念が当てられた。その後、生物学者のウュクスキュル (Jakob von Uexküll) が、20世紀初頭この概念を自然科学の中に導入し、主体関係的に感覚界として知覚される動物種の特殊な周界 (Umwelt) に環境概念を使用したが、今日この理解は放棄され、英語表現の「環境」(environment) ないし「環境保護」(environmental protection) という現代的意義が定着し、1970年代にドイツの法言語に導入された[32]。

現代的意義の環境概念も、(a)同胞と社会的・文化的・政治的仕組みのすべてを包括する人間の全周界と考える拡張的概念ではなくて、(b)人間の物理的な生活基盤すなわち（海）水・大気・大地・植物群・動物群というさまざまな生態系 (ecosystem) の全体を包括する生物圏すなわち自然環境に限定する制限的概念である[33]。

2　人間は、経済的利益の拡大のために、かかる環境に対して久しく無反省な搾取と抑圧という介入を繰り返してきた。本来、エコシステムには生命サイクルが存在し、このエコシステムは、各種生物が物質循環に基づき相互関係をもちながら調和（定常性）を保持しているシステムである。人間は、この生命サイクルに介入してそれを乱し、人間にとって不要なものを抹殺することによって、自然環境を再生不可能な程度までに破壊してきた[34]。したがって、環境問題は、経済的理由による人間の社会のあり方に原因があるから、自然科学の問題のみならず、社会科学の問題でもある[35]。

第2項　環境汚染

1　「環境汚染」とは、1977年のOECD協議会の採択によれば、「人間が資源やエネルギーを直接ないし間接に環境に導入することによって、人間の健康の危殆化・生命ある天然資源とエコシステムと素材価値の棄損・環境の快適その他の合法的な利用の侵害といった有害作用」である[36]。このような環境侵害は可罰的であるが故に、それらに木目の細かい幅広い有害性基準が必要ではあるが、いずれにせよ、この基準は国内刑法でも国際刑法でも一致したものでなければならない[37]。環境影響は、国境を越えるからである。

この有害性判断と環境保護は、法システムにおいては今もなお人間中心に（anthropozentrisch）なされ、生態系中心に（ökozentrisch）なされていない。自然環境を脅かす危険性については、ほとんど顧慮されてこなかった。環境有害性のある行為の可罰性を基礎づける基準に関しては、自然の本来的価値が重要視されねばならない。つまり、人間中心的思考からの脱皮が必要である。もちろん、人間にとって経済的発展も必要であるから、生活資源としての環境危殆化を排斥するような経済的展開が志向されなければならない[38]。

2　そこで、国家がとるべき使命は、自然環境の存在を危殆化することなく、人間の生存を確実に保証する環境政策に取り組むことである。なぜなら、人間だけが「全体を見る目」を有し、人間の活動をグローバルな射程で認識することができるからである。しかも、環境保護は、今後さらに国際的な安全政策の本質的要因になるからである。環境侵害とその結果は、国境で停止することはない。

最終的には、環境との一致を最大限考えながら人類の増加と発展をもたらす国家の共同体が要求されよう。そして、ユニバーサルな国際法が効果的な環境保護の保証の最適な手段となろう。世界規模的な環境汚染は、所詮国家内の小さな汚染行為の集積であるから、国家法による規制が必要であると同時に、各国家の恣意を許さない国際法の規制も必要である[39]。

第3項　法的規制

1　環境汚染の法的規制は、その多くが行政法や民法においてなされているが、環境保護の全法システムにおける刑法の位置価値も重要である。むしろ、人間の保護および人間自身のための環境保護は、重大な社会有害的な環境侵害を犯罪的不法として性格づけることを要求し、その包括的な環境刑法の制定を要求している。例えば、ドイツでは、1980年3月28日の第18次刑法改正法（環境犯罪対策法）に環境保護の中心的刑罰法規があり、それらは、以前には行政法的な特別法に含まれていたが、1980年7月1日に拡張された形式で発効して刑法典に継受され、その後も議論を重ね、1994年の第31次刑法改正法で若干の補正をして今日に至っている[40]。このようにして、環境侵害の現実の惹起者に対しても潜在的な惹起者に対しても、一般的には法秩序の優越性と特殊的には環境という保護法益の意義が明白にされるのである[41]。

2　問題は、①環境犯罪は、危険犯か侵害犯か、②行為無価値的か結果無価値的か、③故意犯に限定するか否かであるが、それらの問題は、④保護法益を何にするかによって左右されるし、⑤結局は人間中心的思考をベースにするかエコ中心的思考をベースにするかに依拠する。

伊東は、一方では、人間の健康と生存のための環境に注目して環境を中間法益と解する人間中心的思考は規範の目的と法益を混同するものだとして排斥し、他方では、「人間への最終的関連性」に限定収斂する環境媒体ないし環境要素を独立の保護法益とする生態学的－人間中心的思考もまた、保護対象から除外された有害生物でさえ人間関連性を有しているから矛盾であるとして排斥する。特に後者の思考は、環境媒体（例えば水）という行為客体と保護法益（水）の区別がないと批判する。かくして伊東は、因果的変更可能性を有する環境媒体（水）が有する他の環境媒体との相互作用中にあるダイナミックな諸機能の全体を包含して成っている生態系というものが保護法益であると主張する[42]。

さまざまなエコシステムから成り立っている環境システムの主体は人間で

あることは否定できない。しかし、認知の程度を捨象すれば、システム理論的にはエコシステムの主体は人間に限らない。あらゆるシステム構成員は、全体システムの生成と保全と再生産のためにカップリングし相互作用をしている。この全体システムの中で人間が自己保全をするためには、全体システムの生命サイクルを乱してはいけない。このようなエコシステム中心的思考が必要である。エコシステムのホメオスタシス（定常性）を乱す恐れのある行為を規制対象にすべきである。つまり、エコシステムの定常性こそが保護法益なのである。伊東の主張がこの意味であるならば、彼の見解は核心をついている。

2 その点からすれば、環境犯罪・環境汚染・環境侵害という概念の内実は、ハルトマンの言うように、生態学的損傷（ökologischer Schaden）でなければならない。かかる「生態学的損傷」は、「環境において、もしくはエコシステムの構成要素としての個々の自然的財産（大気・水・大地・植物界・動物界）という基盤において、人間が惹起したネガティブな変更」である[43]。ドイツにおいても通説は、環境刑法の保護法益は「環境の媒体」（大気・大地・水）と「現象形式」（動物界・植物界）であって基本法20条ａの「自然の生命基盤」と同一ではなく、人間の利害に関する限りの法益と考える「生態学的‒人間中心的法益観」をとっているが[44]、これに対しては、通説のような古典的法益刑法には保護の限界があるとし、基本法20条ａの「自然の生命基盤」は同時に「人間の生命基盤」であり、環境刑法の法益は環境媒体の純粋性そのものであるという強い批判がある[45]。

人間中心的思考によれば、エコ自体の侵害が法益侵害に直結しないこともある。しかし、そのような思考によって侵害を待っていては遅すぎる結果となり、エコシステムの定常性の回復可能性まで奪うことになる。したがって、かかる行為に対して刑事制裁をするには、環境犯罪を抽象的危険犯としなければならない。環境侵害はエコシステムにとっては結果無価値的であるが、人間側から見れば、行為無価値的である。環境犯罪と環境刑法を論ずる場合、行為無価値か結果無価値かという二者択一は意味がない。環境を損傷すれば、

その結果として人や物に被害が及ぶからである⁽⁴⁶⁾。そして、環境侵害を危険犯として捉えるならば、過失による侵害は排除する方が謙抑主義からしても妥当であろう。特定の物質や技術の使用制限条項に意図的に違反しても、環境侵害に対する直接的故意がなければ環境犯罪とすべきではない⁽⁴⁷⁾。

第4節　対応のグローバル化とボーダレス化

1　環境汚染のリスクが国境以内に止まっていない以上、その克服のためにはグローバルなアプローチと対策が必要であり、環境保護の国際化は絶対不可欠である⁽⁴⁸⁾。その場合、国家内部における行為のみならず、国家を離れた空間（大海・大気・宇宙）の保護が国際的な使命とされねばならず、環境国際法のオリジナルな課題でなければならない⁽⁴⁹⁾。この場合、環境侵害の法的な行為主体および答責主体は、自然人・法人・外資系企業・多国籍企業・国際的組織・EUのような超国家的組織が考えられるが、いずれにせよ、国際法上の主体でなければならないにもかかわらず、従来の見解によれば、国際法社会そのものは、法的主体性が欠如することを理由に行為当事者に算入されなかった⁽⁵⁰⁾。この点を解決するためにはシステム思考が必要である。以下クラヴィーツの見解を辿りながら論究する。

2　どのような社会システムにも、多くの相互作用システムと組織システムが内在し、一般化された規範的な期待構造が諸々の行動を規定している。国家自体も又ひとつの組織システムにすぎず、しかも、法的に構造化された組織システムである。他方、世界社会に視線を向ければ、それを形成するさまざまな地域社会も存在する。このように、国家も社会も、社会システムつまり有意味的に方向づけられ規範的に秩序づけられたコミュニケーションシステムとして理解すれば、それなりに形式的な法に準拠するが、しかし重要なことは、法が必ずしも独自の決定行政によって設定された組織構造を前提にしてはいないということである。この場合に問題なのは、政治と国家的に組織化された法システムと社会の規範的カップリングである。このカップリ

ングは、明確な法という形式化がなくても行なわれる。例えば慣習法がそうであり、その限りで法は、社会システムの創発進化的な規範的コミュニケーション構造である(51)。

3 法は、システム理論的に見れば、実質的には非形式的な社会システムのあらゆる平面で生起する。つまり、国家は、システム理論的視座によれば、国家的に組織化された法システムに制限されているわけではないのである。国家は、国家的な組織システムで形成された法という規範的構造形式に制限されていないのである。国家システムと並行して、より広範囲な社会システムないし政治的－法的システムが存在する。まさにEUがそれである。かかるシステムは、世界的規模のグローバルな情報システムとコミュニケーションシステムによって構造化される。EUは、その機関を媒介にして固有の発展を制御し、その周界に対する関係も制御している(52)。

4 規範理論・制度理論・システム理論を統合して考えるクラヴィーツの見解によれば、法は、社会の社会的なインタラクション・制度・組織の中で発生し、国家もしくは国家間あるいは超国家的に組織化された形式的な法システムの影響下にある。しかし、現代社会における法は、コミュニケーションシステムとしての法の非常に広範囲に及ぶ非形式的・機能的な分化によって世界的規模で生起してくる情報コミュニケーション的諸条件の下にある。したがって、法はすべて国家的な法であるという一元的な法概念は全く間違っている。したがって、現代社会の法は、多種多様な法源の相互依存に根ざしていると言える。つまり法は、唯一絶対な法源に還元されることはできない。法は、各種の社会システムによって形成され変更される。具体的には、国家によって国家的に形成・変更され、国家間組織や超国家的組織（EU、UNO）によって国際的に形成・変更されるのである。さすれば、主権もまた、国家のみに帰属するメルクマールではなく、規範理論的・システム理論的に解釈すれば、法システムそのものから要求され付加され得る属性である。国家によるすべての法は、常に同時に社会的な法でもあるが、しかし、すべての社会的な法が国家による法であるわけではない(53)。

第5節　答責性のグローバル化とボーダレス化

1　組織犯罪も環境犯罪も国家内部に止まるものは、各国家法で規制ないし制裁すればよい⁽⁵⁴⁾。領土原理・国旗原理・保護原理・人的原理による多少の国家刑罰権の拡大は可能である⁽⁵⁵⁾。しかし、ボーダレスにグローバル化した組織犯罪と環境犯罪に対する責任は、国家法のような形式的な法システムだけを根拠にしていては解決できない。国境の開放に比例する犯罪のグローバル化に対処するためドイツではヘッセン州が「もぐり捜査」(Sleierfahndung) の導入を法案化したが、これは市民の自由を剝脱するリスクを有している⁽⁵⁶⁾。むしろ重要なことは、既述したように、コミュニケーション構造としての法が共同体の中に非形式的に内在していることである。したがって、自由活動に伴う共同体における構成員の「役割」と「期待」の原理こそが「答責性」の根拠であるならば、この期待と役割は、共同生活の組織に関して答責的な国家市民だけに向けられているものではない。この答責性は、空間と時間のグローバル化と拡大化によって、さらに増大し拡大する⁽⁵⁷⁾。

　かかる思想は、共同体の価値の保護に向けられた共同体が負う「万人に対する」(erga omnes) 義務と相応する。この義務は、全体としての国際的コミュニティーに対する国家の義務であり、すべての国家が負う義務である。しかも、この義務は、国際条約法や国際慣習法においても見いだされる。この義務構想の前提条件は、ある国家共同体の利益の存在であるが、この共同体の利益は、他国との共通の目標観念についての意識形成を前提としており、この利益の本質的要素は集団的利益だということである。この利益が、国際法の規範に結実する前提なのである⁽⁵⁸⁾。「エコシステムの定常性」こそは、まさに万民の共同利益である。

2　このエコシステムの定常性という共同社会の集団的利益は、国家的領域では国家法によって侵害者は国家に対して責任を負う。この場合、純粋に経済的損傷（漁場損傷による漁師の収入損失）に対する訴訟や自然風景の保護価

値の喪失に対する訴訟になる場合もあるが、問題は、エコシステムの定常性そのものの損傷である。国内における重大な環境侵害がはるか国境を離れた他国の利益に影響を及ぼす場合、もしくは国家の統治権の外部における環境汚染が問題である。この場合、国家が国際社会に対して責任を負うためには、エコシステム損傷を防止する義務があって初めて国際法違反が肯定されるが、こうした国際法上の答責性の発生と前提条件の基本的基準は国際慣習法である(59)。この国家答責性は、国際法の一般原理として、国際法主体が国際法違反行為に対して自動的に発生するものでなければならない。つまり、他国に対する国際協定上の義務もしくは国際法的義務を帰責可能な作為ないし不作為によって侵害するときに国際法違反が認められる(60)。

いずれにせよ、国家法でも国際法でも、かかる義務を遵守すべき行為規範化と環境汚染限界値の規定化が必要である。この行為規範に環境汚染の抑止的作用を与えるか予防的作用を付与するかといった問題があるが、行為規範は環境の損傷に対する公共の意識と個人の意識を高めるためにも必要である。その場合、環境損傷の惹起者は国家に対して責任を負うと同時に、その損傷影響が国境を越える場合には、その惹起者の帰属する国家が国際法上の責任を負わなければならない。いかなる国家も他国に対して自国の刑罰権を拡大することは許されないからである(61)。日本でも、各種の環境保護法に反映すべき一般的な可罰構成要件を規定する環境刑法の立法化が急務である。その上で、環境国際法の樹立に対してイニシアチブを発揮すべきであろう。

第6節　おわりに

極めてとりとめのない論文に終わってしまったが、組織犯罪と環境犯罪のグローバル化とボーダレス化をシステム思考によって考察し、それに対処する刑法と刑法学をシステム思考すべきであるという刑法（学）の視座の転換を訴えたつもりである。拙い本稿ではあるが、刑法学と犯罪学の両分野で活躍された佐藤司先生の古稀祝賀に供することを許され、感謝申し上げたい。

【注】

(1) Werner Krawietz, Recht ohne Staat? Spielregeln des Rechts und Rechtssystem in normen- und systemtheoretischer Perspektive, in: Rechtstheorie, Bd. 24, 1993, Heft 1/2, S. 121, 125.
(2) Wolfgang Streeck, Einleitung: Internationale Wirtschaft, nationale Demokratie? in: ders (Hg.), Internationale Wirtschaft, nationale Demokratie, Frankfurt am Main 1998, S. 17.
(3) Klaus Günther, Strafrechthche Verantwortlichkeit in der Zivilgesellschaft, in: Cornelis Prittwitz/Ioannis Monoledakis (Hg.), Strafrechtsprobleme an der Jahrtausendwende. Deutsche-Griechisches Symposium, Rostock 1999, Baden-Baden 2000, S. 27.
(4) Klaus von Lampe, Organized Crime. Begriff und Theorie organisierter Kriminalität in den USA 1999, S. 182.
(5) Vgl. Matthias Reichart, Umweltschutz durch völkerrechtliches Strafrecht, Frankfurt am Main/Berlin/New York/Paris/Wien 1999, S. 26. 環境汚染のボーダレス化とグローバル化について、石弘光『環境税とは何か』岩波新書 1999 年 6 頁参照。
(6) 鳥海・田近・吉田・住・和田・大河内・松井共著『岩波講座地球惑星科学 2・地球システム科学』1996 年、4 頁、8 頁以下、145 頁以下参照。人間が万有の一部であり、全生物は相互依存関係にあることは、すでに拙稿「事物の本性と目的的行為論の基礎」1973 年（拙著『刑法学方法論の研究』八千代出版所収 1991 年、25 頁）にて主張。なお、地球をシステムとしてみる必要性について、鳥海ほか『地球惑星科学 14・社会地球科学』1998 年、3 頁、9 頁。
(7) エコ中心の目標も、結果的には未来世代の人間の利益保護を眼中においているので、「自然のための環境保護か人間のための環境保護か」という二者択一は表見的かもしれない（Vgl. Reichart, a. a. O. S. 18.）。
(8) 富永健一『行為と社会システムの理論―構造‐機能‐変動理論をめざして―』東京大学出版会 1995 年、88 頁。鳥海ほか『地球惑星科学 2』4 頁。同書 147 頁によれば、エコシステムは開放システムである。生体システムが資料とエネルギーと情報の交換のため環境に対して開かれていなければならないことにつき、Axel Ziemke, System und Subjekt, Wiesbaden 1992, S. 24.; Andreas Fisahn, Natur-Mensch-Recht, Elemente einer Theorie der Rechtsbefolgung, Berlin 1999, S. 43, 44. は、ルーマン的閉鎖システム理論は自然環境に妥当しないと言う（なお、マトゥラナのオートポイエーシス理論の問題点につき、河本英夫『オートポイエーシスの拡張』青土社 2005 年参照）。
(9) 拙稿「組織と犯罪」夏目文雄先生古希記念論文集『刑事法学の新展開』中部日本教育文化会 2000 年、25 頁以下所収。本書第 8 章に収録。

(10) Lampe, a. a. O. S. 161, 162.

(11) Friedrich Dencker, Organisierte Kriminalität und Strafprozeß, in: Organisierte Kriminalität und Verfassungsstaat. Deutsche Sektion der Internationalen Juristen-Kommission, Heidelberg 1998, S. 43. デンカーによれば、組織犯罪という標語と結びつけられる観念として、イタリヤ・アメリカ・ロシヤのマフィヤ、3人組（Triaden)、人身売買、麻薬カルテル、縄張用心棒（Schutzgelderpressung）警察官・裁判官・政治家の買収と脅迫をあげている。

(12) Howard Abadinsky, Organized Crime, 4Aufl., Chicago 1994, S. 5, 6.; Alan Block, East Side-West Side-Organizing Crime in New York 1930, 1950, Cardiff 1980, S. 10.

(13) Dennis J. Kenny/James O. Finckenauer, Organized Crime in America, Belmont et. al. 1995, S. 53.

(14) Lampe, a. a. O. S. 23, 26, 27. ランペは、「ブラック・ハンド」は、「マフィヤ」および「コーザ・ノストラ」の先駆けか、もしくはこれらと一致していたと見るべきと言う（S. 25.）。これに対して、「ギャング」という用語は、1920年代に初めて見られ、「刑法と犯罪学雑誌」ないしニューヨークタイムズの関連論文においては1929年に初めて見られた。したがって、Band ないし「犯罪組織」は、1920年代までは「組織犯罪」をめぐる議論の中心にはなかったし、「マフィヤ」についての言及も、1920年代と1930年代に一度だけだったと言う（S. 32, 33, 34.）。

なお、組織犯罪は、合法的経済領域に関与するし、政治的な目標に従っている側面があるが、「政治的変革」と「政治権力」を目的とするテロ組織活動とは、その点で異なる。組織犯罪にはかかる目的はない。ちなみに、アメリカで麻薬取引で暗躍している Posses は、政治的結社から発生し、推測では獲得利益をジャマイカの政治活動に投入しているらしい（Lampe, a. a. O. S. 292, 293, 294, 295.）。

(15) Lampe, a. a. O. S. 34.

(16) Lampe, a. a. O. S. 35.

(17) Lampe, a. a. O. S. 43, 45. ランペによれば、Gordon Hostetter/Thomas Quinn Beesley, It's A Racket, Chicago 1929, S. 5-6. は、「ラケット」を企業家・組合員・政治家・犯罪者・消費者のシステムとして記述し、共生的ないし共謀的「ラケット」と寄生的ないし恐喝的「ラケット」の2種類に区分している（S. 44, 45.）。

(18) Lampe, a. a. O. S. 17.

(19) Lampe, a. a. O. S. 17, 18. ちなみに、イギリス人とアイルランド人の割合は、1861年から1870年まで45パーセントであったが、1891年と1900年には18パーセントまで減少し、他方、イタリヤ人・ロシヤ系ユダヤ人のような東と南のヨー

ロッパからの移民者の割合は、0.1パーセントから50パーセントまで増加した。
なお、マシーン関係グループとして、①移住者と貧困者、②商人、③非合法な経済人（売春斡旋人・被売春者・賭博営業者）が考えられている（Vgl. Lampe, a. a. O. S. 19.）。
(20)　Lampe, a. a. O. S. 177. ちなみに、Donald R. Cressey, Theft of the Nation—The Structure and Operation of Organize Crime in America, New York/Evanston/London 1969, S. 312. は、「コーザ・ノストラの構成員は、すべてイタリヤ人かイタリヤ家系の者である」と言明している。
(21)　Henner Hess, Para-Staat und Abenteuerkapitalismus-Die sizilianische Mafia, 1943. 1993, in: Kritische Justiz, 1994, S. 32.
(22)　Lampe, a. a. O. S. 172.
(23)　Lampe, a. a. O. S. 178, 179.
(24)　Lampe, a. a. O. S. 269, 274.
(25)　Lampe, a. a. O. S. 260, 269. ちなみに、亡命キューバ人の犯罪者には、しばしば中流階級出身者がいた（S. 178.）。
(26)　Gary W. Potter, Criminal Organization-Vice, Racketeering and Politics in an American City, Prospect Heights, Illinois 1994, S. 19.; Lampe, a. a. O. S. 181, 274.
(27)　Manfred Kanther, Die Entwicklung der organisierten Kriminalität in der Bundesrepublik Deutschland und geplante Maßnahmen zu ihrer Bekämpfung, in: OK und Verfassungsstaat, S. 59.
(28)　Kanther, a. a. O. S. 57.
(29)　Kanther, a. a. O. S. 57.
(30)　Kanther, a. a. O. S. 57, 58.
(31)　ポーランドの組織犯罪については、Vgl. Stanislaw Waltos, Die neuen Strafprozeßmethoden zur Bekämpfung der organisierten Kriminalität in Polen, in: OK und Verfassungsstaat. S. 125ff. トルコの組織犯罪については、Vgl. Feridun Yenisey, Organisierte Kriminaliät in der Türkei, in: OK und Verfassungsstaat, S. 139ff.
(32)　Reichart. a. a. O. S. 14.
(33)　Reichart. a. a. O. S. 15. 日本環境学会編集委員会編『新・環境科学への扉』有斐閣 2001年、8頁。
(34)　Reichart. a. a. O. S. 41. 中森肇「自然哲学の現代的視点—人間学的自然哲学の試み—」『新岩波講座哲学5・自然とコスモス』1985年、246頁；鳥海ほか『地球惑星科学2』1996年、146頁。
(35)　前掲書『新・環境科学への扉』4頁；住・松井ほか『地球惑星科学3・地球環境論』1996年、3頁以下参照。

(36)　Vgl. Reichart, a. a. O. S. 19.
(37)　Reichart, a. a. O. S. 19.
(38)　Reichart, a. a. O. S. 20, 21. 住・松井ほか・前掲書7頁も「人間中心主義」を批判する。なお、クライブ・ポンティング著／石弘之ほか訳『緑の世界史（上）』朝日選書によれば、人間中心的世界観は、ギリシャ・ローマ哲学とキリスト教思想に端を発しており（232頁以下）、東洋思想では人間は自然の一部とされていた（248頁）。そして、地球資源の有限性を無視し利用する方法論はマルクス主義でも同じであった（255頁）とされる。
(39)　Reichart, a. a. O. S. 21, 22.
(40)　Reichart, a. a. O. S. 22, 24. ドイツの環境刑法の成立経緯とその後について、平良木登規男「環境分野における刑事規制」宮澤浩一先生古稀祝賀論文集・第3巻、2000年、171頁以下、特に174頁以下、184頁以下参照。伊東研祐「環境保護の手段としての刑法の機能」団藤重光博士古稀祝賀論文集・第3巻、有斐閣 1984年（以下伊東1984年と略す）、266頁以下参照。
(41)　Wolfgang Rüdiger, Zur Bekämpfung sozialgefährlicher Umweltverstöße durch das Kriminalstrafrecht, Diss. iur., Gießen 1976, S. 11. m. w. N.
(42)　伊東研祐「環境刑法における保護法益と保護の機能」内藤謙先生古稀祝賀『刑事法学の現代的状況』有斐閣 1994年（以下伊東1994年と略す）314頁、321頁以下、331頁。
(43)　Ulrike Hartmann, Die Entwicklung im internationalen Umwelthaftungsrecht unter besonderer Berücksichtigung von erga omnes-Normen, Frankfurt am Main 2000, S. 96, 97.
(44)　Vgl. Tröndle/Fischer, Stratgesetzbuch und Nebengesetze, 50Aufl., 2001, Vor §324, Rdnr. 3.
(45)　Vgl. Regina Michalke, Verwaltungsrecht im Umweltstrafrecht. Die Legaldefinition der „verwaltungsrechtlichen Pfricht" in §330d Ziff. 4StGB., 1Aufl., Baden-Baden 2001, S. 30.
(46)　伊東もまた、古典的な行為無価値論と結果無価値論を排斥し（伊東1984年）、抽象的危険犯説を擁護する（伊東1994年）。これに対し、平良木は、刑法の倫理的機能を肯定し、行為無価値論を主張する。
(47)　Vgl. Reichart, a. a. O. S. 531.
(48)　Reichart, a. a. O. S. 27, 28.
(49)　Reichart, a. a. O. S. 29.
(50)　Reichart, a. a. O. S. 92, 93, 95f., 97.
(51)　Krawietz, a. a. O. S. 86, 87, 88, 89, 90.
(52)　Krawietz, a. a. O. S. 90, 91, 92.
(53)　Krawietz, a. a. O. S. 119, 126, 125, 123.

(54) 組織犯罪に対する諸国の刑事法については、例えば、法務省刑事局刑事法制課編『基本資料集・組織的犯罪と刑事法』有斐閣 1997 年、参照。
(55) Reichart, a. a. O. S. 119.
(56) Vgl. Günther, a. a. O. S. 27.
(57) Günther, a. a. O. S. 33, 34.
(58) Hartmann, a. a. O. S. 115, 116, 117, 118.
(59) Hartmann, a. a. O. S. 7, 101.
(60) Torsten Weigt, Die ökologische Aktion zur Vermeidung und Bekämpfung transnationaler Umweltkatastrophen. Frankfurt am Main 2000, S. 97.
(61) Vgl. Hartmann, a. a. O. S. 7, 9.; Reichart, a. a. O. S. 117.
ライヒャルトによれば、国際法規範に対する違反の刑法的効果に関し、国家が外国に対していかなる範囲で国家固有の刑罰権を拡大することが許されるかは国家法によって判断され、刑罰適用の限界は国際法によって規定されるが、個々の国家の刑法的責任が国際法規範から直接帰結されるかどうかは国際法領域に属すると言う（S. 114.）。そして、ドイツ語圏では、この両方の法領域を internationales Strafrecht という上位概念で包括していると言う。なお、ライヒャルトによれば、オェーラーは、Völkerrecht に属する部分領域を、実質的国際刑法（materielles internationales Strafrecht）と称し、イェシェックはさまざまに概念使用していると言う（S. 114, 116.）。その上でライヒャルト自身は、国家的刑法の使用領域を規制する規範が internationales Strafrecht であり、国際法に帰属する刑法的規範が Völkerrechtliches Strafrecht であるとしている（S. 115.）。

あとがき

『刑法学方法論の研究』(学位論文) と同様に、本書を研究書として理解を得るために、各論文に多少の修正を施した。特に、章・節・項を新しく設定し、各論文の構成を整序した。また、漢字、平仮名、送り仮名の使用を統一をした。それ以外は、一部の必要不可欠な最少限度の加筆補充を除いては、文章の本質を変えるようなことは一切していない。「はしがき」でも記したように、各論文の収録順は以下のように変更した。

第1章 「法の理論と哲学におけるディヒョトミー化」について
(『法の理論14』成文堂 1991年所収の〈書評〉ホセ・ヨンパルト著「法の理論と哲学におけるディヒョトミー化」より収録)

第2章 刑法にとって自由意思論は無用か
(八木國之先生古稀祝賀論文『刑事法学の現代的展開』上巻、法学書院 1992年所収の同タイトル論文より収録)

第3章 刑法と自由意思
(『刑法基本講座・第1巻』法学書院 1992年所収の同タイトル論文より収録)

第4章 認知科学と故意・過失論
(下村康正先生古稀祝賀『刑事法学の新動向』上巻、成文堂 1995年所収の同タイトル論文より収録)

第5章 刑法 (学) のための行為概念
――システム理論的構想の素描――
(福田平・大塚仁博士古稀祝賀『刑事法学の総合的検討』上巻、有斐閣 1993年所収の同タイトル論文より収録・但し、副題を一部変更した)

第6章 認知科学と刑法的行為論
――アウトポイエティッシュなシステム理論を顧慮して――

(「駒澤大学法学論集・第50巻」1995年所収の同タイトル論文より収録・但し、副題を一部変更した)

第7章　共謀共同正犯

(『刑法基本講座・第4巻』法学書院 1992年所収の同タイトル論文より収録)

第8章　組織と犯罪

――システム理論と経営組織論からのアプローチ――

(夏目文雄先生古稀記念論文集『刑事法学の新展開』中部日本教育文化会 2000年所収の同タイトル論文より収録)

第9章　企業法人の犯罪主体性

(「駒澤大学法学論集」60号、2000年所収の同タイトル論文より収録)

第10章　ドイツ環境刑法の概観

(「駒澤法学」6号、2003年所収の「ドイツ環境刑法の研究(1)」より収録・但し、タイトルを変更した)

第11章　21世紀刑法学の視座

――システム思考の必要性――

(佐藤司先生古稀祝賀『日本刑事法の理論と展望』上巻、信山社 2002年所収の同タイトル論文より収録)

付記　なお本書は、勤務校の駒澤大学による出版助成金を得て上梓するに至ったものであり、本校に感謝の意を表したい。

人名索引

■ア 行

アイダム（G. Eidam）　185, 206, 210, 213
浅田和茂　48
アッヘンバハ（H. Achenbach）　36, 38, 44, 48-50
渥美東洋　185, 208
アルブレヒト（H-J Albrecht）　183, 209
イェシェック（H-H Jescheck）　93, 197
池内了　189
石橋篤　163
板倉宏　211
伊東研祐　249
伊藤重行　19
伊藤正男　72, 126
井上祐司　65
ヴァインベルガー（O. Weinberger）　115
ヴェーエ（G. Wöhe）　174
ヴェーグナー（Art. Wegner）　31
上田健二　112
植松正　154
ヴェルツェル（H. Welzel）　17, 105
ヴェルナー（P. Werner）　116, 136-7
ウュクスキュル（J. v. Uexküll）　221
エックホフ（T. Eckhoff）　188
海老澤栄一　169
エンギッシュ（K. Engisch）　93, 196
大塚仁　95, 112-3, 155, 158
大野平吉　63
大谷實　39, 45-8, 66
小野清一郎　59
オルダイッヒ（E. G. Ordeig）　116

■カ 行

カーノス（A. Chanos）　137
カールス（H. J. Kahrs）　107
カーロー（M. Kahlo）　33
カウフマン（Art. Kaufmann）　17, 36, 40, 45, 113
カウフマン（Arm. Kaufmann）　98
金沢文雄　186, 209
カルグル（W. Kargl）　71-2, 78, 80-4, 91, 93, 123, 125, 134, 137, 139
川島健治　86, 89
カンター（M. Kanther）　246
カント（I. Kant）　3
神例康博　210
キルシュ（W. Kirsch）　78, 115, 127, 131, 140
クラヴィーツ（W. Krawietz）　15-6, 18, 241, 251
クラナッハ（M. v. Cranach）　80, 135, 142
久礼田益喜　59, 63
クレプファー（M. Kloepfer）　225
桑田耕太郎　187, 189
ケッカーマン（B. Keckermann）　5
ゲッピンガー（H. Göppinger）　191
小林公　62

■サ 行

齊藤金作　154
ザイラー（W. Seiler）　198
佐伯千仭　46, 66
佐伯仁志　210
設楽裕文　184
下村康正　69
シューネマン（B. Schünemann）　36-7, 39, 41, 44, 47-50
シューマン（K. F. Schumann）　33
シュミット（R. Schmidt）　216
シュミットホイザー（E. Schmidhäuser）　84, 90
神宮英夫　125
鈴木裕文　120
ズンドビー（N. K. Sundby）　188

荘子邦雄　65-6, 156

■タ 行

田尾雅夫　187, 189
高橋則夫　186, 190, 209
高柳暁　186, 210
田中利幸　210
団藤重光　45-6, 65, 155, 158
デンカー（F. Dencker）　256
トゥーゲンハット（E. Tugendhat）　30
ドゥチーヴァス（R. Dziewas）　78, 129
トマス・アクィナス（T. v. Aquin）　3
ドレーヤー（E. Dreher）　29

■ナ 行

内藤謙　48, 65-6
ナウケ（W. Naucke）　40
中村直美　113
中山研一　48
夏目文雄　165, 184-6, 209
西田典之　162
西原春夫　154
ノイマン（U. Neumann）　39, 42

■ハ 行

パーソンズ（T. Parsons）　18
バウマン（J. Baumann）　34
橋本正博　162
ハフター（E. Hafter）　198
ハフト（F. Haft）　38
バラッタ（A. Baratta）　36
ピアジェ（J. Piaget）　70
ビーラー（M. Bihler）　41
平野龍一　45, 88, 94
平場安治　119, 157, 161
ヒルシュ（H. J. Hirsch）　212
ビンディング（K. Engisch）　81
フィアハウス（H. P. Vierhaus）　225
福田平　95, 112, 121
藤木英雄　154, 157, 197
藤嶋暁　188

プフェニンガー（H. Pfenninger）　59
プラトン（Platon）　5
ヘイル（P. M. Hejl）　131
ベーゲル（M. Bögel）　172, 174-5, 191
ベーレント（H-J Behrendt）　107
ヘルツベルク（R. D. Herzberg）　107
ボッケルマン（P. Bockelmann）　60
ポッター（G. W. Potter）　245
堀内捷三　37, 44, 51

■マ 行

マイヤー（M. E. Mayer）　60
前野育三　65-6
町野朔　117
松宮孝明　186, 209
松村格　186, 209
マトゥラナ（H. R. Maturana）　74, 78, 92, 101, 127, 171
メツガー（E. Mezger）　34, 60
メッツナー（A. Metzner）　11, 13
メルゲン（A. Mergen）　190
森村進　46, 65, 67

■ヤ 行

ヤコブス（G. Jakobs）　32, 36, 108, 159, 212
山口邦夫　63
養老孟司　144
ヨンパルト（J. Llompart）　1, 13, 63-4

■ラ 行

ライヒャルト（M. Reichart）　221, 247, 259
ランペ（E-J Lampe）　103
ランペ（K. v. Lampe）　243
ランベルト（J. H. Lambert）　12
リスト（F. v. Liszt）　60, 197
リッポルト（R. Lippold）　45
リュトルフ（S. Lütolf）　166, 185
ルーマン（N. Luhmann）　14, 18, 77, 79, 101, 129, 137, 189

ルシュカ（J. Hruschka）　105
レービンダー（M. Rehbinder）　28
ロート（G. Roth）　77-8, 130
ロクシン（C. Roxin）　36, 105, 108

事項索引

■ア 行

アウトポイエセ（Autopoiese） 115, 127
アプズィヒト 93
意思の自由 56
一般的システム理論 168
意的要素 134
意図 93
意欲の自由 27
因果主義 135
因果性 101-2
インプット・アウトプット－プロセス 141
エコシステム 247, 250
　――の定常性 253
オウトポイエシス 75, 127, 170
オウトポイエシスシステム 128
オウトポイエシス的システム 73, 91, 127, 129, 140, 172
オバート・アクト論 163

■カ 行

回避可能性 107
開放的システム 76
回路システム 19, 35
価値 136
価値的・実質的行為論 156
カリフォルニア刑事責任法 203
環境 221
環境汚染 222, 248
環境刑法 218
　――の使命 217
環境財益 219
環境法 216
間接正犯類似説 154, 157
管理機能 176
企業組織 170, 174
帰属モデル 195

基底機能 98
規範システム 41-2, 111
ギャング 256
共同意思主体説 154, 156
協働現象 158
協働システム 194
協働支配 109
共謀共同正犯 149
共謀共同正犯論 149-50
共謀者一体の法理 151
グループ 100
グループ主体 193
刑事責任 42
刑罰の使命 32
決意 135
結合機能 99
決定 133, 135
厳格責任 199
現代的システム論 13-4
故意 70, 86
行為 98
　――の幅 197
行為概念 95, 98
行為システム 159
行為支配説 155, 157
行為主体 193
行為答責性 137
交互作用 110
コーザ・ノストラ 245
コスモス 6
古典的システム論 13
コミュニケーション 129, 131

■サ 行

使役論 152
資金洗浄 182
資金調達 181-2
志向性 102-3, 140

265

自己言及性　143
自己準拠　101
自己準拠性　77, 138, 143
自己準拠的（な）システム　76, 79, 131, 172
自己生産的システム　133
自己組織的システム　132
自己保全　77, 169
自己保全的システム　132
システマ　2-3, 11
システム　5, 12, 77, 207-8, 242
システム理論　168
実行共同正犯論　149
指導　190
社会システム　18, 171, 207
社会性　103-4
社会的行為論　96
社会的非難　42
自由意思　43
集団刑法　193
集団主体　100
集団人　109
集団認識　202
自由なる因果性　65
重要な役割　157
消極的行為概念　108
情動　72
情動構造　126
情動的認知　88
情動論理　83, 85
情報処理システム　99
処分一元論　31
人格　104
人格性　104
人格的企業責任　202
神経システム　129, 172
人的管理　175
人的経済　177
制御・支配者　159
生体システム　128, 172
責任原理　38-9

積極的一般予防　32
絶対的応報刑論　30
選択　138
相対的応報刑論　31
相対的自由意思論　45
組織　110, 167-8, 172-3
組織主体　193
組織犯罪　165, 173, 243, 256
組織論　210
ソフトな決定論　45

■タ　行

代現　71
他行為の可能性　35
知覚　136
中止未遂　29
直接的故意　81
ディヒョトミー　2-3, 11
ディヒョトミー化　9
テロ組織　256
同一視理論　195-6, 199
答責性　138
閉じたシステム　76, 128-9

■ナ　行

人間－機械システム　159
人間中心的世界観　258
人間－道具システム　159
人間－人間システム　159
認識ある過失　89
認識・認容説　86
認知　71-2, 125-6, 135
認知システム　79, 89
認知的行為論　125, 134
認知的システム　78
練馬事件判決　152
脳　130, 132, 172

■ハ　行

犯行　98
犯罪主体　166

犯罪主体性　194
犯罪組織　165, 173
必然的因果性　27
非難　35
比例性の原則　26, 37-8, 44
ファンタスマ　4
不可知論　29
不作為　106
ブラック・ハンド　256
フランス刑法典　204
分化　9
ポイエティッシュな行為　140
法　252
法システム　18
法人　110, 194
　　──の行為　109
法人固有の意思　198

■マ　行

マシーン　244, 257
メンズ・レア　199
目的主義　135
目標　136

■ヤ　行

優越支配　155
抑止刑論　31
予言破り　66

■ラ　行

ラケッテリング　244
ラケット　256
ロジスティクス　175, 178

◇著者紹介◇

松村　格（まつむら・いたる）

昭和18年（1943年）台北生まれ。
昭和49年（1974年）中央大学大学院法学研究科（刑事法専攻）博士課程修了。
現在、駒澤大学法学部教授・博士（法学）（中央大学）。

主要著書
『刑法学方法論の研究―存在論からシステム論へ―』（学位論文）（八千代出版 1991年）
『日本刑法総論教科書』（八千代出版 2000年）
『刑法学への誘い』（八千代出版 2003年）

主要共著
『刑法総論』松村・都築・神田・野﨑共著（ミネルヴァ書房 1998年）
『刑法各論』井田・神田・武田・野﨑・松村共著（ミネルヴァ書房 2006年）
『正義と平和』アルトゥール・カウフマン著／竹下賢監訳（ミネルヴァ書房 1990年）
『法システム―法理論へのアプローチ―』都築・野﨑・服部・松村共訳（ミネルヴァ書房 1997年）　ほか

システム思考と刑事法学
―21世紀刑法学の視座―

2010年2月1日　第1版1刷発行

著　者 ― 松　村　　格
発行者 ― 大　野　俊　郎
印刷所 ― 新　灯　印　刷　㈱
製本所 ― 渡　邊　製　本　㈱
発行所 ― 八千代出版株式会社

〒101-0061　東京都千代田区三崎町2-2-13
TEL　03-3262-0420
FAX　03-3237-0723
振替　00190-4-168060

＊定価はカバーに表示してあります。
＊落丁・乱丁本はお取替えいたします。

Ⓒ 2010 Printed in Japan　　ISBN978-4-8429-1498-5